本书为中央高校基本科研业务费资助项目、华中科技大学自主创新项目
"手机传播与乡村村民日常生活方式的变革研究"（2015AD016）的研究成果

华中科技大学社会学文库

教授文集系列

族群文化与乡村建设

ETHNICAL CULTURE
AND RURAL DEVELOPMENT
IN CHINA

孙秋云　著

社会科学文献出版社
SOCIAL SCIENCES ACADEMIC PRESS (CHINA)

华中科技大学社会学文库总序

在中国恢复、重建社会学学科的历程中，华中科技大学是最早参与的高校之一，也是当年的理工科高校中唯一参与恢复、重建社会学的高校。如今，华中科技大学（原为华中工学院，曾更名为华中理工大学，现为华中科技大学）社会学学科已逐步走向成熟，走在中国高校社会学院系发展的前列。

30多年前，能在一个理工科的高校建立社会学学科，源于教育学家、华中工学院老院长朱九思先生的远见卓识。

20世纪八九十年代是华中科技大学社会学学科的初建时期。1980年，在费孝通先生的领导下，中国社会学研究会在北京举办第一届社会学讲习班，朱九思院长决定选派余荣珮、刘洪安等10位同志去北京参加讲习班学习，并接见这10位同志，明确学校将建立社会学学科，勉励大家在讲习班好好学习，回来后担起建立社会学学科的重任。这是华中科技大学恢复、重建社会学的开端。这一年，在老前辈社会学者刘绪贻先生、艾玮生先生的指导和领导下，在朱九思院长的大力支持下，湖北省社会学会成立。余荣珮带领华中工学院的教师参与了湖北省社会学会的筹备工作，参加了湖北地区社会学界的许多会议和活动。华中工学院是湖北省社会学会的重要成员单位。

参加北京社会学讲习班的10位同志学习结束之后，朱九思院长听取了他们汇报学习情况，对开展社会学学科建设工作做出了重要指示。1981年，华中工学院成立了社会学研究室，归属当时的马列课部。我大学毕业后分配到华中工学院，1982年元旦之后我去学校报到，被分配到社会学研究室。1983年，在朱九思院长的支持下，在王康先生的筹划下，学校决定在社会学研究室的基础上成立社会学研究所，聘请王康先生为所长、刘中庸任副所长。1985 年，华中工学院决定在社会学研究所的基础上成立社会学系，聘请王康先生为系主任、刘中庸任副系主任；并在当年招收第一届社会学专业硕士研究生，同时招收了专科学生。1986 年，华中工学院经申报获社会学硕士学位授予权，成为最早拥有社会学学科硕士点的十个高校之一。1988 年，华中理工大学获教育部批准招收社会学专业本科生，当年招收了第一届社会学专业本科生。至此，社会学有了基本的人才培养体系，有规模的科学研究也开展起来。1997 年，华中理工大学成立了社会调查研究中心；同年，社会学系成为独立的系（即学校二级单位）建制；2016 年 5 月，社会学系更名为社会学院。

在 20 世纪的 20 年里，华中科技大学不仅确立了社会学学科的地位，而且为中国社会学学科的恢复、重建做出了重要的贡献。1981 年，朱九思先生批准和筹备了两件事：一是在学校举办全国社会学讲习班；二是由学校承办中国社会学会成立大会。

由朱九思先生、王康先生亲自领导和组织，中国社会学研究会、华中工学院、湖北社会学会联合举办的全国社会学高级讲习班在 1982 年 3 月 15 日开学（讲习班至 6 月 15 日结束），上课地点是华中工学院西五楼一层的阶梯教室，授课专家有林南先生、刘融先生等 6 位美籍华裔教授，还有丁克全先生等，学员是来自全国十几个省、市、自治区的 131 人。数年间，这些学员中的许多人成为各省、市社科院社会学研究所、高校社会学系的负责人和学术骨干，有些还成为国内外的知名学者。在讲习班结束之后，华中工学院社会学研究室的教师依据授课专家提供的大纲和学员的笔记，整理、印刷了讲习班的全套讲义，共 7 本、近 200 万字，并寄至每一位讲习班的学员手中。在社会学恢复、重建的初期，社会学的资料极端匮乏，这套讲义是国内最早印刷的社会学资料之一，更是内容最丰富、印刷量最大的社会学资料。之后，由朱九思院长批准，华中工学院出版社（以书代刊）出版了两期《社会学研究资料》，这也是中国社会学最早的正式出版物之一。

1982 年 4 月，中国社会学会成立暨第一届全国学术年会在华中工学院召开，开幕式在学校西边运动场举行。费孝通先生、雷洁琼先生亲临会议，来自全国的近 200 位学者出席会议，其中主要是中国社会学研究会的老一辈学者、各高校社会学专业负责人、各省社科院负责人、各省社会学会筹备负责人，全国社会学高级讲习班的全体学员列席了会议。会议期间，费孝通先生到高级讲习班为学员授课。

1999 年，华中理工大学承办了中国社会学恢复、重建 20 周年纪念暨 1999 年学术年会，全国各高校社会学系的负责人、各省社科院社会学所的负责人、各省社会学会的负责人大多参加了会议，特别是 20 年前参与社会学恢复、重建的许多前辈参加了会议，到会学者近 200 人。会议期间，周济校长在学校招待所二号楼会见了王康先生，对王康先生应朱九思老院长之邀请来校兼职、数年领导学校社会学学科建设表示感谢。

21 世纪以来，华中科技大学社会学学科进入了更为快速发展的时期。2000 年，增设了社会工作本科专业并招生；2001 年，获社会保障硕士点授予权并招生；2002 年，成立社会保障研究所、人口研究所；2003 年，建立应用心理学二级学科硕士点并招生；2005 年，成立华中科技大学乡村治理研究中心；2006 年，获社会学一级学科硕士点授予权、社会学二级学科博士点授予权、社会保障二级学科博士点授予权；2008 年，社会学学科成为湖北省重点学科；2009 年，获社会工作专业硕士点授予权；2010 年，招收第一届社会工作专业硕士学生；2011 年，获社会学一级学科博士点授予权；2013 年，获民政部批准为国家社会工作专业人才培训基地；2014 年，成立城乡文化研究中心。教师队伍由保持多年的十几人逐渐增加，至今专任教师已有 30 多人。

华中科技大学社会学学科的发展，历经了两三代人的努力奋斗，先后曾经在社会学室、所、系工作的同志近 60 位，老一辈的有刘中庸教授、余荣珮教授，次年长的有张碧辉教授、郭碧坚教授、王平教授，还有李少文、李振文、孟二玲、童铁山、吴中宇、陈恢忠、雷洪、范洪、朱玲怡等，他们是华中科技大学社会学学科的创建者、引路人，是华中科技大学社会学的重大贡献者。我们没有忘记曾在社会学系工作、后调离的一些教师，有徐玮、黎民、王传友、朱新称、刘欣、赵孟营、风笑天、周长城、陈志霞等，他们在社会学系工作期间，都为社会学学科发展做出了贡献。

华中科技大学社会学学科的发展，也有其所培养的学生们的贡献。在 2005 年社会学博士点的申报表中，有一栏要填写 20 项在校学生（第一作者）发表的代表性成果，当年填在此栏的 20 篇已发表论文，不仅全部都是现在的 CSSCI 期刊源的论文，还有 4 篇被《新华文摘》全文转载、7 篇被《人大复印资料》全文转载，更有发表在《中国人口科学》等学界公认的权威期刊上的论文。这个栏目的材料使许多评审专家对我系的学生培养打了满分，为获得博士点授予权做出了直接贡献。

华中科技大学社会学学科发展的 30 多年，受惠、受恩于全国社会学界的鼎力支持和帮助。费孝通先生、雷洁琼先生亲临学校指导、授课；王康先生亲自领导组建社会学所、社会学系，领导学科建设数年；郑杭生先生、陆学艺先生多次到学校讲学、指导学科建设；美籍华人林南教授等一大批国外学者及宋林飞教授、李强教授等，都曾多次来讲学、访问；还有近百位国内外社会学专家曾来讲学、交流。特别是在华中科技大学社会学学科创建的初期、幼年时期、艰难时期，老一辈社会学家、国内外社会学界的同仁给予了我们学科建设的巨大帮助，华中科技大学的社会学后辈永远心存感谢！永远不会忘怀！

华中科技大学社会学学科在 30 多年中形成了优良的传统，这个传统的核心是低调奋进、不懈努力，即为了中国的社会学事业，无论条件、环境如何，无论自己的能力如何，都始终孜孜不倦、勇往直前。在一个理工科高校建立社会学学科，其"先天不足"是可想而知的，正是这种优良传统的支撑，使社会学学科逐步走向成熟、逐步壮大。"华中科技大学社会学文库"，包括目前年龄大些的教师对自己以往研究成果的汇集，但更多是教师们近年的研究成果。这套文库的编辑出版，既是对以往学科建设的回顾和

总结，更是目前学科建设的新开端，不仅体现了华中科技大学社
会学的优良传统和成就，也预示着学科发挥优良传统将有更大的
发展。

雷　洪
2016 年 5 月

自　序

自 1983 年 7 月本人从厦门大学历史系考古专业毕业被分配到位于湖北省武汉市的中南民族学院（今改名为中南民族大学）民族研究所工作，2001 年 9 月又转入华中科技大学社会学系从事教学和科学研究工作，迄今在高校从事教学和科研工作已近 33 个年头。回顾自己的学术研究生涯，大致可分为四个阶段。

第一个阶段是 1983 年至 1996 年，这个阶段的研究工作主要是围绕国家划定的少数民族群体范围，收集、整理和描述南方少数民族的历史和文化现象，尤其是中南民族学院所辐射范围内的我国中东南地区瑶、畲、土家、苗等少数民族的文化事象和日常生活方式，并进行一定的理论阐释。收录于本文集中的《湘南桂北地区当代瑶族人的家庭生活方式》《湘南瑶族青年劳动和消费生活方式》《勾蓝瑶青年的社会生活方式》《湘南桂北地区当代瑶族人家宗教信仰的变迁》《湘桂边界地区瑶族传统婚俗与有待改革的几个问题刍议》《浙江畲族传统的"学师"活动研究》等论文可以说是这个时期比较有特色的研究成果。

第二个阶段是 1997 年到 2004 年，由于本人主持了国家民族事务委员会高校"九五"社会科学重点研究基金项目"湘鄂川土家族农村宗族组织的历史、现状与社会稳定问题研究（1997～2000）"、湖北省"九五"社会科学重点研究基金项目"鄂西土家族地区农村宗族组织的回复与乡村社会基层组织建设研究（1997～2000）"、教育部 2002 年度人文社会科学基金一般项目"村民自治制度下我国乡村治理的文化基础研究"，因而对我国湖北省内土家族地区传统的宗族文化与当代的村民自治关系等问题进行了比较深入的调查和理论探讨。本文集中收录的《长阳土家族的宗族组织及其变迁》《鄂西土家族地区宗族组织的变迁》《南方民族地区山村的村民自治与宗族意识》《村民自治与乡村社会的基层权力结构》《村民自治制度下少数民族乡村精英的心态与行为分析》《少数民族山村村民自治的民间基础分析》等论文是该时期比较有代表性的研究成果。

第三个阶段是 2005 年到 2008 年，这一时期由于本人已不在民族院校供职，跳出了既有"民族"观念的束缚，开始从更广阔的人类学的文化类型和文明传播视角对此前所进行过的"少数民族历史与文化"的研究进行反思。本文集中收录的《"文明"：内涵及其变迁》《文明传播视野下的雍乾、乾嘉苗民起义》《费孝通"中华民族多元一体格局"理论之我见》《文化类型理论与我国的文化类型研究》《民族精神研究的人类学反思》等就是这一阶段研究成果的反映。

第四个阶段是从 2009 年开始，本人选择电视传播、电话传播和乡村旅游作为切入点来研究乡村村民的日常生活方式变迁。之所以选择这个领域，主要是基于这样两个大的背景的考虑：一是我们所处的时代，是一个现代科技产品，尤其是高科技产品正通过市场化方式迅速大众化、普及化的时代，科技产品迅速进入寻常百姓家庭的生活，成为普通百姓日常生活中不可或缺的一个组成部分。"科技影响生活"不仅仅是一句广为人知的宣传口号，也是一种千真万确的社会事实，但我国社会学、人类学界目前对此的关注还远远不够。二是自 20 世纪 90 年代以来，我国社会出现了两种前所未有的主动性的大流动现象：第一种是先后有 2000 多万乡村青壮年农民自发流动到城镇工作和生活（尽管大部分是非长期的），这被学术界称为"农民工现象"；第二种是数量越来越庞大的城镇居民利用节假日自发到乡村旅游，体验不同于都市的乡村生活（尽管也是短期的）。这两种不同性质的流动，是两种不同生活方式的展现和碰撞，也是两种不同文化的接触、沟通和交流。对于"农民工现象"的研究，学术界的成果已经很多了，但关于城市居民下到乡村旅游对当地村民日常生活方式的影响方面的研究，学术界中有影响力的成果还不多见。本文集中收录的《电视传播与村民国家形象的建构及乡村社会治理》《论乡村景观社区建设中国家力量的介入及其文化规训》就是本人近年来在这方面研究中所做的尝试。

　　回顾本人近 33 年来的学术研究生涯，基本上都集中在民族（族群）、乡村、文化人类学三个领域。本文集中收录的 21 篇文章，是本人从已发表的近百篇文章中选出来的，基本上反映了本人的研究经历和学术思想。由于受个人的识见和水平所限，其中的缺点和错误肯定不少，恳请方家批评指正。

孙秋云

2016 年 4 月 27 日

目 录

上编
文明与文化类型理论

中编
族群文化

下编 | 乡村建设

上编 文明与文化类型理论

"文明": 内涵及其变迁

—— 对人文社会科学研究中一个重要概念的探析*

"文明", 是现实生活中人们使用频率非常高但又一时难以厘清其含义的一个概念。自美国政治学家塞缪尔·亨廷顿 (Samuel P. Huntington) 1993 年以来相继提出"文明冲突"的理论和美国 2001 年"9·11"事件以后, 人们对"文明"概念的使用已经悄然发生了变化, "文明"似乎已不仅是一个表述古代民族社会属性的概念, 也不仅指迄今为止人类社会发展所取得的先进成就, 还指认同某一"文化"或某种"最高价值观"的人类群体。那么, "文明"内涵的变迁意味着什么? 该概念的使用反映了怎样的社会背景和时代风貌? 本文试做一阐释。

一 文明与文化同一论

科学意义上的文明 (civilization) 和文化 (culture) 概念, 源自西方, 是西方学术话语中两个非常重要的概念。

在学术界, 关于文化的界说, 可谓众说纷纭。1871 年, 英国人类学家泰勒 (Edward Burnett Tylor, 1832 - 1917) 对文化下了一个至今还有深刻影响的定义: "文化或文明, 就其广泛的民族学意义来说, 是包括全部的知识、信仰、艺术、道德、法律、风俗以及作为社会成员的人所掌握和接受的任何其他的才能和习惯的

* 原文发表于《华中科技大学学报》(社会科学版) 2006 年第 2 期, 第 48 ~ 53 页。

复合体。"① 20世纪30年代，功能学派人类学家马林诺夫斯基
(B. K. Malinowski) 发展了泰勒的思想，认为："文化是指那一群
传统的器物、货品、技术、思想、习惯及价值而言的，这概念包
容着及调节着一切社会科学。"② 50年代，美国人类学家克罗伯
(A. L. Kroeber) 和克拉克洪（Clyd Kluckhohn）曾分析了由各门学
科著名学者所下的160多个文化定义，最后自己给文化下了一个综
合性的定义："文化存在于各种内隐的和外显的模式之中，借助符
号的运用得以学习与传播，并构成人类群体的特殊成就，这些成
就包括他们制造物品的各种具体式样，文化的基本要素是传统
（通过历史衍生和由选择得到的）思想观念和价值，其中尤以价值
观最为重要。"③ 这个文化定义普遍为现代西方学者所接受。随着
学术界对人类社会文化现象的研究越来越深入，当今"文化"概
念在定义上已有广义和狭义两个层次上的差别。广义的文化，指
人类所具有的、其他社会种类所缺乏的那种东西，即人类异于禽
兽的基本分野，如言语、知识、习惯、思想、信念、艺术、技术、
规则、礼仪等；狭义的文化，指一个社会因适应所处的自然和社
会环境，追求安定的生活与子孙繁衍所发展出来的一套独特的生
活方式。文化概念是个非常重要的概念，它产生了一整套解释、
理解和描述人类行为或社会特性的理论和原则。

　　与"文化"相类，学术界对"文明"的界定也没有一个统一
的标准。有学者认为，文明"是人类精神物质创造的总体型态，
也是不同民族文化创造的总称"④。这是文明即文化的同一论的代
表。也有学者认为，文明"指文化的较高发展阶段，是先进的文
化所达到的一个程度，在这样的文化里，文化机体的各方面都有
良好的发展"⑤。这是文明为文化高级阶段论的代表。更多的学者

① 〔英〕爱德华·泰勒:《原始文化》，连树声译，上海文艺出版社，1992，第1页。
② 〔英〕马林诺夫斯基:《文化论》，费孝通等译，中国民间文艺出版社，1987，
　　第2页。
③ 参见《中国大百科全书·社会学》，中国大百科全书出版社，1991，第409页。
④ 方汉文:《比较文化学》，广西师范大学出版社，2003，第92页。
⑤ 彭克宏主编《社会科学大词典》，中国国际广播出版社，1989，第343页。

则认为，文明是"人类改造自然与社会的物质和精神成果的总和，社会进步和社会发展状况的标志"。① 这是前两种观点的糅合和综合。20世纪六七十年代，我国台湾学者曾把有关文明的定义进行过分类，大致可分为两种：一种是将"文明"视为文化的最高形式；另一种是将"文明"视为文化的外表（物质）形式。做第一种解说的大多是民族学家和人类学家，它注重的是文化与文明两个概念相同的地方；做第二种解说的主要是社会学家和其他的一些社会科学家，它所注重的是文化与文明两个概念相异的地方。②

其实，在早期的人类学家中，一般把文化与文明看作同一个概念。如前述英国人类学家爱德华·泰勒为文化所下的定义，就是把文化与文明连起来说的。这种观点也得到一部分心理学家的认同，如弗洛伊德（Sigmund Freud，1856－1939）也认为："所谓人类文明，对我来说意味着，人类生命是从其他动物状态发展而来，而且不同于野兽生命的所有那些方面——我不屑于对文化和文明加以区分——如我们所知，人类文明常常向观察者展示两个方面。一方面，它包括人类为了控制自然的力量和汲取它的宝藏以满足人类需要而获得的所有知识和能力；另一方面还包括人类为了调节那些可资利用的财富分配所必需的各种规章制度。"③ 当文化与文明用作同义语时，他们认为所有的文明，包括古代的和现代的，都是文化的一种特例，尽管它们在文化内容的数量和模式的复杂性上有自身的特色，但本质上与那些所谓的未开化民族的文化是一样的。在这种大前提下，关于文化与文明的关系，又可分为两种观点：一种是文化包含文明，文明是文化发展高级阶段论；另一种是文明包括文化，文化是文明之下分属概念论。

文明是文化发展高级阶段的观念，起源于18世纪法国的百科全书派启蒙思想家。在西方，civilization（文明）起源于拉丁文 ci-

---

① 《中国大百科全书·社会学》，中国大百科全书出版社，1991，第419页。
② 参见芮逸夫主编《云五社会科学大辞典·人类学》，台湾商务印书馆股份有限公司，1975，第67页。
③ 车文博主编《弗洛伊德文集》第五卷，长春出版社，1998，第156～157页。

vilitas，指的是公民的品质与社会生活的规则等。法国启蒙思想家认为文明是指人类社会将要达到的那种有教养、有秩序、公平合理的高级发展阶段，尽管这个阶段的具体情形尚不清晰。19 世纪以后，由于考古学、旅行家、探险家的发现和有关民族志（ethnography）的记载，人们看到了越来越多的古代文明和异民族的文化材料，由此产生了对文明的新的看法，即文明不仅存在于将来，也存在于过去；不仅存在于西方，也存在于东方。在这种意义上，文明便成了与蒙昧、野蛮相对的概念，指人类社会的开化状态。这种思想的影响是深远的。自 19 世纪以来，不少人文社会科学家在西方文化中心论的思想支配下，把文明视作文化发展到较高阶段的一种类型，用文明一词来指称文化上与西方社会比较接近或所谓开化了的非西方社会及其人民，而将使用文字以前的社会称为野蛮社会。这样，文字、技术和科学就成为人们用来划分一个社会是否处于文明阶段的重要标志。如美国进化论学派人类学家摩尔根（Lewis H. Morgan，1818 - 1881）在其名著《古代社会》中就把人类社会的发展划分为蒙昧（savagery）、野蛮（barbarism）和文明（civilization）三个大的阶段，认为文明社会"始于标音字母的发明和文字的使用"①。后来，这些可衡量的物质、科技或"文化技术"也成为历史学和考古学判断文化发展阶段的重要标志。如美国历史学家伯恩斯（Edward McNall Burns，1897 - 1972）和拉尔夫（Philip Lee Ralph）曾认为："由于每个文化都有其自己的特点，由于有些文化比其它文化发达得多，我们完全可以说文明即一种先进文化……一个文化一旦达到了文字已在很大程度上得到使用，人文科学和自然科学已有某些进步，政治的、社会的和经济的制度已经发展到至少足以解决一个复杂社会的秩序、安全和效能的某些问题这样一个阶段，那么这个文化就应当可以称为文明。"② 美国历史学家威廉·麦克高希（William

---

① 〔美〕路易斯·亨利·摩尔根：《古代社会》上册，杨东莼、马雍、马巨译，商务印书馆，1981，第 11~12 页。

② 〔美〕爱德华·麦克诺尔·伯恩斯、菲利普·李·拉尔夫：《世界文明史》第一卷，罗经国等译，商务印书馆，1987，第 25~26 页。

McGaughey）更是把"文化技术"视为划分"文明"阶段的重要标准："最初的文明开始于政府机构从神庙社会中脱离出来而建立起原始的城市国家的时候。我们称之为'文明一'。文明二的开始，是在哲学以求真理的精神孕育了宗教，并从政权中分离，创建世界宗教的时候。文明三的开始，是在一种新的商业、艺术、学术和对现世的发现浸入西欧文化的时候。对金钱和教育的追求成为它的文化焦点。文明四的开始，是在娱乐成为一种正式的产业以及新闻报道塑造了公共舆论的时候。文明五随着计算机的到来而开始；然而，这个时间还太短，还无法确定它的有特色的机制。"①

我国不少历史学家、文化学家和深受西方学术影响的海外华裔学者也秉承西方的学术传统，用文明来指称人类社会发展到较高水平的阶段。如文化学家陈序经认为："从其文雅的意义来看，文明可以说是文化的较高的阶段。"② 史学家李学勤认为，人类历史可分为史前时期、原史时期和历史时期。青铜器的使用、文字的产生、城市的出现、礼制的形成、贫富的分化、人牲人殉的发端等都是文明起源中重要的因素之一。③ 徐苹芳、张光直等人认为："西方社会科学中关于文明起源的学说，一般被认为具有普遍适应性的学说主张是：文明出现的主要表现是文字、城市、金属工业、宗教性建筑和伟大的艺术；文明的出现，也就是阶级社会的出现，这是社会演进过程中一个突破性的变化。""文明社会是指人类历史发展过程中达到的一个文化发达的高级阶段，是从无阶级到有阶级，从氏族到国家的阶段，国家的出现是文明社会的标志。"④ 文化史家冯天瑜认为，文明是文化发展到较高阶段，或

① 〔美〕威廉·麦克高希：《世界文明史——观察世界的新视角》，董建中、王大庆译，新华出版社，2003，第53～54页。
② 陈序经：《文化学概论》，中国人民大学出版社，2005，第42页。
③ 李学勤：《失落的文明》，上海文艺出版社，1997，第78～93页。
④ 徐苹芳、张光直：《中国文明的形成及其在世界文明史上的地位》，载燕京研究院《燕京学报》第6期，北京大学出版社，1999，第3页、第12～13页。

泛指对不开化的克服，或指超越蒙昧期（旧石器时代）和野蛮期（新石器时代）的历史阶段，中国的文化史长达百万余年，而进入使用文字的金属时代的文明史只四千年左右。① 与这些乐观主义的观点不同，德国历史哲学家奥斯瓦尔德·斯宾格勒（Oswald Spengler，1880－1936）认为文明不过是文化的一种垂死前的状态，"是文化不可避免的归宿"，"是一种发展了的人类所能做到的最表面和最人为的状态"。② 不过，文明是文化发展的高级阶段的观念和影响在学术界还是根深蒂固的。

与上述持"文明"乃是社会"进步的""发展了的"阶段相左，持文明与文化同一论的学者中也有人认为文明在概念等级上应比文化处于更高的层次，即文明包括文化，而非相反。如英国宗教社会学家道森（Christopher Dawson，1889－1970）就认为，一个文明可能涵括深刻而广泛的文化分化或文化多样性，人们可以在讲法国文化、德国文化等的同时，不否认它们均属于一个共同的西方文明。③ 法国社会学家阿努瓦·阿布戴尔－马里克也与道森持相同的观点。如他从宏观社会组织类型学的角度，将世界各文化区域归结为两大文明圈：印度—雅利安文明圈和中国文明圈。属于印度—雅利安文明圈中的文化区域有：古代埃及、波斯、美索不达米亚；古希腊—罗马；欧洲文化区域；北美文化区域；拉丁美洲的大部分印欧文化区域；亚撒哈拉文化区域；伊斯兰教文化区域，即阿拉伯—伊斯兰文化区域和波斯—伊斯兰文化区域（与中国文明圈相联系的亚洲—伊斯兰文化区域除外）。属于中国文明圈的文化区域有：中国；日本；蒙古—中亚；南亚次大陆；越南和东南亚；大洋洲（澳大利亚、新西兰除外）；亚洲—伊斯兰文化区域（从波斯到菲律宾）。他认为这两种主要的文明圈可以从对两种

① 冯天瑜：《新语探源——中西日文化互动与近代汉字术语生成》，中华书局，2004，第570页。

② 〔德〕奥斯瓦尔德·斯宾格勒：《西方的没落》上册，齐世荣等译，商务印书馆，1991，第54页。

③ Christopher Dawson, *The Dynamics of World History*, New York, 1957, edited by John J. Mulloy, p. 403.

人类世界，即东方和西方之间历史上基本差异的介绍中得到解释。① 我国学者阮炜将这一区分的内涵表述为：文明是最大的、具有区别意义的生活共同体，在它之上不存在能将它囊括在内的更大的实体。文化却不是这样，它并不是最大的具有区别意义的实体，因为存在能够将它涵括在内的更大的实体。② 马克垚教授认为，文明是人类所创造的伟大成果，它既有物质的，也有精神的，既有政治的，也有经济的、文化的，等等，所以可大致把文明划分为物质文明和精神文明两大类；而文化则较多地指人类的精神财富，如文学、艺术、宗教、风习等。他认为这样的理解是学术界的共识。③

二 文明与文化有别论

与上述观点不同，也有学者认为文化和文明是所有人类社会都兼具的两样东西：文化是"生活的表现"，是包括宗教、美术、文学及最高的道德目的等在内的东西；而文明则是包括"人类所设计用来控制生活环境的整个机械作用和组织，它不仅包括社会组织的体系，同时也包括技术及物质工具等"④。英国当代社会学家雷蒙·威廉斯（Raymond Williams, 1921 - 1988）在其名著《关键词：文化与社会的词汇》中曾对文化与文明这两个概念的历史沿革做了追溯："Civilization（文明）通常被用来描述有组织性的社会生活状态。这个词与 culture（文化）长久以来相互影响，不易厘清。Civilization 原先指的是一种过程，而且在某些语境里这种意涵现在仍然保存着……从 18 世纪末期以来，civilization 之新词义

---

① 〔法〕阿努瓦·阿布戴尔 - 马里克：《文明与社会理论》，张宁、丰子义译，浙江人民出版社，1989，第 220 ~ 221 页。
② 阮炜：《文明的表现：对 5000 年人类文明的评估》，北京大学出版社，2001，第 52 ~ 53 页。
③ 详见马克垚主编《世界文明史》上册，北京大学出版社，2004，第 3 页。
④ 参见芮逸夫主编《云五社会科学大辞典·人类学》，台湾商务印书馆股份有限公司，1975，第 68 ~ 69 页。

是由'过程'及'确立的状态'（an achieved condition）两种概念特别组合而成。这个词背后潜藏着启蒙主义的一般精神，强调的是世俗的、进步的人类自我发展。Civilization（文明）不仅表达这种历史过程的意涵，而且凸显了现代性的相关意涵：一种确立的优雅、秩序状态……从19世纪初期起，civilization的词义逐渐演变成现代意涵，所强调的不仅是优雅的礼仪与行为，而且还包括社会秩序与有系统的知识——后来，科学亦包含其中。""在现代英文里，civilization仍然指涉一般的状态，并且与savagery（未开化）、barbarism（野蛮）形成对比……civilization成为一个相当中性的词，指涉任何'确立的'社会秩序或生活方式。就这层意涵而言，这个词与culture的现代社会意涵有着既复杂且具争议性的关系。然而，它所指涉的'确立的状态'之意涵仍然居于主流，所以它保留了它的一般特质。"而对于"文化"（Culture）"在所有早期的用法里，是一个表示'过程'（process）的名词，意指对某物的照料，基本上是对某种农作物或动物的照料"。"在考古学与'文化人类学'里，'文化'或'一种文化'主要是指物质的生产，而在历史与'文化研究'里，主要是指'表意的'（signifying）或象征的（symbolic）体系。"① 这种追溯也基本上反映了西方学术界对文明与文化使用上的分野。

据有关专家考证，我国学者中认真区分"文明"与"文化"概念的，始于胡适和张申府。胡适在1926年刊发的《我们对于西洋近代文明的态度》一文中，将文明（Civilization）定义为"一个民族应付他的环境的总成绩"，将文化（Culture）定义为"一种文明所形成的生活方式"。张申府于同年发表的《文明或文化》则称"文化是活的，文明是结果"②。钱穆在其《中国文化史导论》中也开门见山地将文化与文明做了区别："大体文明文化，皆指人类群体生活而言。惟文明偏在外，属于物质方面。文化偏在内，属

---

① 参见〔英〕雷蒙·威廉斯：《关键词：文化与社会的词汇》，刘建基译，三联书店，2005，第46～48、50、102、107页。

② 胡适、张申府二人的观点参见冯天瑜《新语探源——中西日文化互动与近代汉字术语生成》，中华书局，2004，第569页。

于精神方面。"① 梁漱溟也认为文化与文明是有区别的，他把文化归因为"人类生活的样法"，而把文明视作人们在生活中的成绩品，譬如中国所制造的器皿和政治制度等，即生活中呆实的制作品算是文明，生活上抽象的样法是文化。文化的不同就是抽象样法的不同，即生活中解决问题的方法之不同。② 冯天瑜也认为文化和文明都是人类现象，但二者所涵盖的历史内容又有差异："文化"的本质内涵是"自然的人化"，人通过有目的的劳作，将天造地设的自然加工为文化；而"文明"则是文化发展到较高阶段的产物。③

当然，持"文化"与"文明"有别论者中，在我国影响最大的莫过于德国学者诺贝特·埃利亚斯（Norbert Elias，1897－1990）。他在其名著《文明的进程——文明的社会起源和心理起源的研究》中认为：第一，"文明"这一概念所涉及的是技术水准、礼仪规范、宗教思想、风俗习惯以及科学知识的发展等；它既可以指居住状况或男女共同生活的方式，也可以指法律惩处或食品烹饪；仔细观察的话，几乎每一件事都是以"文明"或"不文明"的方式进行的。第二，"文明"一词的含义，在西方国家各民族中各不相同。在英、法两国，这一概念集中地表现了这两个民族对于西方国家进步乃至人类进步所起作用的一种骄傲；而在德国，人们用"文化"而不是"文明"来表现自我和那种对自身特点及成就所感到的骄傲。第三，在英、法语言中，"文明"这一概念可用于表达政治、经济、宗教、技术、道德和社会的现实；德语中"文化"的概念，就其核心来说，是指思想、艺术、宗教，它所表达的一种强烈的意向就是把这一类事物与政治、经济和社会现实区分开来。英、法语言中的"文明"可以指成就，也可以指人的行为、举止而不论有否成就；德语中的"文化"则很少指人的行为以及那种不是通过成就而是通过人的存在和行为所表现出来的价

---

① 钱穆：《中国文化史导论》"弁言"，上海三联书店，1988，第1页。
② 梁漱溟：《东西文化及其哲学》，商务印书馆，1999，第60~61页。
③ 冯天瑜：《略论中国文化史的几个基本概念》，载冯天瑜主编《人文论丛》2003年卷，武汉大学出版社，2003，第8~9页。

值。第四，"文明"是指一个过程，或至少是指一个过程的结果，它所指的是始终在运动、"前进"的东西。"文明"使各民族之间的差异有了某种程度的减少，因为它强调的是人类共同的东西。德国"文化"概念强调的是民族差异和群体特性。如果"文明"表现了殖民和扩张的倾向，那么"文化"则表现了一个民族的自我意识。第五，通过"文化"与"文明"这两个概念所体现出来的民族意识是很不相同的。德国人自豪地谈论着他们的"文化"，而法国人和英国人则自豪地联想起他们的"文明"。尽管这两种自我意识有着很大的差别，大家却都完全地、理所当然地把"文化"或"文明"作为观察和评价人类世界这一整体的一种方式。① 清华大学葛兆光教授对埃利亚斯的观点非常赞赏，并做了自己的解读：第一，文化是各民族保持差异的关键，它表现了民族的自我和特色，这是个创造性的领域，常常指的是一个文化民族中特有的知识、思想、风俗习惯和认同方式，是一种不必特意传授就会获得的精神气质；而文明是随着历史进步过程不断趋同的，它是一些例行性的领域，如规则、常识、纪律等。也就是说，文化表现"异"，文明走向"同"。第二，文明指的是一个过程，是始终在运动前进的；文化指的是已经存在的传统。第三，"文明"表现了一种殖民和扩张的倾向，它象征着一个同一化的趋向，使不同的人不断趋于相同。它是使各个民族差异性逐渐减少的那些东西，表现着人类的普遍的行为和成就，是一种需要学习才能获得的东西，因而它总是和"有教养""有知识"等词语相连。②

其实，诺贝特·埃利亚斯的观点并不只是他个人的思想，他的文明与文化相区别，甚至相对立的观念，是秉承了德国学术界的传统。如德国哲学家康德（Immanuel Kant，1724－1804）、文学批评家赫尔德（Johann Gottfried Herder，1744－1803）、文化社会

① 〔德〕诺贝特·埃利亚斯：《文明的进程——文明的社会起源和心理起源的研究》第一卷，王佩莉译，三联书店，1998，第 61～63 页。
② 详见葛兆光《思想史研究课堂讲录：视野、角度与方法》，三联书店，2005，第 205、206 页；葛兆光：《古代中国社会与文化十讲》，清华大学出版社，2002，第 192～193 页。

学家阿尔弗雷德·韦伯（Alfred Weber，1868－1958）、哲学家马尔库塞（Herbert Marcuse，1898－1979）等都持有相同或相类的观点。例如阿尔弗雷德·韦伯在其 1935 年发表的《文化史与文化社会学》中认为："文明代表着人类在科学、技术和计划领域中用智慧来征服自然界和文化世界所作的努力……而与文明相区别的文化，则是建立在精神的实现，即哲学与情感本性实现的基础之上的。"[1] 他所认定的文化，是指存在的精神和物质状况，也指存在于这种环境中的特有的气质，这种表现在审美标准、价值取向、艺术风格上的气质和精神虽不断变化，但后来的未必比以前的高明；而文明是人类在物质和生活方式上的不断积累，越来越朝着适应环境的方向发展，即文明是可以进化的，并是朝着适应人类环境的方向变化的。[2] 在这里，文明的特性是"累积的"（cumulative），而文化的特性则是"非累积的"（noncumulative）。这一区别，就是把"文明"看作一种客观的现象，把文化看作一种主观的现象。我国学者中也有人从文明具强制性、文化具通融性的角度来阐述文明与文化的区别。如曹卫东教授等认为，文明在形态上会呈现一致性，如交通的四通八达、机器生产的流水作业、商品交易的繁荣兴盛等，因此，文明的进程是一个不断整合的过程，且这种整合往往带有无条件的强制性；而文化却不具有文明的这种暴力色彩，尽管历史上也存在一个民族文化同化另一个民族文化的现象，但这种文化的交融是以互为独立价值为前提的，恰恰体现了人类文化的共通性和包容性。[3]

为什么英法两国与德国在"文明"和"文化"概念的使用上会有如此大的差异？这跟英法两国与德国社会发展的传统有关。据有关学者研究，早在 18 世纪，经过各自民族和国家形成的决定性阶

---

① 参见〔法〕阿努瓦·阿布戴尔－马里克《文明与社会理论》，张宁、丰子义译，浙江人民出版社，1989，第 141 页。

② 参见葛兆光《思想史研究课堂讲录：视野、角度与方法》，三联书店，2005，第 204～205 页。

③ 参见曹卫东、张广海等《文化与文明》"前言"，广西师范大学出版社，2005，第 5～6 页。

段之后，英法两国都在欧洲以"文明"国家自居，而发展处于稍落后状态的德国，其知识分子不甘忍受英法两国的傲慢，遂用"文化"概念来批判本国从法国宫廷中抄袭而来的所谓"civilité"（礼貌）的肤浅和表面化风气。19 世纪后期由于德国在欧洲强大起来并跻身于西方主要殖民国家行列，这两个概念间的对立稍被淡化，但在 20 世纪初因德国发动第一次世界大战，英法两国再次以"文明"的名义联合对抗德国，"文化"与"文明"两个概念又变得针锋相对、势不两立。① 由此可见，对文明的认识，不仅与学科背景有关，还跟各学者所处的历史环境有关。

三　文明实体论

不管是持文明与文化相同的观点，还是持文化与文明相异的观点，学术界探讨文明和文化的概念都是为了使用它们来更好地分析和研究世界上各人类社会和各人类群体的历史发展轨迹、过程及彼此间的关系。因此，有诸多学者并不拘泥于文明与文化两者概念之间的辨析，而是各取所需，或混而为一，将文明理解为一个包含物质与精神文化内涵的综合体。法国当代历史学家布罗代尔（Fernand Braudel，1902 - 1985）就是强调文明整体性内容的杰出代表。

布罗代尔认为文明首先体现在一个地理区域，因此讨论文明，便是讨论空间、陆地及其轮廓、气候、植物、动物等有利的自然条件。其次，文明等同于社会。他认为这两个概念指的是同样的一个现实，文明与社会两者是永远不可分离的，只不过文明所隐含和包括的时段相比于任何特定的社会现象都要长得多，文明的转变也远不如它所支持和包含的社会的转变那样迅速；文明与文化最明显的区别标志是存不存在城市。再次，文明还体现在经济上。每个社会，每种文明，都有它自己的人口数量和经济生活，人口的升降、经济和技术的兴衰等往往严重影响着文化和社会的

---

① 曹卫东、张广海：《文化与文明》"前言"。

结构，所以研究文明也就要研究它的政治经济学。最后，文明也体现集体心态，这集体心态包含共同的价值观、思维方式，以及由此主导的行为方式。这里，宗教是文明中最强有力的特征，始终是过去和今天的文明的中心问题。① 事实上，布罗代尔的这种文明观及其研究可追溯到斯宾格勒和汤因比等人的身上。

德国历史哲学家斯宾格勒是以文化形态理论来研究世界文化现象见长的著名学者。他在《西方的没落》一书中认为历史不是研究连续的进步，而应是对文化的比较研究。他把世界各民族分为文化民族（或称文明民族）与原始民族两大类，认定世界历史是文明民族创造的，而世界历史可分为八个独立的文化形态：埃及文化、印度文化、巴比伦文化、中国文化、古典文化、阿拉伯文化、西方文化（浮士德文化）和墨西哥文化。每个伟大文化都来源于一个民族最深层次的民族精神，都有自己的表现于文化各个方面的基本象征。他认为文化是历史研究的单位，是具有生、长、盛、衰等阶段的有机体，有自己的观念、情欲、生活、愿望、感情、死亡，但每一文化间彼此是分隔的。他从精神、文化、政治等方面对印度、埃及、古典、阿拉伯、西方等文化类型进行了阶段划分，认为除了西方文化以外，其他七种文化已经名存实亡了。②

英国历史哲学家汤因比（Arnold Joseph Toynbee，1889－1975）继承和发展了斯宾格勒的思想，认为历史研究的最小单位不是民族国家，而是一个个的社会或文明。他从宏观角度将人类社会的发展史划分为20多个具有文明发展过程的代表性社会，西方社会、东正教社会、伊朗社会、阿拉伯社会、印度社会、中国社会、朝鲜与日本社会、古希腊社会、叙利亚社会、古代印度社会、古代中国社会、米诺斯社会、苏末社会、赫梯社会、巴比伦社会、埃及社会、安第斯社会、墨西哥社会、尤卡坦社会、玛雅社会等，认为这些文明之间存在某种历史的继承性。与斯宾格勒一样，他

---

① 参见〔法〕费尔南·布罗代尔《文明史纲》，肖昶、冯棠、张文英、王明毅译，广西师范大学出版社，2005，第29～43页。

② 〔德〕奥斯瓦尔德·斯宾格勒：《西方的没落》上册，齐世荣等译，商务印书馆，1991，第305～309、130～142、46、34、39、54页。

也认为每个文明都有起源、生长、衰落、解体、灭亡五个阶段，但否认文明或文化是一个有机体组织，认为文明的起源和生长的法则是人类对各种挑战的成功应战。一个文明如果能成功地应对来自环境的挑战，那么它就可能走向繁荣和发展，反之则会导致衰落和灭亡。他认为最适度的挑战不仅能刺激它的对象产生一次成功的应战，而且能刺激它积聚更大的力量去应付新的挑战，从一次成功走向另一次新的应战，以至无穷。① 他的这种"文明挑战应战理论"对后世的影响很大，美国著名学者费正清（John King Fairbank）对中国历史与文化的研究和政治学家亨廷顿的"文明冲突论"都有汤氏理论的影子。如亨廷顿认为："文明和文化都涉及一个民族全面的生活方式，文明是放大了的文化。""文明是一个最广泛的文化实体。乡村、宗教、种族群体、民族、宗教群体都在文化异质性的不同层次上具有独特的文化。"② 他认为当代世界主要有八种文明，西方文明、中华文明、日本文明、印度文明、东正教文明、伊斯兰文明、拉丁美洲文明和非洲文明，当代人在文明的作用下组成文化共同体，不同文化的国家之间最有可能的是相互疏远和冷淡的关系，即文明间的竞争性共处——冷战和和平，也可能是高度敌视的关系。他还认为文化实际上是所有文明定义的共同主题，在所有界定文明的客观因素中，最重要的通常是宗教，人类历史上的主要文明在很大程度上被基本等同为世界上的伟大宗教。"因此，文明是人类最高的文化归类，人类文化认同的最广范围，人类以此与其他物种相区别。"③

在分析世界历史及现实格局时，除了上述文明与社会可互相代替的理论外，我国学者中还有人特地点出了文明还是一个利益群体的重要性。如阮炜先生认为"文明"一词具有两种词义：作为生命形态的文明和作为共同体的文明。作为生命形态的"文

---

① 详见〔英〕汤因比《历史研究》上册，曹未风等译，上海人民出版社，1986，第15~43、74~98页。
② 〔美〕塞缪尔·亨廷顿：《文明的冲突与世界秩序的重建》，周琪等译，新华出版社，1998，第24~26页。
③ 同上书，第29~32、26页。

明"，指的是一个人类共同体所表现出的特定生活方式和信仰形态。一个文明既区别于其他文明，便能为认同它的人们提供文化身份，使他们无论何时何地都能借着共同的生命样式实现相互认同。同时，"文明"一词也指认同于该文化形态，拥有历史主体性的人类共同体。这种意义上的"文明"不仅涵括独特的文化形态，更重要的是也包含地缘—利益要素，即文明是具有特定历史主体性和文化同一性的大型人类群体，是人类群体间可能发生的互动甚或冲突中的大型地缘—利益单位。他认为亨廷顿讲"文明的冲突"时，所指的更多不是作为文化形态的文明间的冲突，而是作为历史文化共同体的文明间的冲突。他认为文明概念之所以跟文化概念不同，就在于：目前各方面使用的"文明"一词不仅可以指一种特定的生活方式及相应的价值体系，也可以指认同于该生活方式和价值体系的人类共同体，而"文化"则更多指前者，或具有更明显的形态学含义，而较少指后者。[①] 笔者认为这一点是非常有见地的意见。因为冷战结束以后，世界政治格局中基于政治的意识形态的重要性已退居到次要地位，而基于经济利益的意识形态则上升为主要地位。这种以经济利益为主导的意识形态，目前正通过文化或文明认同的方式，被世界一些国家的政治家、思想家和官员有意识地传播到世界各地，并加以利用和操纵。这种状况，已经并还将继续对世界局势和力量格局的分布产生重大的影响。

四 结论与思考

通过以上的爬梳，我们可以对当今学术界对"文明"的界定和使用得出这样三点结论：①文明指人类社会发展过程中处于高级阶段的社会状态；②文明亦指具有自身特定生产方式、生活方式和价值观念的文化形态；③文明还指拥有特定人口、地域，掌握特定文化，拥有特定价值观和行为方式，具有自身政治、经济、

---

① 参见阮炜《文明的表现：对5000年人类文明的评估》，北京大学出版社，2001，第41~42、52页。

文化和军事整合力、动员力的文化实体——文明体。

对于文明概念的辨析，虽然至今学术界尚无定论，但为我们更好地理解和运用这个概念打下了良好的基础。不过，笔者认为在使用"文明"概念来分析和界定人类社会发展和人类群体间的关系时，我们千万不能忘记三点。

其一，现今世界上虽有许多人文社会科学研究者以"文明"作为工具来分析和研究各个国家、各个社会、各个地区、各个文化甚至各个民族间的关系，但"文明"也有大小、主次或子母之分。例如我们通常意义上说的"西方文明"，是个大概念，指的是以工业化生产方式为基础、行资本主义制度和民主政体、以基督教信仰为宗教主体的文化形态，它的下面又可细分为多层次的亚文明或次级文明。在法国历史学家布罗代尔那里，西方文明就包括欧洲文明、美国文明、俄罗斯文明、拉丁美洲文明等次级文明；在次级文明如欧洲文明中又包括法国文明、英国文明、德国文明等第三级次的文明；第三级次的文明又包括第四级次的文明，如苏格兰的文明、爱尔兰的文明或卡塔洛尼亚的文明，等等。①

其二，"文明"只是一个文化实体而不是一个政治实体，正如亨廷顿所说："它们本身并不维持秩序，建立公正，征缴税收，进行战争，谈判条约，或者做政府所做的任何其他事情。"② 文明给本文明体内的人提供的更多是情感性的主观认同和情感依托，而不是明确的依靠力量。这种依靠力量要转变为现实，还需要有特定的条件。

其三，文明，无论作为文化形态，还是作为具有地缘—利益的历史主体性和文化同一性群体，都是处于变动之中的，即文明的边界是不确定的。一般而言，它的边界随着文明体内核心力量的强盛而扩展，又随着核心力量的衰微而缩减。它同人们的主观认同有密切关系。

---

① Ferdinand Braudel, *A History of Civilizations*, New York: Allen Lane the Penguin Press, 1994, translated from the French by Richard Mayne, p. 12.

② 〔美〕塞缪尔·亨廷顿：《文明的冲突与世界秩序的重建》，周琪等译，新华出版社，1998，第28页。

文明传播视野下的雍乾、乾嘉苗民起义[*]

引 言

国内学术界对 18 世纪苗民起义的研究，多集中于 20 世纪 50 年代以后至 90 年代以前，少量出现于 90 年代以后。这些研究，除了较详细地叙述和考订苗民起义的经过外，主要是对起义的性质进行探讨，其中较有代表性的观点为：①马少侨认为雍乾黔东苗民的起义，是反抗清统治者对苗民由间接统治变为直接统治，即反对"改土归流"的斗争。而乾嘉苗民起义，他认为一是苗民反抗政治上的不自由，二是反抗"改土归流"后汉族及满族地主阶级和高利贷商人的掠夺和奴役。[①] ②戴逸、孟森、肖一山、喻松青、张小林等认为，"改土归流"从长远来说是一项进步的政策，但由清王朝来执行，就不能不造成以清王朝为代表的满汉地主阶级与广大苗族人民的尖锐对立和民族压迫、剥削。乾嘉时期的湘黔苗民起义，就是在这样尖锐对立的社会条件下爆发的。[②] ③1985年湖南省历史学会、湘西土家族苗族自治州凤凰县和贵州省松桃

---

[*] 原文发表于《中南民族大学学报》（人文社会科学版）2007 年第 3 期，第 52 ~ 58 页。

[①] 参见马少侨编著《清代苗民起义》，湖北人民出版社，1956，第 24 ~ 25、36、37 页。

[②] 参见戴逸主编《简明清史》（二），人民出版社，1984，第 403 ~ 405 页；孟森：《明清史讲义》下册，中华书局，1984，第 576 页；喻松青、张小林主编《清代全史》第六卷，辽宁人民出版社，1991，第 255 页；肖一山：《清代通史》中卷，中华书局，1986，第 107 ~ 108、249 页。

苗族自治县联合发起纪念乾嘉苗民起义190周年纪念会暨学术讨论会，参会代表对乾嘉苗民起义的性质进行了广泛的研讨。其中代表性的观点为：这是一场有汉族人民参加的反抗清王朝封建统治的阶级斗争；具有反抗民族压迫和阶级压迫的双重性质；湘西苗疆"归流"后，苗区"客民"大量增加，贫富分化和土地兼并日益加剧，阶级矛盾和民族矛盾都逐步激化，但民族矛盾更为突出，是一次反抗清王朝封建统治阶级的民族歧视、压迫和剥削，争取民族平等、自由和发展的武装斗争。①

国外学术界对18世纪清代苗民起义的研究不多。美国芝加哥大学历史研究员苏珊·M.琼斯和历史教授菲利普·A.库恩在费正清主编的《剑桥中国晚清史》中认定人口压力是清代各地"暴动"和"叛乱"出现的根本原因。在具体分析乾嘉苗民起义时他们认为，湖南贵州边境1795年苗民"大叛乱"之所以发生，显然是"客民"——寻找土地的贫苦的汉族移民——大量涌进边境地区的结果。②

以上观点虽都在一定程度上反映了清代苗疆社会和苗民起义的现象，但无法圆满地解释苗民起义的独特性，也无助于从整体性的角度把握当时的社会发展进程。理由为：①把"改土归流"归结为民族压迫政策，把雍乾、乾嘉苗民起义定义为反抗民族压迫的斗争，结论似乎没错，但说明不了实际问题。因为清王朝本身就是一个民族压迫的政府，它的民族压迫政策又不是针对苗族的，为何在当地的少数民族中主要是苗族反了，而土家、仡佬等族为何没反？在反的苗人中，为何主要是黔东南雷公山地区和湘黔交界处腊尔山区的"生苗"反了，其他地区的"熟苗"为何不反？③ ②把苗民起义笼统地定性为反抗民族压迫和阶级剥削，无法

---

① 参见湘西自治州凤凰县民委、贵州松桃苗族自治县民委、湖南省社科院历史研究所编《苗族史文集——纪念乾嘉起义一百九十周年》，湖南大学出版社，1986。

② 〔美〕费正清主编《剑桥中国晚清史》上，中国社会科学院历史研究所编译室译，中国社会科学出版社，1996，第140~141页。

③ 在湘西苗族中，居住在永顺、保靖、桑植、柿溪、五寨等地原土司区内的"熟苗"与当地的土家族、汉族一样，基本上没有卷入乾嘉苗民的起义之中。详情可参见伍新福《试论湘西苗区"改土归流"——兼析乾嘉苗民起义的原因》，《民族研究》1986年第1期，第15~22页。

说明 18 ~ 19 世纪苗民起义与其他民族或其他地区的反清斗争有何性质上的区别。事实上，苗民的起义，无论是目的还是方式，与其他地区的反清斗争，如白莲教起义等，是有很大不同的。③将乾嘉苗民起义定义为被压迫、被剥削的苗民反抗满汉地主阶级的阶级斗争，于客观事实不完全相符。因乾嘉苗民起义的首领和核心人物除吴天半（吴半生）外，吴八月、石柳邓、石三保、吴陇登等都属苗民中的上层分子，阶级斗争说无法合理解释他们的行为和动机。④史学界普遍认为"改土归流"是先进文化对封闭落后地区的一种示范，具有进步意义，促进了苗区的社会和经济发展。① 而雍乾和乾嘉苗民起义是对"改土归流"政治变革的一种反动。它们之间的关系是一种因与果的关系。学术界在承认"改土归流"进步性的同时，也普遍认为苗民起义有力地打击了清王朝的统治，也是进步的（至少到目前为止我国史学界和民族学界尚没人对这一观点持否定态度）。这种在因果论上有绝对相因性的相反或矛盾的事例竟会得到同一种层面上的肯定评价，在逻辑上不太说得通，学术上也难自圆其说。⑤国外学者的"人口压力"说，也只说明了一种现象。在中国历史上，汉族和少数民族间的人口互动是经常发生的，少数民族的汉化和边鄙地区汉族融入当地少

---

① 如戴逸先生在其主编的《简明清史》（二）中认为"改土归流"虽然必然伴随民族压迫的因素，给少数民族带来了灾难，但从历史的长远观点来看，"改土归流"是有积极的作用的，它打击和限制了土司的割据势力和特权，加强了中央和地方的关系，巩固了国家的统一，并且发展了各族人民之间的经济、文化联系，有利于少数民族地区生产的发展和人民生活的改善（人民出版社，1984，第 197 页）。翦伯赞在其主编的《中国史纲要》第三册中认为"改土归流"的主观目的是为了对西南各族人民进行直接的统治，但也有积极的一面，它改善了某些少数民族地区落后闭塞的面貌，有利于国内各民族间经济、文化的进一步联系，因而也多少促进了少数民族地区社会经济的发展（人民出版社，1979，第 261 页）。王钟翰等民族史专家认为，"改土归流"是土司统治地区各民族经济和政治制度的一次大变革，它有利于统一的多民族国家的巩固和发展，革除了一些旧制度陋规，促进了原土司地区社会经济的发展，促进了土司地区文化教育的发展；只是"改土归流"又是建立在有利于大民族封建中央统治阶级对各民族进行剥削的前提下进行的，其进步性受到非常大的局限（详见王钟翰主编《中国民族史》，中国社会科学出版社，2001，第 917 ~ 919 页）。

数民族的现象各朝各代俯拾皆是，① 但由此有规律地引发大规模起义且时间延续较长的事件并不多见。

笔者认为，以反抗民族压迫和阶级剥削来反映雍乾、乾嘉苗民起义的观点，只是套用中华人民共和国成立后至改革开放前我国意识形态领域超强政治标准来解释和反映历史的一种现象。尽管这也是一种理论视野，但无法准确全面地解释上述矛盾和悖论。如果我们把雍乾、乾嘉苗民起义放进"中华民族多元一体格局"的文明扩展和传播的进程中来考察和衡量，跳出既有意识形态中仍有意无意起主导作用的"进步、退步"的终极价值判断和"压迫、反压迫"的道德判断，从国家的实质和文明发展规律的角度来重新审视当时的中国社会、苗疆现实和苗民起义，或许可得出一个不同以往的结论。

一 文明传播的理论

"文明"是现实生活中人们使用频率非常高但又一时难以厘清其含义的一个概念。有学者认为，文明"是人类精神物质创造的总体型态，也是不同民族文化创造的总称"。② 也有学者认为，文明"指文化的较高发展阶段，是先进的文化所达到的一个程度，在这样的文化里，文化机体的各方面都有良好的发展"。③ 还有学者认为，文明是"人类改造自然与社会的物质和精神成果的总和，社会进步和社会发展状况的标志"。④ 这些观点是将文明与文化两个概念相提并用，认为文明是人类社会迄今所取得的一切文化成

---

① 参见谷苞《在我国历史上有为数众多的汉人融合于少数民族》，载费孝通主编《中华民族研究新探索》，中国社会科学出版社，1991，第 76~90 页；贾敬颜：《历史上少数民族中的"汉人成分"》，载费孝通主编《中华民族多元一体格局》（修订本），中央民族大学出版社，2003，第 192~210 页；田昌五：《中国古代民族关系的嬗变律》，载田昌五著《中国历史体系新论》，山东大学出版社，2000，第 303~317 页。

② 方汉文：《比较文化学》，广西师范大学出版社，2003，第 92 页。

③ 彭克宏主编《社会科学大词典》，中国国际广播出版社，1989，第 343 页。

④ 《中国大百科全书·社会学》，中国大百科全书出版社，1991，第 419 页。

就的总和，是人类社会或文化发展到较高阶段的代表。

也有一种观点认为"文明"与"文化"是有区别的，"文明"是特指物质形态化了的文化，即与精神文化相对而言的物化文化，是一种在物理性质上迥异于他种文化因素的物化了的精神体系。持这种观点的学者中，在我国影响最大的莫过于德国学者诺贝特·埃利亚斯。他在其名著《文明的进程——文明的社会起源和心理起源的研究》中对"文化"与"文明"所做的辨析有广泛的影响。[①]清华大学葛兆光教授对埃利亚斯的观点就非常赞赏，并做了自己的解读：第一，文化是各民族保持差异的关键，它表现了民族的自我和特色，这是个创造性的领域，常指一个文化民族中特有的知识、思想、风俗习惯和认同方式，是一种不必特意传授就会获得的精神气质；而文明会随着历史进步过程不断趋同，它是一些例行性的领域，如规则、常识、纪律等。即文化表现"异"，文明走向"同"。第二，文明指的是一个过程，是始终在运动前进的；文化指的是已经存在的传统。第三，"文明"表现了一种殖民和扩张的倾向，它象征着一个同一化的趋向。它是使各个民族差异性逐渐减少的那些东西，表现着人类的普遍的行为和成就，是一种需要学习才能获得的东西，因而它总是和"有教养""有知识"等词语相连。[②]

事实上，学术界探讨"文明"和"文化"概念都是为了使用它们来更好地分析和研究世界上各人类社会和各人类群体的历史发展轨迹、过程及彼此间的关系。因此，有许多学者并不拘泥于文明与文化两者概念之间的辨析，而是将文明理解为一个包含物质与精神文化内涵的综合体，特别是用来指称一个区域、一个社会、一个时代或一个民族所具有的精神生活、物质生活及生产生活方式的综合体。日本近代思想家福泽谕吉、德国历史哲学家斯

[①] 〔德〕诺贝特·埃利亚斯：《文明的进程——文明的社会起源和心理起源的研究》第一卷，王佩莉译，三联书店，1998，第61～63页。

[②] 葛兆光：《思想史研究课堂讲录：视野、角度与方法》，三联书店，2005，第205、206页；葛兆光：《古代中国社会与文化十讲》，清华大学出版社，2002，第192～193页。

宾格勒、英国历史哲学家汤因比、法国史学家布罗代尔、美国政治学家亨廷顿等都是持这一观点的著名学者。我国的阮炜先生还认为"文明"一词具有两种词义：作为生命形态的文明和作为共同体的文明。作为生命形态的"文明"，指的是一个人类共同体所表现出的特定生活方式和信仰形态。一个文明既区别于其他文明，便能为认同它的人们提供文化身份，使他们无论何时何地都能借着共同的生命样式实现相互认同。同时，"文明"一词也指认同于该文化形态，拥有历史主体性的人类共同体。这种意义上的"文明"不仅涵括独特的文化形态，更重要的是也包含地缘—利益要素，即文明是具有特定历史主体性和文化同一性的大型人类群体，是人类群体间可能发生的互动甚或冲突中的大型地缘—利益单位。他认为文明概念之所以跟文化不同，就在于，目前各方面使用的"文明"一词不仅可以指一种特定的生活方式及相应的价值体系，也可以指认同于该生活方式和价值体系的人类共同体，而"文化"则更多指前者。文明在更多场合指一特定历史文化共同体，即文明体，而非一特定生命形态。① 笔者认为这是非常有见地的见解。在本文中笔者倾向于将"文明"视作认同于自身群体所表现出的特定生活方式和信仰形态且拥有历史主体性的人类共同体，即文化实体——文明体。它的内涵通常指的是：某一较大区域内的某一类或若干类文化上有渊源关系且利益相关的人类群体及其所拥有的特定的生活方式、行为方式和价值观念。他们是操持相同或相近的生计方式，有着特定的政治制度和意识形态，认同或信仰某一特定的价值观念或有着相同或相类的宗教信仰，文化上相互认同且文化形态相近的一个或若干个人类群体。下文中将要提及的"汉文明"与"苗文明"都是从这个意义上说的。

文明的扩散与传播是人类社会一个非常普遍的文化现象。文化或文明形式从一个人类群体扩散或转移到另一个人类群体，引起他文化或他文明群体的互动，从而产生的文化或文明间的接触、

① 阮炜：《文明的表现：对 5000 年人类文明的评估》，北京大学出版社，2001，第 41～42、52 页。

碰撞、适应、吸纳、拒斥、抗争、整合等现象在人类历史上从来就没有停息过。文明的扩散与传播既表现于国与国之间、民族与民族之间，也表现于一个国家或一个区域内部不同民族、不同族群之间，还表现于同一民族或同一族群的不同支系之间。本文所论的雍乾、乾嘉苗民起义，就是发生在同一国家内部不同族群间的文明传播所产生的抗拒行为。

二 "苗文明"的主要特征

笔者所说的"苗文明"，指的是清代苗人聚居区域内富有自身特色的苗文化形态及认同该文化形态的人们共同体。由于文化传播的作用和统治者的强力推行，"熟苗"地区的苗人已吸纳或融合了大量的汉文明特质或因素，甚而多数"熟苗"是生活在以汉文明为主导的社会政治、经济体制之中。故本文所述的"苗文明"，指的是受汉文明影响相对较小的、自主自理时间较长的"生苗"区内的文化形态及认同该文化形态的苗人。

据有关苗族史专家的研究，在元明之际经过一些沿革兴废，至清初"改土归流"前，已逐渐形成了两大块相对稳定的"生苗"区：一块是今湖南、重庆、贵州三省市交界的"红苗"区；另一块是贵州都匀以东，以今黔东南苗族侗族自治州为主的"黑苗"区。[①] 对于以"生苗"为中心的苗文明的主要状况，大致可以概括为以下几个方面。

第一，行"刀耕火种"的生计方式。乾隆三年（1738），离"改土归流"尚不远，当时的湖广总督德沛在向乾隆帝上的《奏陈苗疆事宜七条》奏折中，第一条谈的就是湘西苗区"刀耕火种"原始农业的现状："查苗民……从不习耕水田，惟刈其山上草莱，候日色曝干，以火焚之，锄去草兜，而撒种杂粮，历代相传，名曰刀耕火种，既无粪土，又乏池塘。丰稔之年，可收菽粟乔麦等项，稍愆雨泽，所获即少，往往为穷所迫，甘为盗贼，每致滋生

---

① 伍新福：《中国苗族通史》上，贵州民族出版社，1999，第218页。

事端。"①

第二，社会结构上处于"有族属""无君长""不相统属"的状态。乾隆元年（1736）八月，张广泗在给乾隆帝的奏折中说："维此苗疆回环二千余里，错杂数十万人，犹幸其各为雄长，向无统率，其情涣而不相联，人散而无所属。惟无所属，斯无定谋；惟不相联，斯无固志……且此一带苗人，向无酋长。今欲强立一人以为土司，苗人安肯听其约束。"② 当然，"无君长""不相统属"，不表示明清之际"生苗"社会内部没有阶层或贫富差别或分化，只不过远没汉族地区那么普遍、明显而已。

第三，其社会组织更多是与亲缘、血缘、地缘等初级社会群体结合在一起的，带有很强的血缘、地缘社会群体的意味。徐家干《苗疆闻见录》（下）曾载："苗人聚种而居，窟宅之地皆呼为寨，或二三百家为一寨，或百数十家为一寨，依山傍涧，火种刀耕，其生性之蛮野洵非政教所可及。"③ 处于家族和村寨之上的是鼓社组织，它是以父系血缘为纽带、共同祭祀一个象征祖先灵魂居住的木鼓的氏族组织，一般由同宗的一个或几个自然村落组成。鼓社之上，是议榔组织，它是由不同宗支的家族组织汇集而成的地域性的村寨组织，即由若干个鼓社集合而成的农村公社组织，同时它也是苗民社会中一个村寨或若干个村寨联合集会共同制定和宣布并共同遵守的某种公约的议会组织形式。④

第四，在社会制度中调节社会关系的是"理老"制和"神判"制。"理老"，汉译为"长老"，是各村寨行使管理责任的自然领袖，明清官方称其为"行头"。康熙年间毛奇龄《蛮司合志》卷一

---

① 中国第一历史档案馆编《清代档案史料丛编》第 14 辑，中华书局，1990，第 152 页。

② 乾隆元年八月初八日张广泗奏折：《复奏王士俊条陈各款》，载中国人民大学历史系、中国第一历史档案馆合编《清代农民战争史资料选编》第三册，中国人民大学出版社，1991，第 67 页。

③ （清）徐家干：《苗疆闻见录》，吴一文校注，贵州人民出版社，1997，第 162 页。

④ 《苗族简史》编写组：《苗族简史》，贵州民族出版社，1985，第 34 页；龙生庭、石维海、龙兴武等：《中国苗族民间制度文化》，湖南人民出版社，2004，第 56~57 页。

载：苗人，"争讼则推一人断曲直，曰行头。曲者，绁以筹计。所绁筹多，则掷筹三，曰天减一，地减一，行头又减一。然后，责赎其余者"。理老一般为人忠厚正派、办事公道、熟悉古理老规、能言善辩，在当地民间是德高望重的老者、长辈，是自然形成的。按其管理职能的大小，理老可分为三个层次：一是村寨理老，称为寨老或"勾往"，主要调解村寨内部的一般矛盾纠纷；二是氏族理老，称"鼓公"或"娄方"，主要评判一些重大的案件；三是地方理老，称"勾加"或"大理头"，由较大区域范围内的群众或寨老们选举产生。地方理老的职能主要是裁判本地区发生的重大纠纷。① 除接受理老的调解外，苗人还特别重视"神判"。"神判"指的是在是非曲直难以分解或冤屈无法自白时，祈求超自然力量来鉴别、判定或裁决人间是非真伪的一种习惯法。苗人中的神判，以"吃血""捞油"最具典型性。清严如熤《苗防备览·风俗上》对"吃血"所记颇为生动："遇冤忿不能白，必告诸天王庙，设誓刺猫血滴酒中，饮以盟心，谓之吃血。既三日，必宰牲酬愿，谓之悔罪做鬼。其入庙，则膝行股栗，莫敢仰视。理屈者，逡巡不敢饮，悔罪而罢。其誓辞曰：'汝若冤我，我大发大旺；我若冤汝，我九死九绝。'犹云祸及子孙也。事无大小，吃血后，则必无悔。有司不能直者，命以吃血则惧。盖苗人畏鬼甚于法也。"

第五，苗人的婚姻家庭制度中，最有特色的是跳月、不落夫家、姑舅表优先婚。跳月，是古代苗人节日择配的一项婚姻习俗。康熙年间陆次云《峒谿纤志》载："苗人之婚礼曰跳月。跳月者，及春月而跳舞求偶也……其父母各率子女择佳地而相为跳月之会。"不落夫家，又称"坐家"或"长住娘家"，指的是女子行婚仪后，可在当天或两三天后即返回自己母家长期居住，其间男女交往一如婚前，有孕后才回夫家居住生活的婚姻习俗。顺治年间方亨咸《苗俗纪闻》载：贵州苗人，"婚后不同寝处，唯私媾。俟

① 龙生庭、石维海、龙兴武等：《中国苗族民间制度文化》，湖南人民出版社，2004，第 70~74 页。

孕而乳，始同焉"。姑舅表优先婚指的是"姑家之女，必字舅氏"的单向婚姻习俗。方亨咸《苗俗纪闻》载：苗俗，"父母不受聘，聘归舅氏，云还娘钱。如女多，以一婚舅家，舅则不复取聘矣"。严如熤《苗防备览·风俗下》卷九载："姑家之女，必字舅氏。不论男女长幼，名曰酬婚。否则，讼斗纷起。"

第六，崇鬼尚巫。苗人崇鬼尚巫，方志和史籍记载颇多，严如熤《苗防备览·风俗上》中曾说："苗中以做鬼为重事，或一年三年一次，费至百金或数十金。贫无力者，卖产质衣为之。此习为苗中最耗财之事，亦苗中致穷之一端也。"

苗人的文化特征虽远不止上述六个方面，但这六个方面已可典型地勾画出苗文明体的文化形态，说明苗文明体与以儒家思想为主导的意识形态、以精耕细作农业生产为典型生产方式、以地主经济为经济基础的汉文明体是有较大差异的。

三　汉文明的强力传播与苗文明的回应

汉文明在腊尔山苗区的大规模传播，始于康熙时期。康熙三十九年（1700），清廷将镇箪协改为镇箪镇（今湖南凤凰县城），以沅州镇总兵移驻。康熙四十二年（1703）八月，"湖南镇箪红苗作乱，偏沅巡抚赵申乔同提督俞益谟疏请发兵征剿"。[①] 清政府令礼部侍郎席尔达、湖广总督喻成龙、湖南巡抚赵申乔和提督俞益谟等统领湘、桂、黔三省官兵进攻腊尔山区。该年十一月，镇箪不少苗寨相继"归诚"，但天星、马鞍山、毛都塘、七兜树、打郎湄、亮老家、两头羊、糯塘山、老旺山等寨的苗民不肯屈服。席尔达便以三省的满汉兵力加保靖、永顺两土司兵力对上述苗寨分路进攻。该年十二月天星等寨相继失陷，苗民被杀5000余人；缴械投降约303寨，计4563户，8418口；被勒令每口输纳杂粮2升，共输纳杂粮168石9斗6升。康熙四十六年（1707）裁五寨、箪子坪长官司。后来，毛都塘、马鞍山诸寨逃匿在穷山中的苗民

---

① （清）蒋良骐撰《东华录》，齐鲁书社，2005，第286页。

也被迫剃发归诚入册，共计有 12 寨、240 户、369 口，输纳杂粮 7 石 3 斗 8 升。康熙五十年（1711），毛都塘等 52 寨和盘塘窝等 83 寨的苗民，由首领吴老铁等率领先后"愿为编民，输粮供役"。清政府在湘西乾州、凤凰二厅设治至此完成。此时清中央政府已在苗寨设寨长、土百户催征巡缉，在新设的二厅中移设道员、同知、通判兼辖，这已是流官、土司共同对苗民进行统治了。[①] 雍正年间"开辟苗疆"后，湘西又有相当一部分流土俱不受的"化外生苗"被纳入政府的正式编户。

在腊尔山西侧的贵州境内，早在康熙九年（1670）就有铜仁副将贺国贤镇压坡东、坡西苗民暴动，安置了龙头、马恼、盘石、正大、太平等 10 多个营。康熙四十三年（1704），置正大营厅，添设铜仁"理苗同知"，专管苗民事务。雍正八年（1730），苗民起事，清朝廷派兵镇压，将理苗同知移驻长冲，设立了松桃厅。雍正十一年（1733），将厅城移到今蓼皋镇。至此，湘黔交界腊尔山区的"归流"设治工作全部完成。[②]

虽然康熙年间对苗区采取了上述以流代土、编户纳粮的政策，但土司势力仍大，康熙帝显然没有力量来完成将汉文明彻底推广到边境少数民族地区的大业。雍正继登大位后，立志完成其父的遗愿。雍正四年（1726），鄂尔泰出任云贵总督。他连续上疏奏请"改流"："云、贵大患，无如苗、蛮。欲安民，必先制夷；欲制夷，必改土归流。而苗疆多与邻省犬牙相错，又必归并事权，始可一劳永逸。"他认为："贵州土司向无钳束群苗之责，苗患甚于土司。而苗疆四周几三千余里，千有三百余寨，古州距其中，群砦环其外。左有清江可北达楚，右有都江可南通粤，皆为顽苗蟠据，梗隔三省，遂成化外。如欲开江路以通黔、粤，非勒兵深入，遍加剿抚不可。此贵州宜治之边夷也。"[③] 雍正帝接受了他的建议，并委其主持西南诸省"改土归流"事务。自雍正四年（1726）鄂

① 乾隆《湖南通志》卷八十四。

② 《苗族简史》编写组：《苗族简史》，贵州民族出版社，1985，第 107 页。

③ （清）魏源撰《圣武记》下，中华书局，1984，第 284～285 页。

尔泰派石礼哈讨伐贵州长顺州长寨始，经雍正六年（1728）张广泗征讨八寨苗民，至雍正十一年（1733）哈元生平定高坡苗、九股苗止，历时 7 年，共招抚苗民近 4 万户。① 清中央王朝统治力量进入这些地方后，一方面安营设汛，建立军事据点；另一方面派驻流官，建立地方政权。在苗区基层，流官照搬汉区治理经验，设立保甲。有的地方十户立一头人，十头人立一寨长，实行联保连坐，"逐村经理，逐户稽查"，"一家被盗，全村干连。保甲长不能觉察，左邻右舍不能救护，各皆酌罚，无所逃罪"。② 在黔东南正式设立的古州、台拱、清江、都江、丹江、八寨等六厅，史称为"新疆六厅"，分属黎平、镇远、都匀三府。这些被称为"新疆"的原"生苗"地区，"改土归流"以后，"辟地二三千里，几当贵州全省之半"。③ 据李世愉先生的统计，雍正朝于西南五省"改流"之地共设流官 152 处，其中 1/3 设在"新辟苗疆"，其中又以贵州最为突出。贵州新设流官 31 处，属于原土司地所设或改土而设者只有 7 处，而"新辟苗疆"所设流官有 24 处，占新设流官总数的 77%。④ 设流官管理，是清中央政府强力推行汉文明的结果，也是体现中央专制国家整体性的重要标志。

文明的传播是一个双向互动的过程，内容包括文化内容和形式的传递、转移、采借、吸纳或拒斥等。尽管文明传播是非常普遍的现象，但传播和接受过程并不像海绵吸水般毫无选择性。任何一项文化因素从一个社会传到另一个社会时，必然会面对接受者方面的文化选择的考验。一个社会中的大多数成员先已存在的成见，必然会对传播来的外来文化采取一种选择的态度。一般而

---

① 分别参见中国第一历史档案馆编《雍正朝汉文朱批奏折》第 15 册云南总督鄂尔泰雍正七年五月十八日、第 13 册雍正六年七月二十一日、第 14 册雍正六年十二月初八日、第 15 册雍正七年六月十八日、第 11 册雍正五年十二月十三日的奏折，江苏古籍出版社，1991。
② 民国《贵州通志·前事志十九》。
③ （清）魏源撰《圣武记》下，中华书局，1984，第 292 页。
④ 李世愉：《清代土司制度论考》，中国社会科学出版社，1998，第 72 页。

言，与本社会主导文化有强烈冲突的文化因素必然被排除在外。由于清中央政府"改土归流"的目的是在政治上废除土司和无管生苗地区的分散割据状态，对各地方实行直接统治，经济上增加中央王朝的税赋，加强对地方的军事控制，防止地方及人民的反抗，故其文明传播的方式必然带有军事手段和武力镇压方式。从文献记载来看，汉文明向苗区扩展和下沉的主将鄂尔泰和张广泗等人，都是以抚—剿—抚这个模式处理苗区事务的。即对每个地方，先派人招抚，让他们自愿接受汉文明的生产生活方式和统治制度，若不接受招抚，即发兵征剿，然后乘兵威再进行招抚，直至他们接受汉文明为止。由于推进汉文明传播的力量是以军事手段为主要依凭，故引起当地苗人（包括头人）的普遍不适，进而产生文化拒斥和抗拒也在情理之中。笔者以为雍乾、乾嘉年间的两次苗民起义，就是对雍正年间汉文明对贵州、湘西两大块"生苗"地区的强力扩展和传播所做的拒斥性反应。

在当代学者中，不少人对雍乾黔东苗民起义的性质有不同看法。马少侨先生认为，雍乾黔东苗民起义就是反对"改土归流"的斗争，是苗族人民以血和肉的代价，来争取民族生存的斗争。[①]伍新福先生认为，雍乾苗民起义是清王朝对苗疆武力"开辟"的结果，理由有二：其一，武力"开辟"使苗疆兵祸连年，给苗族人民带来无穷的灾难；其二，"开辟"后建制设官，筑城驻军，完全搅乱了"无管生苗"原来较平静的生活，随之而来的是难以忍受的欺凌、奴役和掠夺。在这种情势下，苗族人民为了生存的基本权益，被迫揭竿而起，进行反抗。[②]杨正文先生则认为雍乾苗民起义是基于三个原因：第一，鄂尔泰、张广泗在黔东南借"改土归流"之名，行民族仇杀之实；第二，"改土归流"后黔东南苗族社会生产力遭到严重破坏，苗民在经济上一方面丧失了土地，另一方面担负着苛捐杂税；第三，清王朝在黔东南苗区设驿拉夫，

---

① 马少侨编著《清代苗民起义》，湖北人民出版社，1956，第24、32页。

② 伍新福、龙伯亚：《苗族史》，四川民族出版社，1992，第341页；伍新福：《中国苗族通史》上，贵州民族出版社，1999，第332页。

筑汛重徭。① 笔者以为杨正文的观点太过偏激，不足为训，理由有三：一是我国历史上没有一个中央朝廷实行过以消灭某一族体为目标的战争，清朝也不例外。二是"改土归流"初期，黔东南苗族社会生产力遭到严重破坏，这是战争的结果，但此时苗疆的"苛捐杂税"还很少，丧失土地和苛捐杂税的弊端尚未显现。三是"设驿拉夫，筑汛重徭"的负担，"熟苗"承担得比"生苗"多得多，为何不是"熟苗"地区先反，而是黔东南地区的"生苗"先反？

要正确把握雍乾苗民起义的性质界定，笔者以为最好的方法是分析参加本次起义人员的族体成分。雍正十三年（1735）七月钦差刑部尚书张照等人上奏时称："其实，反者皆苗耳，民实不及。如汉奸者，不过强盗耳，不何才智可畏。"② 同年十二月张广泗也奏称："臣查此番生熟逆苗互相勾结，侵犯内地，共分为三四股。如攻陷凯里司、清平县及所属汉民村寨，系上九股、鸡讲、丹江各新疆逆苗，勾结清平县旧管五十二寨熟苗之罪；如攻陷黄平州、余庆县、岩门司、新城司并围攻施秉县及所属各村寨，则系下九股并高坡各新疆逆苗，勾结大小两江熟苗及黄平、施秉旧管熟苗之罪；如攻陷邛水司、青溪县并思州府、镇远府县所属之汉民村寨，则系清水江新疆逆苗勾结镇远府、县旧管熟苗之罪。是丹江、鸡讲、上下九股、清水江、高坡等处逆寨，实为三方首恶，而各逆寨又地界相连，声息相通，苗众繁多，以十数万计。"③ 这次暴动，主要是"新辟"苗疆的"生苗"联络附近的"熟苗"而形成的，不仅族体和涉及区域没有突破苗人（主要是"生苗"）

---

① 杨正文：《雍乾苗族起义的几个问题》，载湘西自治州凤凰县民委、贵州松桃苗族自治县民委、湖南省社科院历史研究所编《苗族史文集——纪念乾嘉起义一百九十周年》，湖南大学出版社，1986，第358~366页。

② 雍正十三年七月二十四日张照等奏折《参哈元生等办理黔苗举事不力》，载中国人民大学历史系、中国第一历史档案馆合编《清代农民战争史资料选编》第三册，中国人民大学出版社，1991，第14页。

③ 雍正十三年十二月二十日张广泗奏折《清军攻破上下九股、鸡讲、清水江等苗寨情形》，载中国人民大学历史系、中国第一历史档案馆合编《清代农民战争史资料选编》第三册，中国人民大学出版社，1991，第30页。

的范围，而且暴动的组织和动员形式也没有脱离"生苗"惯用的文化形式——"发癫称王"、用传统的"议榔"组织结盟等。因此，雍乾苗民暴动的理由只能是："改土归流"这场大变革，彻底打乱了苗疆原先的文明体系，搅乱了他们原先虽发展水平低但平静、自然、亲和的社会生活，使他们非常不适应。加上他们不认同汉文明的政治制度，对清军和官府对他们的监督、管束和一些官员、兵弁的欺凌心怀不满，因而一有人号召，便揭竿而起了。从这个角度上说，雍乾苗民起义确实是苗文明对汉文明扩展和传播的反抗，是对"改土归流"变革的反抗。

不过，一种文明，哪怕是同一大文明体系内的亚文明，一般而言是不可能轻而易举地迅速接受另一文明的扩展和传播的，文化间的融合和吸纳必须经历一个艰难或较长期限的磨合。在这个磨合期内，外来文明的内容和体系不仅要经过本文明现实社会文化的选择、修正和改造，还要结合本文明相关的话语传统和价值观念进行转换。虽然清中央政府以武力为后盾将汉文明强力推进到了"生苗"地区，也在苗区建立了与汉区相同或相类的政治制度，但汉文明与苗文明的全面接触和磨合才刚刚开始，不可能一帆风顺。从雍正十三年（1735）到乾隆六十年（1795），刚好过了一个甲子，苗疆终于爆发了第二次苗民起义。这次起义发生在腊尔山"生苗"区，且比第一次更猛烈，史称"乾嘉起义"。

对于乾嘉苗民起义，学界有两种代表性看法。第一种以马少侨先生为代表。他认为乾嘉苗民起义可归结为二点：一是政治上不自由，主要表现在自雍正"改土归流"以后，清朝统治者不仅在"苗疆"设立了府、厅、州、县等政府机关，还建立了镇、协、营、汛等军事据点，大小文武官员，平时以百户、胥吏为爪牙对苗民进行盘剥，而百户、胥吏则以官员为依靠，构成了重重叠叠的统治枷锁，以致苗民"畏隶如官，畏官如神"。二是汉、满地主阶级和高利贷商人大量收购、掠夺苗人土地，表现在雍正"改土归流"以后，汉、满地主和高利贷商人的势力接踵侵入了"苗疆"，利用"客账"和"营账"来盘剥苗民。苗民在起义中提出的"逐客民，复故地"口号，实际上是指驱逐汉人中的地主分子和高利贷商人，而苗、汉劳动人民的利益是完全一致的。[①] 这种观点的实质是说：乾嘉苗民起义是反抗阶级压迫和阶级剥削的产物。

其实，以汉族农业生产方式为代表的地主制文明在明代就已开始在苗区渗透和发展了。明初专制中央王朝为加强对西南少数民族地区的控制，曾不断派兵或从内地移民到西南边疆地区进行屯田，这就是军民卫所制度。黔东和湘西苗区也不例外。清朝建立后，随着中央王朝统治力量的加强，在大力推行"开发苗疆"的同时，又有更多的汉族官吏、农民和商人进入苗区。他们往往依照内地的发展模式来经营当地的经济，从而对当地地主经济的发展起了推波助澜的作用。与此同时，在汉族地主经济的影响下，当地苗民中的寨长、百户、头人等也开始依仗权势，霸占公共山林，侵占他人的土地，并将土地租给贫苦农民耕种，从苗民内部逐渐分化出地主阶层。如乾隆年间，湘西乾州厅重阿寨的吴廷梅、吴学仁，永绥厅紫儿寨的石季五等，都是当时有名的苗族大地主。吴廷梅、吴学仁的田地遍布其家乡周围数十里。石季五的田地一年可产谷二千多挑。[②] 乾嘉起义中的苗民领袖吴八月和石三保，自己供称"有稻田岁得谷四百多石"。严如熤在《苗防备览·风俗考》中的估计："苗巢中有稻田如许，则山坡杂粮所出必有数倍于此者。"因此，吴八月和石三保也算是永绥、乾州和凤凰一带苗区中颇有财势的"富苗"和地主了。但值得注意的是苗族社会中的苗族上层分子和地主，其与当地苗族农民的关系并不对立。历次较大的苗族农民起义或暴动都不以本族地主为主要打击目标。因此，要说乾嘉苗民起义是阶级压迫和阶级剥削的产物似太过牵强。

至于乾嘉苗民起义中提出的"逐客民，复故地"口号中的"客民"，是指汉人中的地主分子、官僚和高利贷商人，不是针对

---

① 马少侨编著《清代苗民起义》，湖北人民出版社，1956，第 36～38 页。
② 《苗族简史》编写组：《苗族简史》，贵州民族出版社，1985，第 127 页。

汉族劳动人民的说法，可说是典型的以"阶级感情"替代历史事实的"阶级斗争历史观"。张捷夫在 20 世纪 80 年代初就批评这种不实事求是的历史解释。他引用清宣统年间《永绥厅志》卷六《风俗》中"居民自内地迁入者，家计淡泊者多，历数十年来，或买土开垦，或贸易经营，渐觉充裕"的记载，认为明清时期，移居苗地的汉人，不排除有地主分子，但绝大多数应是在内地不堪忍受地主阶级压迫和剥削的农民。① 笔者以为张捷夫的论点是符合实际的。乾隆二年（1737）三月允禄等人给乾隆帝上奏时也说迁居"新辟苗疆"的移民中，包括"有家无恒产，愿赴苗疆承领屯田者；亦有家业田亩无多，不敷口食，因去彼而适此者；亦有父子兄弟田少丁多，不敷分种，抽拨壮丁前往领种屯田，自成一户者"。② 众所周知，我国汉族农民大多是安土重迁的，怎么会有大批汉族地主抛弃自己在内地舒适的家园，跑到人生地不熟且生产落后、交通闭塞、文化差异又很大的苗山里讨生活呢？难道在那穷乡僻壤的苗区历尽千辛万苦霸占一点土地，比在内地经济相对发达，文化又相当熟悉，且有宗亲关系可资利用的家乡当地主或绅士还要吸引人不成？这不符合历史上中国农民的特性，也不符合地主的特性。因此，甘于背井离乡，到苗区去漂泊的汉人，大多是生活无着的灾民或在当地生存条件极为恶劣的无业者。当然，在这些迁移到湘黔苗区的汉民中，有一些后来可能变成了地主或较富裕一点的自耕农，但数量绝不可能多。学界以往研究乾嘉苗民起义时，只注意汉人和官府霸占苗民土地的一面，没注意到更多的汉人在人生地不熟的苗乡，沦落为当地强人和官府的佃户或佣工。当地的豪强土棍们也常借机欺侮和凌辱客籍农户。如贵州省自雍乾两朝以来，"每有外来游民往赴力垦，无奈地棍即思攘夺，或压为佃户，或踞为本业，以致开垦无成，游民隐忍而去"。③

① 张捷夫：《关于清代乾嘉苗民起义爆发的原因》，载中国农民战争史研究会编《中国农民战争史研究集刊》第二辑，上海人民出版社，1982，第 140 页。
② 《朱批奏折》，乾隆二年三月十一日允禄等折。
③ 《清高宗实录》卷三一一，乾隆十三年三月下癸丑，载《清实录》第 13 册，中华书局，1986，第 106 页。

因此，将乾嘉苗民起义定性为阶级压迫和剥削的产物依据不是很充分。

学界对乾嘉苗民起义第二种有代表性的观点是，认为它既是苗族农民反对地主阶级掠夺土地的阶级斗争，同时又带有民族斗争的色彩。张捷夫先生是这种观点的代表，[①] 这是我国学界评价乾嘉苗民起义或暴动的主流观点。

笔者以为要全面了解乾嘉苗民起义的原因和性质，应看当时起义领袖是如何想、怎样做的。就此而言，起义领袖或骨干被捕后的"供单"具有极为重要的价值。[②] 通过供单，我们可以理清这样几个事实：①乾嘉苗民起义的领袖石柳邓、石三保、吴八月、吴陇登等人原来都是亲戚关系。石柳邓与石三保是叔侄关系；吴八月的母亲与石三保的妻子是远房姑侄关系，故吴八月与石三保是姑表兄弟；石三保的妻子又是吴陇登的堂侄女，故石三保又是吴陇登的堂侄女婿；石三保与吴八月是同辈，石柳邓、吴陇登则是长辈。由于这种亲戚关系，他们在平时或节日喜庆之时是常互相往来的。②吴陇登是当地强虎哨的副百户，石三保是黄瓜寨的寨长，吴八月"家里的田地每年收得四百多挑谷子"，[③] 说明他们都是当地苗人中的上层人物。③起义的原因主要是"苗子的田地多被客家盘剥占据去了，所以要杀客家夺回田土"。且"苗子的田地，都不完钱粮，也不当什么差使，地方官如何克剥呢？实在为的是客家们渐渐把田地诓买去了，这是大家心里不服的。所以小的们前年起意造反，就借抢回田地为名，各寨苗子都各情愿，其

---

① 张捷夫：《关于清代乾嘉苗民起义爆发的原因》，载中国农民战争史研究会编《中国农民战争史研究集刊》第二辑，上海人民出版社，1982，第139页。

② 有关起义领袖吴八月、石三保、吴廷义及郑善、韩仲连等人的供单全文较长，限于文章的篇幅在此无法照录，其详细内容可参见湘西自治州凤凰县民委、贵州松桃苗族自治县民委、湖南省社科院历史研究所编《苗族史文集——纪念乾嘉起义一百九十周年》，湖南大学出版社，1986，第190~200页；陇久生、石老乔、吴天半、白仁得等人的供单片断参见伍新福《中国苗族通史》上，贵州民族出版社，1999，第382~383页。

③ 湘西自治州凤凰县民委、贵州松桃苗族自治县民委、湖南省社科院历史研究所编《苗族史文集——纪念乾嘉起义一百九十周年》，湖南大学出版社，1986，第190页《吴八月供单》。

中也有不曾纠约，跟着烧抢的"。① 这说明这次起义的起因与官府的所谓压榨关系也不大，深层次的是苗汉农民间的田土之争，而这却是由政治经济制度及其运行方式决定的。④苗民起义的组织形式和动员方式是通过传统的"发癫"（一种巫鬼崇拜的原始宗教活动形式），宣传"苗王"出世来组织苗民群众的，且苗王不止一个，随着斗争的需要，石三保、吴八月、吴半生、吴廷礼等都称过"苗王"。这是非常符合当地苗民文化传统的一种聚众方式。⑤参加苗民起义的汉民有些是苗族地主的佃户，有的则是赌徒、地痞，所以不能笼统地概说为汉苗两族贫苦农民联合起来反抗封建官府和地主的剥削、压迫。⑥在乾嘉起义的组织过程中，恢复了苗文明中原有的原始民主的"椰款"制度形式，如采取歃血结盟、民主推选头人，各头人再联络自己及周边小寨，由数十寨至数百寨共同结盟的方式举事等。有学者就认为该次起义筹备时于湘西凤凰厅鸭堡寨进行的"歃血结盟"，就已是湘黔两省四厅苗族中最高的合款结盟仪式了。②

综上所述，远不只是"穷苗"反抗，苗人头领等"富苗"更在反抗之列，且是领导者。因此，将乾嘉苗民起义从更高层次上定性为苗汉之间的"文明"之争，是毫不为过的。

四 本文的基本结论

通过以上分析，笔者认为可以得出以下结论。

（1）汉文明与苗文明虽都属于古代中华文明的体系，但两者分属于不同的亚文明。清代汉文明是由在生产和生活方式方面较先进的满、汉等族所控制和掌握的核心地区的文明，在国家政治、经济和文化生活中居主导地位。而苗文明是由未被同化的以"生

---

① 湘西自治州凤凰县民委、贵州松桃苗族自治县民委、湖南省社科院历史研究所编《苗族史文集——纪念乾嘉起义一百九十周年》，湖南大学出版社，1986，第190~200页《石三保供单》。

② 吴荣臻：《关于乾嘉苗民起义的几个问题》，载湘西自治州凤凰县民委、贵州松桃苗族自治县民委、湖南省社科院历史研究所编《苗族史文集——纪念乾嘉起义一百九十周年》，湖南大学出版社，1986。

苗"为主体的苗人在生产和生活方式方面发展稍滞后的边缘文明，处于弱势地位。

（2）以中央政府和皇帝为主导、以武力作为后盾的"改土归流"和"开辟苗疆"运动，是自上而下、自中心而边缘的政治大革命，也是中心地区汉文明向边缘地区的大扩散和强力传播。这场运动的目的是文明的同化——一体化和统一的多民族国家的建构，不是民族或种族的灭绝。清王朝此时统治全国已有80多年的历史，法律上已是全国各民族各群体的共主，也是当时全中国或中华各民族的代表。由中央王朝的皇帝亲自领导和协调的"改土归流"和"开辟苗疆"运动，手段虽然是高压的，有时甚至是残酷的、非和平的，却是合法的，属于国内政策的范畴。从历史发展的角度看，也是符合社会发展趋势和文明发展规律的行为。

（3）雍乾、乾嘉苗民起义，主要不是反抗阶级压迫和阶级剥削，而是清王朝通过"改土归流"和"开辟苗疆"将以儒家思想为中心的中央集权的政治文化和经济制度强行下沉到西南少数民族地区，与湘黔雷公山、腊尔山地区"生苗"社会中原有的文明具有了很大的差异，导致在原有文明中生存的苗民产生了严重不适。这种不适，是由处于文化传播中的双方的力量和地位严重不对称造成的。同时，汉民随着"改土归流"政策的实施大量进入苗区，带去了新的生产方式和经济关系，也与苗民原先的生产方式和经济关系发生了强烈的碰撞和文化冲突。这种由上而下、由外而内的强制式的文明传播方式，其速度和力度太过强劲，超出了"生苗"区社会原有文化所能承受的程度，于是在与原有文化的整合过程中产生了严重的不适应性和失范现象。在中央王朝政治文化传播中起媒介作用的各级官员和地方组织不仅没有肩负起及时把苗疆社会的真实信息反馈给中央政府的责任，以便中央和高一级地方政府或行政机构能够及时采取措施对既有文明传播方式进行适当调整，反而乘机"搭便车"渔利或中饱私囊，最终导致了大规模的苗民暴力抗拒和起义。从这个意义上说，18世纪雍乾、乾嘉苗民起义，是反对中央王朝的政治同化和文化整合、维护苗族原生文明和苗文明体利益的武装暴动。

费孝通 "中华民族多元一体格局"
理论之我见[*]

一 费孝通 "中华民族多元一体格局"
理论的基本内涵及影响

  1988 年 11 月，我国著名的社会学家、人类学家费孝通教授在香港中文大学主办的 "泰纳演讲" 上做了 "中华民族的多元一体格局" 的重要演说。在该演说中，他认为中华民族作为一个自觉的民族实体，是在近百年来中国和西方列强的对抗中出现的，但作为一个自在的民族实体则是在几千年的历史过程中所形成的。中华民族的主流是由许许多多分散而孤立存在的民族单位，经过接触、混杂、联结和融合，同时也有分裂和消亡，形成一个你来我去、我来你去，我中有你、你中有我，而又各具个性的多元统一体。他认为中华民族多元一体格局有六大特点：①中华民族多元一体格局存在一个凝聚的核心，这个核心先是华夏族团，后是汉族。汉族人主要聚居在农业地区，但也大量深入少数民族聚居地区，形成一个点线结合、东密西疏的网络，这个网络正是多元一体格局的骨架。②汉族主要从事农业，少数民族中有很大一部分从事牧业，在统一体内形成内容不同但相互补充的经济类型。③除回族、畲族外，少数民族一般都有自己的语言，但汉语已成为共同的通用语言。④导致民族融合的具体条件是复杂的，但主

---

  * 原文发表于《中南民族大学学报》（人文社会科学版）2006 年第 2 期，第 58 ~ 63 页。

要是出于社会和经济的需要。汉族的农业经济是汉族凝聚力的来源。⑤中华民族成员众多，人口规模大小悬殊，是个多元的结构。⑥中华民族成为一体的过程是逐步完成的。先有各地区的初级统一体，继而形成长城内外北牧南耕（农）的两大统一体，后又以汉族为特大核心，通过各民族流动、混杂、分合、通商等，将各民族串联在一起，形成了中华民族自在的民族实体和大一统的格局，近代则在共同抵抗西方列强的压力下形成一个休戚与共的自觉的民族实体。在中华民族统一体中存在多层次的多元结构，各层次的多元关系又存在分分合合的动态和分而未裂、融而未合的多种情状。①

1996 年 10 月，费孝通在给由日本国立民族学博物馆（大阪）举办的"中华民族多元一体论"国际学术讨论会提供的书面报告《简述我的民族研究经历和思考》一文中又把"中华民族多元一体格局"理论的主要观点做了进一步的阐述：①中华民族是包括中国境内 56 个民族的民族实体，并不是把 56 个民族加在一起的总称。他认为这些加在一起的 56 个民族已结合成相互依存的、统一而不能分割的整体，在这个民族实体里所有归属的成分都已具有高一层次的民族认同意识，即共休戚、共存亡、共荣辱、共命运的感情和道义。他认为这是民族认同意识的多层次论。在多元一体格局中，56 个民族是基层，中华民族是高层。②形成多元一体格局有个从分散的多元结合成一体的过程，在这个过程中必须有一个起凝聚作用的核心。汉族就是多元基层中的一元，由于它发挥凝聚作用把多元结合成一体，这一体不再是汉族而成了中华民族，一个高层次认同的民族。③高层次的认同并不一定取代或排斥低层次的认同，不同层次可以并存不悖，甚至在不同层次的认同基础上可以各自发展原有的特点，形成多语言、多文化的整体。高层次的民族可以说实质上是个既一体又多元的复合体，其间存在相对立的内部矛盾，是包含了差异的一致，并通过消长变

---

① 费孝通等：《中华民族多元一体格局》，中央民族学院出版社，1989，第 1、29 ~ 33 页。

化以适应多变不息的内外条件，从而获得这个共同体的生存和发展。①

　　费孝通教授 "中华民族多元一体格局" 理论发表以后，在国内外学术界获得了普遍的重视和较高的评价。著名民族学家林耀华教授认为，"多元一体" 这个核心概念对认识中华民族和文化的总特点提供了一个有力的认识工具和理解全局的钥匙。"多元一体，或说多元中的统一，统一中的多元，这一对矛盾确实主导着中华民族的现实格局和历史进程。中华民族历经几千年连绵不断的发展，终于形成今日这样的统一国家；这样一种汉族和少数民族插花分布，交错杂居而又各有畛域的分布格局；这样的一套建立在互补共生的基础之上，由多种经济文化类型构成的完整的体系。凡此种种，甚至包括我国现行的民族区域自治制度，都无不与 '多元一体' 这个特征密切相关。几千年来，中国这片辽阔版图上发生过无数分分合合的事件，但无论是分是合，多元和一体这个对立统一体中的两个相辅相成的侧面始终没有停止它的矛盾运动。一般说来，在国家的政治统一时，文化多元这个侧面会得到强调并得到合理的体现；而在天下动荡时，政治统一这个侧面又会顽强地上升为各民族普遍认同的当务之急。"② 著名史学家戴逸教授认为，"费孝通先生把现存的民族关系概括为 '中华民族的多元一体格局' 这一理论，引起了国内外学术界的瞩目，把大陆学术界关于民族关系的研究大大推进了一步"；"费孝通先生关于 '中华民族的多元一体格局' 的理论，是在确认各民族平等和共同繁荣的原则上对现实民族关系的判断，对研究我国历史上民族关系提供了一个清晰的轮廓"。③ 知名社会学家马戎教授则认为，费孝通教授的 "中华民族多元一体格局" 是对中华族群交往史的非

---

① 费孝通：《简述我的民族研究经历和思考》，《北京大学学报》（哲学社会科学版）1997 年第 2 期。

② 林耀华：《认识中华民族结构全局的钥匙》，载费孝通主编《中华民族研究新探索》，中国社会科学出版社，1991，第 9～10 页。

③ 戴逸：《中国民族边疆史研究》，载《中央高层邀请著名学者讲述的历史文化问题》（内部参考资料）上册，北京，2005 年 6 月刊印。

常精辟的宏观概括。① 不仅在大陆，即使在不同意识形态下的中国台、港、澳地区，费孝通的理论也引起了极大的反响和回应。如著名人类学家乔健教授认为，费孝通的"中华民族多元一体格局"理论，突破了以往功能学派的理论局限，突出了历史和整体的观点，是在探讨"中国社会的时候发展成一种具有中国特色的研究中国社会的方法"。②

还有许多学者，包括自成一家的知名专家，都在费先生的影响下自觉地应用"中华民族多元一体格局"理论来分析、研究和阐述中国境内各民族的历史联系和文化影响。如佟柱臣从考古学的角度，刘先照从中华各民族的个性与共性特征及其演变的角度，陈连开从中华民族起源学说的由来与发展角度，谷苞从历史上有为数众多的汉人融合于少数民族的角度，等等，从宏观上为"中华民族多元一体格局"理论提供旁证；王辅仁、李绍明、宋蜀华、刘尧汉、胡起望、史金波等，则分别从藏族、百越族、彝族、瑶族、西夏等具体的族体发展和王朝兴替角度来阐述"中华民族多元一体格局"理论；周星、索文清及日本学者横山广子等则分别以黄河上游区域多民族格局的历史形成、青海历史上的民族关系、大理盆地的民族集团等相对具体的地域中的民族集团或各民族的发展为线索探讨多元一体的形成问题。③ 马戎、周星、张磊、孔庆榕等不少专家还根据费氏理论先后研究了中华民族凝聚力的形成、结构、特征、发展前景及其相关问题。④ 郝时远先生则将费氏理论解读为：在5000多年的发展过程中，中国经历了多次领土盈缩、

① 马戎：《中国传统"族群观"与先秦文献"族"字使用浅析》，载乔健、李沛良等主编《文化、族群与社会的反思》，北京大学出版社，2005，第164页。
② 乔健：《论费孝通社会研究的方法》，载费孝通主编《中华民族研究新探索》，中国社会科学出版社，1991，第13~14页。
③ 佟柱臣、刘先照、陈连开、谷苞、王辅仁、李绍明、宋蜀华、刘尧汉、胡起望、史金波、周星、索文清、横山广子等人的观点详见费孝通主编《中华民族研究新探索》（中国社会科学出版社，1991）一书中所收集的各人的文章。
④ 马戎、周星主编《中华民族凝聚力形成与发展》，北京大学出版社，1999；张磊、孔庆榕主编《中华民族凝聚力学》，中国社会科学出版社，1999；卢勋、杨保隆：《中华民族凝聚力的形成与发展》，民族出版社，2000。

朝代更迭，但生息繁衍在中华大地上的各民族在互动交融中构建了"文化多样、国家一体"的多元一体格局。① 当然，也有一些学者对费氏理论提出了一些疑问或质疑。如在国家民族事务委员会民族问题研究中心于 1990 年召开的专门讨论中华民族多元一体理论的"民族研究学术研讨会"上，有学者就认为，"多元"是指民族来源是多元的，各地区也发展不平衡，文化、习俗、语言、宗教等方面也呈现多元的特点；"一体"是不管来源如何，经济、文化、习俗、语言、宗教等方面有何差异，都认同为一个民族。如果是这样，中华民族的"多元"是指当代中国的 56 个兄弟民族，但中华民族还没有形成为一个民族，不能称为一体。如果是指祖国的统一不可分裂，中华各民族都要为祖国的完全统一而奋斗，大陆各民族都要支持中国共产党的领导与坚持走社会主义道路，那么，改为"中华各民族的多元一体""中国各民族的多元一体"或"中华各民族的多元一统"就比较好懂一些，否则不太好理解。② 国外也曾有学者针对费氏理论提出质疑，认为中国每个族群（汉族、蒙古族等）就是一个单独的"民族"，"中华民族"的提法主要是一个政治概念，在有关族群的学术研究中没有意义；中国存在着几十个民族，但并不存在一个"中华民族"，只有"多元"而没有"一体"。③

二　我的理解和解读

笔者以为费孝通教授的"中华民族多元一体格局"理论，是从当代中国各民族关系现状和大局来探讨或建构中国各民族相处和联系的历史过程的。它是以当代"民族—国家"的政治理论为

---

① 邸永君：《关于"中华民族多元一体"理论的创立过程、内涵及其影响》，载王俊文主编《炎黄文化研究》第二辑，大象出版社，2005，第 46 页。

② 陈连开：《怎样理解中华民族及其多元一体（讨论综述）》，载费孝通主编《中华民族研究新探索》，中国社会科学出版社，1991，第 406～424 页。

③ 马戎：《民族社会学——社会学的族群关系研究》，北京大学出版社，2004，第 125 页。

参照框架，结合中国各族体历史发展的状况，以族体为中心的一种观照方法，为理解现实中国国内各民族的关系和互动提供了一个富有创见的结构图，对我国相关学科的学术研究和现实的民族工作具有很大的启发性和指导意义。但在具体的"多元一体格局"形成过程中，各族体是如何从多元认同于一体的，这种认同过程主要是通过何种方式、何种步骤进行的，是少数族群中精英人物的认同带动整个族群的认同，还是通过文化的传播、文明的扩张，使得一个地区、一个族群的百姓对"中华民族"有了共同的体认，这些具体的问题并没有得到完全的解决，因此，费先生的理论还有待于后人的补充和发展。笔者在此阐述两点。

第一，据著名文化史家冯天瑜教授考证，"中华民族"这个复合词出现于晚清，曾与"中国民族"同位并用。冯教授认为梁启超1901年所著的《中国史叙论》中多次出现的"中国民族"一词和其1902年所著的《论中国学术思想变迁之大势》中首用的"中华民族"一词，是指在中国土地上的诸族之总称。1905年孙中山组建同盟会时，其誓词有"驱除鞑虏，恢复中华"一语，其中的"中华"和章太炎在其所著的《中华民国解》中使用的"中华民族"一词，均只是指汉族，是与革命派推翻清王朝统治的政治目标相关的口号。辛亥革命后，孙中山倡言"五族共和"说；李大钊1917年著《新中华民族主义》，主张对古老的中华民族"更生再造"，在中国诸族融合的基础上形成"新中华民族"；孙中山1919年著《三民主义》，阐述新的民族主义，主张汉族"与满、蒙、回、藏之人民相见于诚，合为一炉而冶之，以成一中华民族之新主义"，晚年力主中华民族自求解放，中国境内各民族一律平等，才逐步回归到指称中国各民族的"中华民族"概念上来。经过近代以来历史进步的长期熏染，"中华民族"的含义才被确定为中国诸族之总称，对内强调民族平等，对外力争民族解放、国家独立。[1] 冯教授的考证，也符合费孝通教授的本意。费氏认为："中

---

[1] 冯天瑜：《略论中国文化史的几个基本概念》，载冯天瑜主编《人文论丛》2003年卷，武汉大学出版社，2003，第5~6页。

华民族作为一个自觉的民族实体，是近百年来中国和西方列强对抗中出现的，但作为一个自在的民族实体，则是在几千年的历史过程中形成的。"① 问题是这个中华民族"一体"的自觉意识，即如梁启超所说"凡遇一他族而立刻有'我中国人'之一观念浮于其脑际者，此人即中华民族一员也"② 的意识，在近百年来的中国历史中是中国境内各民族人民的共识，抑或只是中国境内部分精英人物或知识分子的看法？是 1840 年鸦片战争时即已产生的共同意识，还是一个逐步萌发、产生、宣传、认同的结果？抑或在 1949 年以前只是部分精英人物的看法，1949 年以后，经历了中国共产党和人民政府所进行的社会改造、社会建设以及教育和文化整合才成为全体中国人的看法？

记得我国老一辈社会学家、民族学家吴泽霖教授虚年 90 时曾回忆自己 1937～1945 年在贵州和云南的民族调查及研究的经历时说：

在我所接触的民族中，大多数群众缺乏一种超越自己小集群的高一层的大集群的隶属感。他们所承认的"我群"，也就是说"自己人"，无非只限于小小地域内的、语言相同、服饰相同、习俗相同、信仰相同、互通婚姻的群体。凡在这几方面与本群体在一定程度上有所不同的人，尽管已长期混居在一起，彼此间仍互不认同，归依有别，甚至互相漠视排斥。如在本群体中找不到配偶时，宁愿到遥远的同族中去寻找，也不愿就近在同他们极相似的群体中去解决。例如贵州省黄平一带有一种被称作"革兜"的民族，在解放后的民族识别时，根据语言、历史和其它一些特点被认为同附近的"长裙黑苗"、"短裙黑苗"以及其他地区的"青苗"、"白苗"等都属苗族，但他们中很多人以及相处近邻的长裙黑苗都不肯承

① 费孝通等：《中华民族多元一体格局》，中央民族学院出版社，1989，第36页。
② 梁启超：《中国历史上民族之研究》，载《饮冰室文集》专集第十一册，广智书局，光绪二十九年（1903）。

认这一点，至今仍然有人不同意这个结论。又如云南圭山一带的彝族两个支系：阿细与撒尼，他们毗邻而居，各方面的差距也不大，但他们一向认为是不相同的群体。那时在他们中，多数人都认识不到有一个包括他们自己在内的彝族的存在，不能理解超乎他们之上的"民族"这一概念和它的作用。如果再扩大、再提高一个层次到"祖国"或"中华民族"，对这些概念的认识就更模糊了……

抗战爆发后，我来到边疆少数民族地区。从我亲身接触到的以及从别处听到的一些情况，才发现边境上或靠近边境的少数民族并不都是团结一致的，并不是一座坚固的长城。相反地，少数民族中的大多数人对国事了解不多，对民族概念、民族意识、民族多层次的范围、民族与国家的关系等等的认识都很模糊。同时我又注意到，我国少数民族中有很大一部分是跨国境而居的，而其中一部分人对国境和国籍的观念是淡薄、模糊的。①

吴泽霖教授当时的所见所闻和感悟是真真切切的，以至于到了晚年还印象至深，难以忘怀。这应该不会是个别现象。大家知道，民族是个客观而普遍存在的人们共同体，是代代相传、具有亲切认同感的群体。同一民族的人们具有强烈的休戚相关、荣辱与共的一体感。同属于一个民族的人们的认同感和一体感，是这个社会实体在人们意识上的反映，即一般我们所说的民族意识。从吴泽霖教授所述的情形看，至少在中华人民共和国成立前，在大多数国民中，不要说对"中华民族"这种"国族"意识的认同不是那么自觉，就是对超出自己生活所处地范围的大一点的群体的认识和认同也是不多的。因此，费孝通教授"中华民族作为一个自觉的民族实体，是近百年来中国和西方列强对抗中出现的"观点，对于普通民众的涵盖率，尤其是对偏僻地区少数民族中的普通民众而言，是难以令人信服的。

---

① 吴泽霖：《吴泽霖民族研究文集》"自序"，民族出版社，1991。

　　不过，前文所述国外学者针对费先生 "中华民族多元一体格局" 理论的质疑，也不符合中国的实情。虽然在边鄙地区少数民族群体的普通民众的民族意识中尚不具备 "中华民族" 的自觉意识，但并不等于各族中的精英分子也没有 "中华民族" 意识。自19 世纪中叶鸦片战争以来，尤其是中日甲午战争以后，西方国家和日本的强盛、霸道，"天朝上国" 中国的羸弱和成为任人宰割的羔羊的现状深深刺激了当时有血性的知识分子和民族精英。他们纷纷从西方和日本的发展中寻找富国强兵的真理，民族政治和民族主义思想就是其中之一。晚清时期立宪派和革命派的争论、辛亥革命、五四运动等，知识分子和国家精英都将近现代西方的政治理念和民族主义思想传播给了大众。20 世纪 20 年代以后，尽管中国共产党和中国国民党对国内各族体的立场和政策有差异，但就铸造中国境内各族体成为统一的现代民族、将中国领进现代化的民族国家这一点来说是一致的。尤其是 1937 年以后，在日本帝国主义全面入侵中国，全国人民面临亡国危险之时，中国共产党人和中国国民党中的精英分子以及其他党派的知识分子和爱国人士以 "中华民族" 相号召，宣传 "救亡图存"，整合境内各族力量进行了艰苦卓绝的抗日斗争，并取得了彻底的胜利。这是一次真正意义上的属于全中国人民的 "中华民族" 的胜利。通过抗日战争，"中华民族" 的民族自觉意识和爱国精神得到了空前的确立、锤炼和升华。日本学者松本真澄在经过自己的深入研究后也认为："抗日战争时期，边境之民和边境之地就是'中华'之民、'中华'之地的认识在当时已经普遍化了。"①

　　因此，笔者以为对于费先生 "中华民族作为一个自觉的民族实体，是近百年来中国和西方列强对抗中出现的" 观点的理解，应有一个层次性和时间差的把握。即中华民族的自觉意识是近百年来在外国列强的入侵和欺凌中逐步萌发、出现和发展的，在1931～1945 年的抗日战争中得到了空前的提高，但这种自我意识

---

① 松本真澄：《中国民族政策之研究：以清末至 1945 年的 "民族论" 为中心》，民族出版社，2003，第 9～10 页。

在不同阶层、不同群体、不同地区的不同集团中的表现具有非均质性和差异性。

第二,在"中华民族多元一体格局"理论中,费先生认为:"形成多元一体格局有个从分散的多元结合成一体的过程,在这个过程中必须有一个起凝聚作用的核心。汉族就是多元基层中的一元,由于它发挥凝聚作用把多元结合为一体,这一体不再是汉族而成为中华民族,一个高层次认同的民族。"[①] 综观中国数千年的历史发展进程,确实有一个凝聚境内各族的核心或令四周边鄙向往的一个中心,这一点费先生确实说得没错。但这个核心或中心是以什么面目出现的呢?费先生认为是汉族。这是以族体为中心的一种观照方法。但是,在历史与现实生活中,汉族人与国内其他族体人员交往时,其族体意识的薄弱是众所周知的。马戎教授等经过研究后就认为:"汉族的民族意识比起其他民族来要淡漠得多,这在族际通婚、申报民族成分、日常交往等方面都能反映出来。"[②] 所以,笔者以为,在中华民族从分散到一体的形成过程中,起凝聚作用的不是汉族族体,而是以汉族为代表的在当时国内各民族眼中属于"先进水平"且为大家所景仰的"汉文明"。汉族和在中原地区建立王朝的少数民族在历史上并不是以血统或种族的形态去吸引和统合别族的,主要是以发挥"文化"或"文明"影响的方式来起到这个核心和凝聚作用的。这一点也可以通过考证我国古代统治者的"族体观"来得到证明。

据我国古代典籍记载,先秦时期国人判断一个人是属于"己群"还是"他者",主要看其对华夏文明的认同态度。《礼记·王制第五》曾说:

> 中国戎夷五方之民,皆有其性也,不可推移。东方曰夷,被发文身,有不火食者矣。南方曰蛮,雕题交趾,有不火食

---

① 费孝通:《简述我的民族研究经历和思考》,《北京大学学报》(哲学社会科学版) 1997 年第 2 期。

② 马戎、周星主编《中华民族凝聚力形成与发展》,北京大学出版社,1999,第14 页。

者矣。西方日戎，被发衣皮，有不粒食者矣。北方日狄，衣
羽毛穴居，有不粒食者类。中国、夷、蛮、戎、狄，皆有安
居、和味、宜服、利用、备器。五方之民，言语不通，嗜饮
不同。

这是春秋战国时期以华夏为中心的国人对当时中原及周围地
区不同族体的人群及其文化的初步认识。随着国家的政治统一和
儒家学说在中原王朝取得统治地位，这种华夏—汉族普遍接受的
以文化取人的族体观，又成了历代统治者（包括进入中原的非汉
族统治者）处理境内各族体关系的准则。任何民族，不管其肤色、
相貌、血统如何，只要改穿汉服，习汉语、汉文，采纳汉人的生
活方式，就被当作汉族的一员，成为理所当然的中国人。反之，
若原是文教渊薮的汉族人，一旦丧失了汉文化，接受了周边少数
民族的习俗，也就无可避免地成了"蛮夷"。明清之际著名思想家
王夫之就曾很有代表性地说过："吴、楚、闽、越、汉，以前夷
也，而今为文教之薮。""齐、晋、燕、赵、唐、隋，以前之中夏
也，而今之椎钝駤戾者，十九而抱禽心矣。"[1] 晚清时期立宪派代
表人物之一的杨度（1874～1931），在其《金铁主义说》中也从中
国诸族文化共同性出发，从文化的角度来论述"中华"和"中华
民族"的内涵："则中华之名词，不仅非一地域之国名，亦且非一
血统之种名，乃为一文化之族名……华之所以为华，以文化言可
决之也。故欲知中华民族为何等民族，则于其民族命名之顷，而
已含定义于其中。以西人学说拟之，实采合于文化说，而背于血
统说。"[2] 这也可以说是与中国历代"族别观"一脉相承的。

因此，笔者以为中华民族作为一个自在民族的形成过程，与
西方资本主义时期的民族形成是不同的，其有一条独特的发展道
路。我们不应从汉族族体，而主要应从汉文明的扩展或汉文化的
传播及汉文明周边族体对汉文明的认同和仰望的角度来理解中华

---

① 王夫之：《思问录·外篇》，载王夫之撰《船山遗书》，太平洋书店，1933。
② 杨度：《杨度集》，湖南人民出版社，1986，第 374 页。

民族多元一体格局的形成。

三 结论和思考

自 1949 年中华人民共和国成立以后，中国共产党为了落实民族政策，实行民族平等，花费了很大的力气，动用了全国的相关专家和学者，对大陆境内的各少数民族群体进行了文化上的识别，并在政治上、政策上加以确认和保护。为此，国家曾组织专家进行了少数民族社会历史调查，给每个少数民族都编撰了一套简史简志，以示与 2000 多年来以汉族为中心的历史观的彻底决裂。这种做法的影响是深远的，至今以单个族体为对象所撰写的某某民族史、某某民族文化史、某某民族志等还是我国民族学、民族史志研究成果中的重头戏。但是，费孝通教授积他老人家一辈子的研究经验，指出"这种分民族写历史的体例固然有它的好处和方便的地方"，但"出于中国的特点，就是事实上少数民族是离不开汉族的。如果撇开汉族，以任何少数民族为中心来编写它的历史，都很难周全"。① 因此，他屡屡指出，要从全面整体和宏观的视点研究各民族历史上的联系，研究中华民族的形成与发展变化过程，研究中国这个多民族大家庭中各民族几千年来不断流动的状况和趋势。② 笔者以为"中华民族多元一体格局"理论可说是中国民族关系宏观研究思想的典范，它从当代中国各民族关系现状和大局来探讨或建构中国各民族相处和联系的历史过程，为如何理解现实中国国内各民族的关系和互动提供了一个极富创见的结构图，对我国相关学科的学术研究和现实的民族工作具有很大的启发性和重要的指导意义。但在具体理解和解读"中华民族多元一体格局"的形成过程时，应注意把握中华民族与西方资本主义民族在形成路径上的差异，应从汉文明的扩展或汉文化的传播及汉文明

---

① 费孝通：《简述我的民族研究经历和思考》，《北京大学学报》（哲学社会科学版）1997 年第 2 期。

② 费孝通：《费孝通民族研究文集》，民族出版社，1988，第 288～289 页。

周边族体对汉文明的认同、仰望和依赖的角度来理解中华民族多元一体格局的形成。同时，对于费先生"中华民族作为一个自觉的民族实体，是近百年来中国和西方列强对抗中出现的"观点的理解，应有一个层次性和时间差方面的把握，即中华民族作为一个整体的自觉意识是近百年来在外国列强的入侵和欺凌中逐步萌发、出现和发展的，在1931～1945年的抗日战争中得到了空前的提高，但这种自我意识在中国境内不同阶层、不同群体、不同地区的不同集团中的表现具有一定的非均质性。

自费先生提出"中华民族多元一体格局"理论之后，国内研究界目前对该理论从宏观角度做理论性叙述的多，从微观视角开展的研究较少，特别是有扎实理论功底的个案研究少见。这与目前国内文化研究的现状颇为相似。文化研究专家金元浦先生认为，个案研究在当代"文化研究"中具有很重要的地位，国内的文化研究需要从两个方面突破，这就是深刻的逻辑的形而上理论思辨和直面现实的细致具体的"个案"研究。① 笔者认为金元浦先生对国内文化研究现状的批评，对我国民族学、民族理论与民族问题的研究也同样具有借鉴意义。就目前的研究状况而言，费孝通教授"中华民族多元一体格局"理论更多是需要从细节或个案研究层次上进行补充和完善。

---

① 金元浦：《文化研究：理论与实践》，河南大学出版社，2004，第15～16页。

从乡村到城镇再到区域

——谈费孝通的微型社会学研究方法及其反思[*]

一

　　1982 年，牛津大学出版社出版了英国著名象征主义人类学家利奇（Edmund Leach，1910－1989）教授的著作《社会人类学》，在该书的相关章节中，利奇对中国著名的人类学家费孝通、林耀华、杨懋春、许烺光的一些研究中国社会的人类学著作进行了评议，其中除对费孝通的《江村经济》总体上有较为积极的评价外，对其他中国人类学家的著作评价普遍比较消极、负面。归结其论点，大致为两点：①费孝通《江村经济》的成功依赖于他先前掌握的大量的地方性知识（local knowledge），它研究了一个小型社区的关系网络，详尽地描绘了该社区内人们的日常社会行为（behavior），但这一类的研究不应该声称自己是某某的典型，因为它们无意于阐述某种一般的东西，只是集中于研究非常小范围内的人类行动（activity）。如果人类学家想运用推理方式将民族志者的观察归纳成具有某种普遍规律的自然科学，则是浪费徒劳的。②社会人类学家研究自身社会的愿望可以理解且值得赞美，但是这种愿望会因为最初的偏见而可能损害研究，只有没经验的天真朴素的陌生人不会受此影响。^① 若对利奇的观点加以解读，则可简

　　* 原文发表于《中南民族大学学报》（人文社会科学版）2010 年第 2 期，第 8 ～
12 页。

　　① Edmund Leach，*Social Anthropology*，New York：Oxford University Press，1982，
pp. 124－127.

洁地表达为两点质疑：第一，中国单个村庄或乡村小社区的社会
人类学研究成果，不能被作为典型代表去推论中国农村的整体概
况；第二，社会人类学家研究自己的社会无法做到客观和公正。

在得悉利奇教授的质疑之后，费孝通教授于 1990 年在其《人
的研究在中国》一文中对利奇的第一点质疑做出了回应。费孝通
教授认为自己与利奇教授看法相左的焦点并不在于"江村"能不
能代表中国所有农村，而在于"江村"能不能在某些方面代表中
国的一些农村。若把一个农村看作全国农村的典型，用它来代表
所有的中国农村，那当然是错误的；但若把一个农村看成一切都
与众不同，只是完全个体的展示，那肯定也是不对的。费氏认为
如果承认中国存在着"江村"这样的农村类型，那么"江村"就是
这一类农村的代表。如果用比较的方法把中国农村的各种类型的代
表一个一个地描述出来，就可以接近于了解中国所有的农村。因此，
他认为通过类型比较方法是有可能从个别逐步接近整体的。①

1996 年费孝通教授在《重读〈江村经济·序言〉》一文中对
利奇教授的质疑做了更为详尽的回应。他认为，在人文世界中所
说的整体，并不是数学意义上的"总数"。生于斯长于斯的个人，
其行为方式和思想感情的表达是从他所处的且先于他而存在的社
会中学习得来的。社会用既定的方式鼓励人们模仿或学习既成的
生活方式，亦用压力强制性地将个人的行为和思想纳入社会的规
范之中，因此，一个社区的文化可以说就是形成社区内个人生活
方式的模子。这个模子对于满足社区内个人生活的需要来说是具
有完整性的。如果能在一个社会里深入地、全面地观察一个人从
生到死过程中各方面生活的具体表现，那么人类学家或社会学家
就可以看到他的研究对象所处的整个社会的面貌了。但是，在实
际的田野调查研究中，要观察一个人从生到死一辈子的行为和思
想是不可能的，所以在实际的研究工作中只能把该社会（区）中
不同个人的片断生活集合起来去重构该社会（区）中个人"完整

① 费孝通：《人的研究在中国》，载费孝通《论人类学与文化自觉》，华夏出版
社，2004，第 26 页。

的一生"。研究者之所以这样做，是基于这样的一种判断：每个人在一定社会角色中所有的行为和感情不是"个人行为"，而是在表演一套社会中业已存在并规范了的行为和态度。因此，社会人类学家首先要研究的对象就是那个规范每个个人行为的社会。从这个角度看，社会的"整体"和数学里的"总数"是不同的。因此，费孝通教授认为利奇教授认定的那种从个别农村入手的微型研究不能概括中国国情的看法，混淆了数学上的总数和人文世界的整体——社会文化的差别，忘记了社会人类学家研究的不是数学而是人文世界的缘故。[1]

对于利奇教授的第二点质疑，即社会人类学家能不能研究自己本身所处的社会？其研究结果会不会受到最初偏见的损害？费孝通教授总结自己的研究经历后认为，人类学家是通过从自己熟悉的文化中得来的经验去认知一个不熟悉的文化的。这个认知过程不是套取已知的框架，而是依靠已有的经验来与新接触的事物进行比较。人类学家已掌握了的熟悉的文化在这种比较中只起着参考体系的作用。如果遇到超出既有经验之外的新事物，作为参考体系的既有经验正好可以证明它是"新事物"，从而将它作为新的经验接受下来，扩充已有的知识范围。若将这种参考体系本身有系统地加以综合，就是马林诺夫斯基（Bronislaw Kaspar Malinowski，1884－1942）所说的"文化表格"。在这个体系中，原材料是进行田野作业的人类学家的个人经验，而个人经验必须通过个人反省才能表达出来。因此，费孝通教授认定，社会人类学田野作业的对象，实质上并无所谓"本文化"和"异文化"的区别，只有田野作业的人类学家怎样利用自己的或别人的经验作为参考体系，在新的田野里去取得新经验的问题。如果非要以研究者自己不同的文化出生来比较在工作上哪里方便的话，那么本土的人类学家研究本土文化似乎胜面更大一些。[2]

---

[1]　费孝通：《重读〈江村经济·序言〉》，载费孝通《论人类学与文化自觉》，华夏出版社，2004，第82～83页。

[2]　费孝通：《重读〈江村经济·序言〉》，载费孝通《论人类学与文化自觉》，华夏出版社，2004，第86页。

这两位人类学大家的隔空学术交锋，在华人社会学人类学界引起了广泛的关注。表面上看，费孝通教授与利奇教授争论的是微型社会学研究的方法和研究立场问题，但实质上，这是一个牵涉以两位人类学大家为代表的中外社会人类学家对社会－文化人类学学科定位和研究旨趣认同差异的问题。

二

社会－文化人类学肇始于19世纪，是在西方资本主义社会研究殖民地"未开化的""野蛮的""原始的"异文化社会基础上发展起来的。在人类学史的早期，社会－文化人类学家探究的是人类历史发展的根本规律或进化序列，因此，他们的研究成果主要是用来探讨人类社会总体进化的过程以及世界各地各民族或人群在社会进化发展序列中的相应定位。进入20世纪以后，这种研究思想和理论先后遭到了德、美、法、英等国人类学家的严厉批判和颠覆。随着功能学派大师马林诺夫斯基所倡导的整体性的田野调查方法为大家所认可并被接纳为科学研究方法之后，社会－文化人类学便被界定为是对小型社会的研究，即对忽略历史的、比较的、民族志的研究，其中大量且长时间地参与观察是其独特的研究方法。[①] 这种以一个人数较少的社区或虽是较大社区却只选其一部分作为研究对象，由研究者亲自参与当地的社会活动，进行亲密、长时间观察的整体性研究，被马林诺夫斯基的得意门生和学术继承人雷蒙德·弗思（Raymond Firth, 1901 - 2002）称为微型社会学。当社会－文化人类学家只研究"原始社会"时，"原始人"及其相互间的关系是研究对象，西方的人类学家则是研究者。在这种情景下，研究者与被研究者之间的界限是清清楚楚的，两者之间无论是从国籍、身份、地位，还是从文化、心理认同上讲，都是泾渭分明、距离遥远的。因此，人类学家或研究观察者完全

---

① 〔美〕古塔、弗格森：《人类学定位：田野科学的界限与基础》（修订本），骆建建、袁同凯、郭立新译，华夏出版社，2008，第8页。

是局外人，他们超脱于当地社会，其研究一般不会受到研究对象的干扰，这使得研究的所谓客观性得以显著增强。这是西方人类学家对现代人类学的认定，也是西方人类学所恪守的传统和正统。

利奇教授是英国人类学界少数几个受封为爵士的著名学者。他早年在剑桥大学克莱尔学院（Clare College）学医，在东南亚和我国从事过商业活动、入过伍，1947 年起专门进行人类学研究，后长期在剑桥大学任教，受英国功能主义人类学家马林诺夫斯基和法国结构主义人类学家列维 - 施特劳斯（Claude Gustave Lévi-Strauss，1908 - 2009）的影响至深，是西方结构 - 象征主义人类学的重要人物。利奇一贯关注人类行为的"表达因素"。他认为文化是一种载体，"叙述"和"传递"才是文化的根本。他以探索语言范畴、分类和禁忌为中心，注重理论结构和静态宇宙观所表现出来的象征性，认为阐明文化现象所传递的信息是人类学研究的对象。① 因此，他认定："人类学家最重要的洞察力来自内省（intro-spection）。要研究'他者'而不是'自己'的学术考量是：尽管我们最开始认为'他者'是异国情调，但最终他们的独特性像一面镜子照出了我们自己的独特性。"② 因此，在利奇教授眼里，人类学家研究异文化的根本目的是发现并理解文化的意义。

而费孝通教授则不一样。他是一个深受儒家"天下兴亡，匹夫有责"爱国思想浸染的中国知识分子，是在国家羸弱、民族困苦的危难时刻抱着救国解民于倒悬的理想和志向投身于社会学和人类学领域的。他的《江村经济》之所以在人类学史上具有标志性的意义，就在于它是第一个以本土学者身份研究自身社会文化的人类学成果，而且这个"自身的社会文化"远不是西方人类学家所惯常研究的"原始社会"或小型部落，而是一个庞大的、历史悠久的、政治文化复杂且正处于近现代社会大变革中的农业社会。这一点马林诺夫斯基在给《江村经济》写的"序言"中就有

---

① 其观点可参见〔日〕绫部恒雄编《文化人类学的十五种理论》，中国社会科学院日本研究所社会文化室译，国际文化出版公司，1988，第 132、133、134 页。

② Edmund Leach，*Social Anthropology*，New York：Oxford University Press，1982，p. 127.

过高度的评价：

> 我敢于预言费孝通博士的《中国农民的生活》（《江村经济》——笔者注）一书将被认为是人类学实地调查和理论工作发展中的一个里程碑……这是一个土生土长的人在本乡人民中间进行工作的成果。如果说人贵有自知之明的话，那么，一个民族研究自己民族的人类学当然是最艰巨的，同样，这也是一个实地调查工作者的最珍贵的成就。①

同时，费孝通的研究志趣也并不在于只想认识并理解一个小地方或单个民族（族群）文化的独特性质或意义，他是要认识整个中国，目的是利用社会－文化人类学知识为改造中国服务。而中国地域广阔、人口众多，民族（族群）差异极大，各地区发展又极不平衡，要想把每个地区、民族（族群）、社会或文化都观察和访问到，这是不可能的。因此，他采用类型学的方式，将中国农村大致分为若干种类型，再用从马林诺夫斯基那里习得的微型社会学方法来解剖典型，进而推论相同类型社会的整体文化面貌。这种做法，当然越出了西方传统社会－文化人类学的方法论范畴，但这是费孝通教授学术生命发展的历史必然，也是受到马林诺夫斯基鼓励和赞许的。1938年，当他从英国学成归来后，就到云南昆明附近的农村去做调查，后来出版的《云南三村》一书，在方法论上与《江村经济》是一脉相承的，只是在当时抗日战争时期，没有引起西方人类学界的注意罢了。

利奇和费孝通的这种学术分歧，在笔者看来，可归入社会－文化人类学史上"新""旧"人类学家之争的范畴。这种"新"与"旧"，并不在于人类学家在该学科入道时间之先后，更不在于他们自身的年龄齿序之长幼，而在于他们是否将这种本来为研究异域小社会而设计的研究方法转变成研究自身社会的方法。恪守西方人类学传统、专注于研究异文化的社会－文化人类学家谓之

---

① 参见费孝通《江村经济——中国农民的生活》，商务印书馆，2001，第13页。

"旧",大多生活于西方发达资本主义国家;而用人类学方法来研究本国社会文化现状的社会 - 文化人类学家谓之"新",大多是前殖民地、半殖民地国家的知识分子。这种"新""旧"的分野,表面上看,是研究方法应用和研究对象的差异,实质上却是人类学家所属国家发展程度的分野和对社会 - 文化人类学知识定位的差异。"新"人类学家不是外来的访客,而是本社会的一分子。除了学术研究外,他们还肩负着设法解释或解决自己祖国建设中面临的现实问题的义务。他们所承担的造福本国大众的任务和作用,促使他们去实验和革新人类学的方法,这样,"在第三世界的许多地方,人类学家已经抛弃了原来人类学和社会学分立的做法,他们既是人类学家又是社会学家,因此,他们能很好地认识到要理解一个复杂的社会需要进行怎样的研究"。① 这些"新"人类学家需要将一般的科学原理融入当地社会的实际之中,并以此为工具说明一个区域或社会中人们的生存状况和发展前景,并提出自己的建设性意见。费孝通教授把这种研究称为应用科学研究。而发达国家的人类学家们,不需要承担那么多的为国家现实发展出谋划策的具体任务,同时自身又有优良的生活待遇和充足的科研经费,因此,他们可以自由地探究一般文化原理和社会结构,建构和把玩各种学术理论。费氏将这种研究活动称为纯科学的研究。② 相反,利奇教授则否认自己所从事的社会 - 文化人类学研究是一门科学,认为它更可能是一种艺术:"人类学家设想运用推理能将民族志学者的观察归纳成具有某种普遍规律的自然科学,他们这是浪费时间。这使我想到我认为的第三个教条:社会人类学不是,也不应该以'自然科学意义上的'科学为目标,它更可能是一种艺术形式(art)。"③ 两位大家所属国家和文化背景的差异,导致

① 联合国教科文组织编《当代学术通观:社会科学和人文科学研究的主要趋势》(人文科学卷上),上海人民出版社,2004,第44~45页。
② 详见费孝通《重读〈江村经济·序言〉》,载费孝通《论人类学与文化自觉》,华夏出版社,2004,第99页。
③ Edmund Leach, *Social Anthropology*, New York: Oxford University Press, 1982, p. 52.

了他们对社会 - 文化人类学研究方法和学科定位上的严重分歧。同为华人，台湾"中研院"院士、著名人类学家李亦园教授对费孝通的学术理路更能理解，评价也更高。他认为费孝通"志在富民"的学术实践非常重要，其从乡村的研究到小城镇，再到对整个大的区域的格局和战略性的研究，不仅具有促进国家生产力发展的实际意义，而且在人类学、社会学领域具有重要的方法论上的开拓意义，"我认为一个好的学者不一定纯粹是理论的，在应用上面做出实际的贡献，也许更重要一点"。[①]

三

毫无疑问，费孝通教授用微观社会学方法对中国农村社会的研究和观察，其学术贡献是巨大的。他早年的一些著作，如《江村经济》《云南三村》《乡土中国》《生育制度》等，一再被学术界引用或被诸多中外大学定为研究生从事中国研究的必读书目就是明证。他所提炼出来的理论和倡导的思想对当代中国的社会建设和社会学、人类学在中国的发展亦具有重要的意义和长远的影响。但是，就学术研究的具体细节而言，特别是利用微观社会学研究方法对中国农村社会进行的研究而言，也并不是没有局限性。国内有学者就曾经指出："社区调查有解剖麻雀的优势，五脏六腑都看得清楚，但弊病之一是囿于一地，容易忽视研究与外界的联系。如费孝通叙述了江村1929年创办的新式合作制丝厂除第一年有盈利外此后1930～1936年每况愈下的情形，他在谈到江村家庭蚕丝业的破产和蚕丝厂的失败原因时，着重强调了国际市场蚕丝价格下降的打击，但并没有看到由于国内市场的垄断乡村工业的利润被销售商截留的情况。"[②] 曾写过《费孝通传》的美国学者大

---

① 详见费孝通著、刘豪兴编《文化的生与死》，上海人民出版社，2009，第118～119页。
② 详见李培林《为了中国——费孝通先生半个多世纪的乡村调查道路》，载马戎、刘世定、邱泽奇、潘乃谷编《费孝通与中国社会学人类学》，社会科学文献出版社，2009，第312页。

卫·阿古什（David Arkush）也认为费孝通的实地调查价值、准确程度和理论上的意义是可提出不少问题的。如在准确性方面，阿古什认为费孝通在 1938～1946 年开展的调查是仓促的，有些数据是粗疏的；在中国农村社会发展序列的排列上，阿古什认为费氏将江苏开弦弓村与云南三个村庄放在一个持续变动的不同阶段上的理论概括也有些过度了；此外，他还对费孝通理论概括重实地调查轻文献工作的方法提出了婉转的批评："总的来看，他的社会分析几乎完全以他的实地调查和观察为基础，而以他在云南时他的学生们的研究作为补充。战时由于书籍少，图书馆也缺乏，所以他说'研究著述是不可能的'。这就更使他重视实地调查。但即使在战后的北平，他仍然着重于从个人观察或与人交谈搜集材料，不重视书本。"[①]

其实，费孝通教授自己在晚年做学术反省时，也意识到了微型社会学研究方法在调查研究像中国这样幅员广阔、历史悠久、民族（族群）众多的社会的局限性。他认为自己在 60 年前提出的"类型"概念，当然可以帮助自己解决怎样去认识中国这样的大国中为数众多、结构不同的农村的问题，但是后来他自己也明白了，不论研究了多少类型，甚至即使把所有中国农村的类型都研究遍了，并把它们都加在一起，也还是不能得出"中国社会和文化"的全貌，因为像关于江村、禄村、易村、玉村等这样的研究成果，始终没有走出"农村社区"这个层次。农村是中国的基层社区，基层社区固然是中国文化和社会的基本方面，但要了解整个中国的社会和文化还必须进入从基层社区所发展或衍生出来的更多层次的社区，并进行实证的调查研究。[②] 因此，20 世纪 80 年代我国实行改革开放政策以后，获得第二次学术生命的费孝通教授除了把这种类型研究和比较的方法从农村研究带进了小城镇研究之外，还在具体研究方法论上做了一些扩展和改进。他率领的研究队伍

① 〔美〕大卫·阿古什：《从禄村到魁阁——1938～1946 年间的费孝通》，载潘乃谷、王铭铭编《重归"魁阁"》，社会科学文献出版社，2005，第 25～32 页。
② 费孝通：《重读〈江村经济·序言〉》，载费孝通《论人类学与文化自觉》，华夏出版社，2004，第 88 页。

与江苏省当地政府工作人员密切合作，辅以问卷的方法，由点及面地做广泛的数量调查，再利用计算机进行统计，其效果是显著的。

除此以外，费孝通教授还检讨了这种功能主义微型社会学研究方法与社会历史缺乏连接的缺陷。他认为社会人类学的口述史研究，使得过去的历史和现在的传说分不清，以至于两者在时间的框架里互相融合了。传说当然有它的作用，亦能满足当前的需要，但不一定符合历史事件发生时的实际情形。要了解当前的社会，就应该把传说和历史事实分开，并着重于考察其当前发生作用的功能。因此，他建议今后在微型社区里进行田野工作的社会人类学者应当尽可能地注重历史背景，最好的方法是人类学家和历史学家合作，使社区研究具有时间发展的观念。[①] 费孝通教授晚年是这么倡导的，也是这么践行的。他于 1988 年撰写的著名论作《中华民族的多元一体格局》，就是以当代"民族 - 国家"的政治理论为参照框架，结合中国各民族各族体的历史情形，阐述中华民族——中国国族的形成和发展过程，为理解现实中国国内各民族各族体的关系和互动提供了一个富有创见的结构图。难怪港台著名人类学家乔健教授将费孝通称为历史功能论人类学家，并把他列为 12 位建构现代文化理论的世界级大师之一。[②]

由利奇质疑所引发的对微型社会学研究方法的讨论并没有因两位大师的仙逝而结束。事实上，利奇、费孝通的分歧和争议也是国际人类学界长期以来悬而未决的三大问题的探索和继续，这令人困扰的三大问题是：①文化是实用的还是独立的象征体系？②社会中的个人是社会和集体表象的产物或创造物？③人类学的描述到底是主观的艺术描写还是客观的科学探讨？[③] 从马林诺夫斯基发明的整体论"田野民族志"到 20 世纪 80 年代以后美国人类学家倡导的"实验民族志"，社会 - 文化人类学的研究方法经历了

---

① 费孝通：《重读〈江村经济·序言〉》，载费孝通《论人类学与文化自觉》，华夏出版社，2004，第 91、93 页。

② 乔健：《试说费孝通的历史功能论》，载马戎、刘世定、邱泽奇、潘乃谷编《费孝通与中国社会学人类学》，社会科学文献出版社，2009，第 40 页。

③ 王铭铭：《西方人类学思潮十讲》，广西师范大学出版社，2005，第 57 页。

从现代向后现代的发展与转型，理论范式的多元化和包容性已成为当今人类学界的共识，但社会－文化人类学的关注点——人类社会的文化及其进化、象征、功能和结构等主题，并没有发生大的变化。费孝通教授对社会－文化人类学研究方法的本土性应用、探索及其反省，在全球化的今天仍具有非常积极的意义。他对中国社会学和人类学学术事业发展所抱持的开放性、前瞻性、反思性态度及其坚定的信念，都值得我们这些后学者深深地敬重和效法。

文化类型理论与我国的文化
类型研究[*]

引 言

自哥伦布发现新大陆，世界历史在大的范围内结束封闭和隔阂，人类群体以前所未有的规模和速度进行接触以来，人与人之间既有共通的一致性也有迥异的差别性这种事实逐渐为人们所普遍接受。我国古代流传着一句非常有名的话："物以类聚，人以群分。"分群是人类社会一种非常普遍的客观现象。除了身体发肤等表面的体质特征外，不同群体的人们在语言、思想观念、思维方式、行为方式、生活方式等方面所存在的或大或小的差异也非常明显。体质上的差异可以人种的概念加以概括，如欧罗巴人、尼格利陀人、蒙古利亚人等，在这些概念之下有一系列较为客观的测量数据或指标可供实际分类时操作，因而所存的歧见相对较少；体现在文化上的差异概括起来困难则要大得多，主要体现在归纳文化特征的具体标准和着眼点上的分歧太大。如以国别和民族而论，会有美国文化、法国文化、中国文化、印度文化等之分；以族群性而论，会有汉族文化、藏族文化、彝族文化等之分；以地域或地理特征而论，会有内陆文明（或称黄色文明）、海洋文明（或称蓝色文明）或某某流域文明等的区别；以宗教信仰或最高价值观的差异而论，会有儒教（家）文化、基督教文化、伊斯兰教

---

* 原文载冯天瑜主编《人文论丛》2003 年卷，武汉大学出版社，2003，第 45 ~ 57 页。

文化等的区分；以生计方式而论，会有游牧民族、渔猎—采集民族、游耕民族、农业民族、工业民族等类型划分；以历史和地区特征而论，会有古希腊文化、古埃及文化、齐鲁文化、荆楚文化、吴越文化、巴蜀文化、幽燕文化等的区别。其他诸如此类或以某一语言系统，或以某种特殊的器物，或以某项风俗，或以某项著名的活动来划分不同人群的例子则不胜枚举。时至今日，以概念笼统、标准模糊的东方文化（文明）、西方文化（文明）这种表达方式来划分，还是普通民众最容易接受和认同的话语。

要认识不同的人群，自然首先要认识他们的文化。而认识文化最有效的办法，就是从比较彼此间的差异开始。尽管对于什么是人类的文化，它的内涵应该是宽的还是窄的，一百多年来学术界的看法是仁者见仁、智者见智，但文化研究者似乎都一致认同人类文化是一种超有机体的现象，在分析和解释这种超有机体现象时，使用的概念建构与生物学、心理学等科学不同，与社会学、政治学、经济学等社会科学的概念也不尽一致。人类文化有它自己的法则、秩序或结构，于是文化特质（元素）、文化丛、文化区、文化层、文化模式、文化圈、文化类型、文化体系、文化形貌等理论和概念就成为文化研究者分析和研究人类群体文化现象的重要工具，其中文化类型的理论对我国学术界的影响尤为深远。

一 文化类型理论的回顾

什么是文化类型（Culture Type）？划分文化类型的标准是什么？学术界至今尚无统一的定论。德国学者斯宾格勒（Oswald Spengler，1880 - 1936）是以文化类型理论研究世界文化现象的著名学者。他在其《西方的没落》一书中认为历史不是研究连续的进步，而应是对文化的比较研究。他把世界各民族分为文化民族（或称文明民族）和原始民族两大类，认为世界历史是文明民族创造的，而世界历史又可分为八个独立的文化形态：埃及文化、印度文化、巴比伦文化、中国文化、古典文化、阿拉伯文化、西方文化（浮士德文化）和墨西哥文化。每个伟大文化都来源于一个民族最深层次的民族精神，都有自己的表现于文化各个方面的基本象征，如阿拉伯人、希腊人和印度人的数学，西方油画的空间透视，埃及的行政制度，中国的印刷术，普鲁士的军队，等等。他认为文化是历史研究的单位，是具有生、长、盛、衰等阶段的有机体，有自己的观念、生活、愿望、感情等，但每一文化间彼此是分隔的。他从精神、文化、政治等方面对印度、埃及、古典、阿拉伯、西方等文化类型进行了阶段划分，认为除了西方文化以外，其他七种文化已经名存实亡了。[①] 斯宾格勒的学说对我国学者有一定的影响，如费孝通教授曾在中华人民共和国成立前用斯宾格勒的文化类型理论分析过中国的乡土社会和现代社会。他说：

> Oswald Spengler 在"西方陆沉论"里曾说西洋曾有两种文化模式：一种称作阿波罗式的 Apollonian；一种称作浮士德式的 Faustian。阿波罗式的文化认定宇宙的安排有一完善的秩序，这个秩序超于人力的创造，人不过是去接受它，安于其位，维持它；但是人连维持它的力量都没有，天堂遗失了，黄金时代过去了。这是西方古典的精神。现代的文化却是浮士德式的。他们把冲突看成存在的基础，生命是阻碍的克服；没有了阻碍，生命也就失去了意义。他们把前途看成无尽的创造过程，不断的变。这两种文化观很可以用来了解乡土社会和现代社会在感情定向上的差别。乡土社会是阿波罗式的，而现代社会是浮士德式的。这两套精神的差别也表现在两种社会最基本的社会生活里。[②]

英国历史学家汤因比（Arnold Joseph Toynbee，1889 – 1975）也是一位以运用文化类型理论反映人类文明历史而闻名的学者。他认为历史研究的最小单位不是民族国家，而是一个个的社会。

---

① 〔德〕奥斯瓦尔德·斯宾格勒：《西方的没落》上册，齐世荣等译，商务印书馆，1991，第 18 ~ 19、305 ~ 309 页。

② 费孝通：《乡土中国　生育制度》，北京大学出版社，1998，第 44 页。

他从宏观角度将人类社会的发展史划分为二十多个具有文明发展过程的代表性社会，西方社会、东正教社会（可分为拜占庭东正教社会和俄罗斯东正教社会）、伊朗社会、阿拉伯社会（伊朗社会和阿拉伯社会合为一个伊斯兰教社会）、印度社会、中国社会、朝鲜与日本社会、古希腊社会、叙利亚社会、古代印度社会、古代中国社会、米诺斯社会、苏末社会、赫梯社会、巴比伦社会、埃及社会、安第斯社会、墨西哥社会、尤卡坦社会、玛雅社会等，认为这些文明之间存在某种历史的继承性。与斯宾格勒一样，他也认为每个文明都有起源、生长、衰落、解体、灭亡五个阶段，但否认文明或文化是一个像有生命的物质一样的有机体组织，他认为文明的起源和生长的法则是人类对各种挑战的成功应对。这种法则可归结为三点：第一，一束文化射线，就像一束光的射线一样，在它透入障碍物的过程中，就由绕射现象而成为它的组成要素的光谱。第二，如果发出文化射线的社会已经衰落而趋于解体，那么即使它没有撞到外部社会体的障碍，这种绕射现象也会发生。一个生长的文明是它的文化的各个组成部分——经济的、政治的以及更为严格意义上的"文化的"各部分——彼此之间是和谐一致的；一个解体的文明可以说是这三种要素陷于不调和的文明。第三，一束文化射线的速度和贯穿本领是它的经济、政治和"文化"的各组成部分由于绕射作用的结果而各自独立显示出来的不同速度和贯穿本领的平均数。经济的和政治的组成部分比没有绕射现象的文化传得快；而"文化的"组成部分传得慢一些。一个文明如果能成功地应对来自环境的挑战，那么它就可能走向繁荣和发展，反之则会衰落和灭亡。他认为最适度的挑战不仅能刺激它的对象产生一次成功的应战，而且能刺激它积聚更大的力量去应付新的挑战，从一次成功走向另一次新的应战，以至无穷。[1] 他的这种"文化（明）挑战应战理论"对后世的影响很大，美国学者费正清对中国历史与文化的研究和亨廷顿的"文明冲突论"都有汤氏理论的影子。如亨廷顿认为当代世界主要有

---

[1] 详见〔英〕汤因比《历史研究》上、中、下册有关章节，曹末风等译，上海人民出版社，1986。

八种文明：西方文明、中华文明、日本文明、印度文明、东正教文明、伊斯兰文明、拉丁美洲文明和非洲文明。当代人在文明的作用下组成文化共同体，不同文化的国家之间最有可能的是相互疏远和冷淡的关系，即文明间的竞争性共处——冷战和和平，也可能是高度敌视的关系。①

斯宾格勒、汤因比和亨廷顿的文化（明）类型理论是前后划分标准并不统一的、粗放的、宏观性的历史文化分析理论。系统的具有文化学意义的文化类型理论，是由美国人类学家斯图尔德（J. H. Steward）在其《文化变迁的理论：多线进化的方法学》（Theory of Culture Change：The Methodology of Multilinear Evolution，1955）一书中提出来的。他认为文化类型是由适应环境而产生的并且代表同样整合程度的核心特征群，这种核心特征群是一种文化中所含有的一组基本特征，即文化核心，它也出现在同形态的其他文化之中。他对文化类型所下的详细定义是：第一，表现文化类型特色的是一些经过了选择的特征，而不是它的全部元素内容。第二，挑选的特征必须以所指涉的问题和架构来确定。第三，挑选出来的特征被假定为在每个例子中彼此间都有着相同的互相关联的功能。② 这样，斯图尔德把文化类型的研究由对它们的时空追溯，转到文化事项本身，使这一概念上升为理论，成为文化学研究的一个重要范畴，并逐渐为学术界不同学派所接受。如今《简明不列颠百科全书》就把"文化类型"（Culture Type）定义为："在文化分类中，一种以经过选择并互相起作用的各特征或各组特征为主要内容的结构。因为任何文化样式都有分类学上的意义，那些为分类而选择的形象就要以考虑中的特殊问题为依据。"③

中华人民共和国成立前，我国学者梁启超、陈嘉异、张君劢、梁漱溟、吴宓、梅光迪、胡先骕、刘伯明、柳诒征、章士钊、陈

---

① 〔美〕塞缪尔·亨廷顿：《文明的冲突与世界秩序的重建》，周琪等译，新华出版社，2002，第 29～32 页。
② 转引自芮逸夫主编《云五社会科学大辞典·人类学》，台湾商务印书馆股份有限公司，1975，第 631 页"文化类型"条目和第 34 页"文化核心"条目。
③ 参见《简明不列颠百科全书》第 8 册，中国大百科全书出版社，1986，第 260 页。

序经、黄文山等人也对文化类型做过一些探讨。如梁漱溟 1921 年在其《东西文化及其哲学》一书中借用叔本华的"意欲"概念，根据意欲的不同趋向，将中国、西方、印度文化视为代表人类文化三种"路向"的文化类型，认为西方文化以意欲向前为根本精神，中国文化以意欲自为调和、持中为其根本精神，印度文化以意欲反身向后要求为其根本精神。① 在"五四"时期中外文化的比较研究中，《东西文化及其哲学》可以说是第一部系统比较世界文化特点的著作。与梁漱溟相类，梁启超、陈嘉异、张君劢、吴宓、梅光迪、胡先骕、刘伯明、柳诒征、章士钊等活跃于 20 世纪 20 年代早中期，倡导东方文化为基本思想倾向，反对新文化运动，后被人称为"东方文化派"的著名学者们，多将人类生活理解为物质和精神两大类。在他们看来，对待物质和精神两种生活的态度似乎只有三种：极端偏重精神生活、以精神生活为主体调节物质生活、极端偏重物质生活。这三种态度在梁漱溟那里成为人生三大路向，而在吴宓那里则被解释为人们立身行事的"三界"：上者为天界，以宗教为本，脱离尘世；中者为人界，以道德精神为本，准酌人情，中庸忠恕；下者为物界，只见物象，以为世界乃一机械，讲求竞争。② 他们认为东西方是两大不同类型的人类文化，之所以不同是由于其文化精神有异，而文化精神之所以有异，又是因为东西方人生观或人生态度有别。东方文化采取的是人生第二种态度，而西方则误入了人生第三种态度。③ 陈序经则在其 1934 年出版的《中国文化的出路》一书中以"文化圈围"来表示受地理、生物、心理及文化各要素的影响而形成的某一社会的文化，认为文化圈围是指某一种文化的整个方面的表示，与其他的文化圈围相区别，因此是研究文化的单位。④ 但中华人民共和国成立前

---

① 梁漱溟：《东西文化及其哲学》，商务印书馆，1999，第 60 ~ 63 页。
② 吴宓：《论新文化运动》，载孙尚扬、郭兰芳编《国故新知论——学衡派文化论著辑要》，中国广播电视出版社，1995，第 93 ~ 94 页。
③ 参见黄兴涛《文化史的视野》，福建教育出版社，2000，第 148 ~ 187 页。
④ 杨深编《走出东方——陈序经文化论著辑要》，中国广播电视出版社，1995，第 68 页。

的文化研究，主要是为了解决半殖民地中国的政治出路，救亡图存的任务压倒了一切，心平气和的纯学术研究并不多见。

中华人民共和国成立后，率先启动文化类型研究的是中国大陆的民族学界。由于意识形态的原因，20世纪50年代中国的民族学界率先对苏联的经济文化类型理论给予了充分的重视。经济文化类型理论是苏联民族学家托尔斯托夫、列文和切博克萨罗夫在20世纪50年代提出的民族学科概念之一，其基本定义为：居住在相似的自然地理条件之下，并有近似的社会发展水平的各民族在历史上形成的经济和文化特点的综合体。① 后来，切博克萨罗夫到中央民族学院（今中央民族大学）讲学，我国著名的民族学家、社会学家林耀华教授同他进行了直接探讨和交流，共同发表了《中国的经济文化类型》一文。在该文中，两位学者全面运用经济文化类型理论，从纵、横两个方面对中国乃至东亚的经济文化类型进行了详细的划分，并周密地阐述了各个类型的特征和它们的地理及生态基础，② 从而开创了运用经济文化类型理论研究中国民族情况的先河。

20世纪80年代以后，随着西风东渐，东西文化差异的比较和研究又得到了重视，出现了一些有影响的成果，如盛邦和的《内核与外缘——中日文化论》③ 等，不过有代表性的还是金克木先生的成果。金克木先生在1987年谈文化分类问题时认为世界文化可大体概括为三大类型：希伯来－阿拉伯型、希腊－印度型、中国－日本型。希伯来－阿拉伯型可说是有上帝和一元的文化。它的要点是：①信仰有一个创造世界和人并主宰一切的上帝。②原罪观。人类始祖违反上帝禁令，被逐出乐园，每个人生下就有罪。③灵魂观。每个人都是上帝创造的灵魂，灵魂是不会消灭的。④信仰救世主。上帝为拯救人类使世上出现救世主（弥赛亚、基督、先知），信仰他的人可以得救。⑤上帝"选民"意识。人类中有的

---

① 林耀华主编《民族学通论》，中央民族学院出版社，1990，第80~81页。
② 林耀华、切博克萨罗夫：《中国的经济文化类型》，载林耀华《民族学研究》，中国社会科学出版社，1985，第104~142页。
③ 盛邦和：《内核与外缘——中日文化论》，学林出版社，1988。

人，如犹太人，或者信仰基督、耶稣的人，信仰先知穆罕默德的人，是上帝的"选民"，受到上帝特殊眷顾，是从乐园来又回乐园去的；其他人则非上帝的"选民"。这一文化类型可以把犹太教、基督教各派、伊斯兰教两派都概括在内。希腊－印度型是无上帝和多元的文化。他们没有那种创造一切而又独一无二的上帝。他们的神不是上帝，管不了什么事，而且很多，不相上下。他们的神都很快乐，认为人也不是生来有罪，命定吃苦，而是以享乐为第一要义的。没有灵魂、原罪、救世主、"选民"等概念。中国－日本型同希伯来－阿拉伯型对立，但又与希腊－印度型不同。简单地说，中国是无上帝而有上帝，一而又多，多而归一。中国没有创世兼主宰的上帝，但是又有不固定的上帝。中国是把前二型中分为双重或三重的都归入人间。乐园和地狱都在现世，可以"现世现报"，这从根本上改变了印度的报应说。可以"魂飞魄散"，又从根本上否定了不灭的灵魂。中国重现世，因此重人，可是中国传统中说的"人"不等于前两种类型文化所认为的人。金克木先生认为第一种文化类型的人是归属上帝的灵魂，大家都有原罪；第二种文化类型的人是无拘无束各自独立或各自困在"业报"中一切注定的人；中国－日本文化类型中的人是另一种"人"。①

20世纪90年代以来，随着我国文化史、文化学研究的不断发展和深入，文化类型的研究也取得了新的成果。如田惠刚先生以"文化区"的概念，将世界文化按类型分为四个大区：欧美基督教文化大区、阿拉伯伊斯兰教文化大区、印度佛教文化大区、中国儒教文化大区。每一大区中又包含若干中区，如"中国儒教文化大区"就包含五个文化中区：中国文化中区（包括中国大陆及港澳台地区）、朝鲜文化中区、日本文化中区、越南文化中区、新加坡文化中区。每一文化中区内又包含若干文化小区，如"中国文化中区"包含六个文化小区：中原文化小区、楚文化小区、吴越文化小区、巴蜀文化小区、岭南文化小区、东北文化小区。每一

---

① 金克木：《文化危言》，上海文艺出版社，1996，第67～69页。

文化小区又可细分为若干文化社区（点），如"中原文化小区"又可分为河南登封的少林寺（武术文化）、山西汾阳市的杏花村（酒文化）、陕西安塞县（腰鼓文化）等。① 苏州大学的方汉文教授则对世界文化做了另一种四个类型的划分：上古文化类型、经典文化类型、近现代文化交流与转型类型、全球化时代文化交流类型。上古文化类型以上古时代文明与文化的出现为起点，止于公元前10世纪，是世界主要史前文明与早期文明的滥觞期。此时期中国的长江黄河流域、埃及尼罗河流域、两河流域、印度河流域和古代地中海地区相继产生了重要的各有特色的文明类型，创造了早期的文字或符号，发展了冶铜冶铁技术，从原始的畜牧业向农业社会转化，有了最早的国家或是类似的社会组织。经典文化类型起于公元前10世纪，止于公元1600年，是发达文明出现的时期。古希腊－西方、古代印度、波斯－阿拉伯、中国等重要文化类型此时期相继形成或进入一个新的发展阶段，其主要表现是完整的语言文字系统形成、国家社会制度完善、科学技术发达、人类学术思想与人文艺术成就斐然，其中最重要的是不同民族文化精神的代表性产物——文化经典形成。近现代文化交流与转型始于17世纪终于20世纪，此时期东西方交流日益频繁，特别是随着西方科学技术发展迅速强大起来的欧美国家把东方国家与其他非西方国家作为殖民地以后，东西方之间的文化交流同时发展起来，并不可避免地产生了文化转型与混融。无论是东方还是西方都不再是原有的文化类型。全球化时代文化交流是从20世纪末到21世纪，科学技术的高度发展推动了世界一体化进程，后工业化社会中，人类共同的环境、和平、经济利益进一步关联，全球化的发展进入了高潮，从而也推动了世界文化的发展。②

从以上对文化类型理论及有代表性的世界文化类型划分的情形看，学术界对文化类型的理解和划分并没有一个统一的量度和

---

① 参见田惠刚《世界文化区的形成与分类刍议——兼评〈内核与外缘——中日文化论〉》，《中国文化研究》1995 年冬之卷（总第 10 期）。

② 方汉文：《比较文化学》，广西师范大学出版社，2003，第 198～199 页。

标准。有的是从历史出发，有的是从区域着眼，有的是立足于生计和经济方式，有的则是以宗教和最高价值观为标准。这些理论和学说都各有所精，各有所长，但亦有各自难以克服的局限性或缺陷。

二　关于中国文化类型的划分与研究

我国是最早以文化来分辨人类群体的国家之一。从先秦直到清末，以华夏—汉族为主体的国人用以区分族类的主要标准不是血统或种族，而是文化。《左传·成公四年》载有当时流行的"非我族类，其心必异"的观点，但是判断其是"己族"还是"他族"，主要看其对华夏文化的认同程度而定。《礼记·王制第五》说：

> 中国戎夷五方之民，皆有其性也，不可推移。东方曰夷，被发文身，有不火食者矣。南方曰蛮，雕题交趾，有不火食者矣。西方曰戎，被发衣皮，有不粒食者矣。北方曰狄，衣羽毛穴居，有不粒食者矣。中国、夷、蛮、戎、狄，皆有安居、和味、宜服、利用、备器。五方之民，言语不通，嗜饮不同。

这是春秋战国时期以华夏为中心的国人对当时中原及周围地区不同族体的人群及其文化的初步认识。随着国家的政治统一和儒家学说在中原王朝取得统治地位，这种华夏—汉族普遍接受的以文化取人的族体观，又成了历代统治者（包括进入中原的非汉族统治者）处理境内各族体关系的准则。任何民族，不管其肤色、相貌、血统如何，只要改穿汉服，习汉语、汉文，采纳汉人的生活方式，就被当作汉族的一员，成为理所当然的中国人。反之，若原是文教渊薮的汉族人，一旦丧失了汉文化，接受了周边少数民族的习俗，也就无可避免地成为"蛮夷"了。明清之际著名思想家王夫之就曾很有代表性地说："吴、楚、闽、越、汉，以前夷也，而今为文教之薮。""齐、晋、燕、赵、唐、隋，以前之中夏也，而今之椎钝騃戾者，十九而抱禽心矣。"① 华夷之辨多是我国古代政治家、思想家在封闭的"中国—天下"观念支配下对境内中心地区与边鄙地区如何统治所做的政治考虑，并不是严格意义上对中国境内各民族各族群文化的学术研究。

真正的中国文化类型研究是从东西方文化的接触开始的。英国的 Thomas Carlyle（1795 – 1881）、James G. Frazer（1854 – 1941）、George Bernard Shaw（1856 – 1950）、Herbert George Wells（1866 – 1946）、Bertrand Russell（1872 – 1970）、Joseph Needham（1900 – 1995），德国的 Georg Wilhelm Friedrich Hegel（1770 – 1831）、Max Weber（1864 – 1920），美国的 John Dewey（1859 – 1952）、Pearl S. Buck（1892 – 1973）、F. S. C. Northrop（1893 – 1992）、Talcott Parsons（1902 – 1979），印度的 Rabindranath Tagore（1861 – 1941）、S. Radhakrishnan（1888 – 1975），日本的福泽谕吉（1834 ~ 1901）、桑原骘藏（1870 ~ 1931）、铃木大拙（1870 ~ 1966）、江上波夫和中村元等著名学者和文学家，都曾以自己的研究或体会描绘过中国文化或一部分中国人的性格。② 对中国文化有切身体会的在华传教士和旅行家，也在自己的作品中品评过中国文化和中国人，其中最有成就的依笔者看要算美国人明恩溥（Arthur Henderson Smith，1845 – 1932）。

明恩溥在山东从事农村的宗教布道、医药、慈善、教育等事业达 25 年，于 1894 年出版了《中国人的特性》（*Chinese Characteristics*）一书，把中国人的特点概括为十五点：活易死难、没有"神经"、耐性太好、不求准确、"寸阴是竞"、勤劳、搏节、知足常乐、有私无公、无恻隐之心、言而无信、尔虞我诈、爱面子、婉转、客气。他的观点在旧中国知识阶层中很有影响，李景汉、潘光旦等著名社会学家都曾做过评述。潘光旦先生还将《中国人

---

① 王夫之：《思问录·外篇》。
② 详见何兆武、柳卸林主编《中国印象——世界名人论中国文化》下册有关章节，广西师范大学出版社，2001；大谷孝太郎：《中国人精神结构研究》，东亚同文书院，1935 年日文版。

的特性》择译后编进他所撰的《民族特性与民族卫生》之中。①

与外国人从表层现象和文化自我中心观的角度去理解中国文化和中国人不同，被迫打开国门后的中国知识分子，尤其是那些留洋的知识分子在经受了欧风美雨的洗礼后对本国文化和国人的民族性格进行了较深刻的检视和反省。如辜鸿铭在 1915 年比较了德、英、法、美各民族的性格后，认为典型的中国人的性格和中国文明的特征是：深沉、博大、纯朴、灵敏。② 梁漱溟则认为"中国文化是以意欲自为调和、持中为其根本精神"，"遇到问题不去要求解决，改造局面，就在这种境地上求我自己的满足"。③ 鲁迅先生也曾以其犀利笔法通过小说、杂文等艺术形式淋漓尽致地解剖过国人的文化特性和民族精神。不过，中华人民共和国成立前能以较平和心态集东西方睿智于一身去观察和描绘中国文化或国民性的是林语堂先生。他于 1934 年用英文写了一部书 *My country and My People*，以中国文化为出发点，对中西文化进行了较广泛深入的比较，认为中国人的性格有老成温厚、遇事忍耐、消极避世、超脱老猾、和平主义、知足常乐、幽默滑稽、因循守旧等特点，中国人的心灵有女性化心态，不讲科学、不讲逻辑论证，凭直觉感悟等特点。④

20 世纪 80 年代以前，我国内地的中国文化研究时断时续，且都被严格掌控在政治权术和意识形态需求的范围之内，鲜有真正的科学研究成果。港台地区的研究则没有中断，较有代表性的成果有项退结的《中国民族性研究》⑤ 以及柏杨先生以愤激之言表述的"酱缸文化"和"丑陋的中国人"系列。⑥

20 世纪 80 年代以后，随着我国改革开放的进程，中国文化类

---

① 潘乃谷、张海焘主编《寻求中国人位育之道——潘光旦文选》上，国际文化出版公司，1997，第 239~309、195~211 页。
② 辜鸿铭：《中国人的精神》"序言"，黄兴涛、宋小庆译，海南出版社，1996。
③ 梁漱溟：《东西文化及其哲学》，商务印书馆，1999，第 61、63 页。
④ 林语堂：《中国人》，郝志东、沈益洪译，浙江人民出版社，1988，第 27~80 页。
⑤ 项退结：《中国民族性研究》，台湾商务印书馆股份有限公司，1970。
⑥ 柏杨：《丑陋的中国人》，花城出版社，1986。

型及国民性的研究也日益深入，出现了一些有代表性的成果。如民俗学家刘守华等人认为中华文化的总体特征是：以小农经济和小手工业为主体的经济结构，以封建大一统政权和宗法等级制度为支柱的社会结构，以勤劳勇敢、俭朴淳厚、崇尚礼义为主要特征的民族精神，以重视传统、追求和平安定、人寿年丰、人与自然和谐统一为主要内容的价值取向。① 史学家戴逸认为中国传统文化中比较大的影响因素有：第一，中国是农业社会，自给自足的小农经济长期占据统治地位，在这样的一个农业社会里，民族性格既有勤劳朴实的一面，也造成了稳定、保守、散漫的一面。第二，中国几千年的政治体制、政治结构是长期的封建专制主义，这样，专制主义、官僚结构对中国的传统文化打下了很深的烙印。第三，中国是个宗法、家族制度普遍盛行的国家，宗法意识、家族意识非常强烈。第四，中国位于亚洲东部大陆，在地理上形成一个相对封闭的环境，与其他文化发达地区相隔较远，交流少，形成一种独立的文化体系。第五，中国传统文化内容丰富，但它有个主干、核心，这就是以孔子为代表的儒家文化。② 李泽厚则认为用"乐感文化"概括中国文化十分恰当。他说《论语》首章首句便是"学而时习之不亦说乎，有朋自远方来不亦乐乎"。孔子说过"发愤忘食，乐以忘忧，不知老之将至云耳"，"饭蔬食饮水，曲肱而枕之，乐亦在其中矣"。这种精神不只是儒家的教义，更重要的是它已经成为中国人的普遍意识或潜意识，成为一种文化—心理结构或民族性格，是中华文化的基本精神，它培养了一种人格、操守、感情、人生理想、生活态度。③ 葛兆光则认为在以汉族为主体的中国的古代历史和传统中，足以表现出与其他类型的文化不同的特质，概括起来有这样几点：第一，作为古代中国社会的基础，家庭、家族或宗族的亲族关系，在古代中国文化中拥有非同寻常的意义，它的影响一直延续到现在；第二，在"天"与

① 刘守华主编《文化学通论》，高等教育出版社，1992，第77页。
② 戴逸：《代序：关于中国传统文化的几个问题》，载沙莲香主编《中国民族性》（一），中国人民大学出版社，1989。
③ 李泽厚：《探寻语碎》，上海文艺出版社，2000，第241、260~261页。

"人"之间的关系上,"阴阳五行"的观念对古代中国的汉族人的思维方式影响很大;第三,通常使用的汉字及其对古代思想方式的影响深远,汉族没有分裂成不同的民族,汉字居功至伟。① 冯天瑜教授则认为作为中国文化主体的汉文化具有这样几个特征:一是以父家长为中心、以嫡长子继承为基本原则的宗法制度和宗法制家庭根深蒂固;二是以维系血缘纽带为职志的伦理观念构成汉族文化的中心环节。② 这些都是从历史文化及哲学的角度对中国文化类型所做的概括。

社会学家、民族学家林耀华教授及其弟子则另辟蹊径,在综合了国内外民族学研究新成果和本国少数民族地区实际情况后,对经济文化类型理论进行了一定的修正,将其归纳为:居住在相似的生态环境之下,并操持相同生计方式的各民族在历史上形成的具有共同经济和文化特点的综合体。他们还将结构层次分析方法引入经济文化类型理论之中,提出了体系、类型组、亚型、分支等不同层次的概念。体系指的是一个研究范围内所有的经济文化类型组的总和;类型组是指生态学原理相似的几个类型的总和;亚型是指同一类型下面出现的地方性经济文化的变异形态;分支是指相同的类型和亚型下面出现的更为细小的地方性经济文化的变体。他们以我国 20 世纪 50 年代境内各民族的经济文化状况为基础,勾勒了我国经济文化类型的大致框架:①采集渔猎经济文化类型组,分布在东北大小兴安岭的森林地区及黑龙江、松花江、乌苏里江的交汇处,其民族或族群包括赫哲、鄂伦春和部分鄂温克族。这一类型组内的各族均以渔猎兼采集为主要的生计方式,特点是直接攫取野生动植物,但其内部还可以分为以鄂伦春族为代表的山林狩猎型和以赫哲族为代表的河谷渔捞型两种经济文化类型。②畜牧经济文化类型组,分布在东起大兴安岭西麓,西到准噶尔盆地西缘,南到横断山脉中段的广大地区内,其民族或族群包括蒙古、哈萨克、裕固、塔吉克、藏、达斡尔和部分鄂温克

---

① 葛兆光:《古代中国社会与文化十讲》,清华大学出版社,2002,第 193~202 页。
② 冯天瑜:《中国文化史断想》,华中理工大学出版社,1998,第 37~54 页。

族，畜牧生产是他们的主要生计方式。该类型组下面又可分为四个类型：以部分鄂温克族为代表的苔原畜牧型；以蒙古族为代表的戈壁草原游牧型；以哈萨克族为典型的盆地草原游牧型；以藏族为典型的高山草场畜牧型。③农耕经济文化类型组，分布地域遍及全国，其下又可分为六个经济文化类型：山林刀耕火种型，主要集中在青藏高原与云贵高原结合部的横断山脉南段，属于这一类型的国内民族或族群有门巴、珞巴、独龙、怒、佤、德昂、景颇、基诺以及部分傈僳、苗、瑶、黎、高山等族；山地耕牧型，主要分布在青藏高原的东南斜坡、雅鲁藏布江谷地和云贵高原中西部山区，属于这一类型的民族或族群有羌、纳西、彝、白、普米、拉祜和部分藏族及澜沧江东岸的傈僳族；山地耕猎型，主要分布在云贵高原中部以东的山区和华南的丘陵山地，其西端通过土家和仡佬族地区与耕牧类型接触，向东则散布在长江、珠江之间的南岭及武夷山区，属于这一类型的民族或族群有苗、瑶、畲及土家、仡佬等；丘陵稻作型，主要分布在以云南中南部经贵州、广西、海南岛、台湾到东北沿边的一个不连贯的大新月形地带，属于这一类型的民族或族群有傣、壮、侗、水、仡佬、毛南、黎、朝鲜等族；绿洲耕牧型，主要分布在塔里木、准噶尔两大盆地边缘，经河西走廊到宁夏的地带以及青藏高原东北坡的河湟地区，从事这一类型生计的民族或族群有回、俄罗斯、维吾尔、乌兹别克、塔塔尔、东乡、保安、撒拉和部分裕固、达斡尔及锡伯等族；平原集约农耕型，主要分布在中国东部各大平原和关中、四川两盆地及其周边地区，属于这一类型的有汉族及散居于这一地区中的满、回、维吾尔及蒙古族的成员。这一类型生计方式的特点是在单位土地面积上密集地投入劳动力和技术，以此作为增加产品产量的主要手段。这一类型的地方变异形态十分丰富，又可以秦岭—淮河为界，分为南北两个亚型。[①] 这是笔者所见到的包含国内各民族或族群的最全面的当代中国文化类型的划分。

---

① 林耀华主编《民族学通论》，中央民族学院出版社，1990，第 85～98 页。

三 几点思考

通过对上述较有代表性的理论和研究的回顾，笔者以为文化类型理论的研究及其在我国的实践有这样几个问题值得我们深入思考。

1. 文化类型与文明类型两个概念有没有差异？

科学意义上的文化（Culture）和文明（Civilization）两个概念，都是从西方人文社会科学中引入的，是西方学术界重要的学术话语之一。西方的人类学家、社会学家和史学家对这两个概念的看法也不完全相同。在早期的人类学家中，一般常把文化与文明看作同一个概念，如被称为英国人类学之父的爱德华·泰勒（Edward Burnett Tylor，1832－1917）为文化所下的定义，就是把文化与文明连起来说的："文化或文明是一个复杂的整体，它包括知识、信仰、艺术、道德、法律、风俗等，以及人作为社会成员可以习得的任何其他能力和习惯。"[1] 这种观点也得到一部分心理学家的认同，如弗洛伊德认为："所谓人类文明，对我来说意味着，人类生命是从其他动物状态发展而来，而且不同于野兽生命的所有那些方面——我不屑于对文化和文明加以区分——如我们所知，人类文明常常向观察者展示两个方面。一方面，它包括人类为了控制自然的力量和汲取它的宝藏以满足人类需要而获得的所有知识和能力；另一方面还包括人类为了调节那些可资利用的财富分配所必需的各种规章制度。"[2] 当文化与文明用作同义语时，他们认为所有的文明，包括古代的和今日的伟大文明，都是文化的一种特例。尽管它们在文化内容的数量和模式的复杂性上有自身的特色，但本质上与那些所谓的未开化民族的文化并无不同。

后世西方的人类学家和一般的人文社会科学家秉承了 19 世纪

---

[1] E. B. Tylor, *The Origins of Culture*, New York: Harper and Brothers Publisher, 1958, p. 1.

[2] 车文博主编《弗洛伊德文集》第 5 卷，长春出版社，1998，第 156～157 页。

末和 20 世纪初西方文化中心论的思想，继承了泰勒和摩尔根
（Lewis Henry Morgan，1818 - 1881）等人的学说，把文明视作文化
发展到较高阶段的一种类型，用文明来指称文化上与西方社会比
较接近或所谓开化了的非西方社会及其人民，而将使用文字以前
的社会称为野蛮社会。这样，文字、技术和科学成为人们用来划
分是否处于文明阶段的重要标志。美国人类学家雷德菲尔德
（R. Redfield）和德国民族学家爱立克森（S. Erixon）甚至主张把
达到了较高的发展形式的市民文化当作文明。①

　　也有学者认为文化和文明是所有人类社会都具有的两样东西：
文化是"生活的表现"，是包括宗教、美术、文学及最高的道德目
的等在内的东西；而文明则是包括"人类所设计用来控制生活环
境的整个机械作用和组织，它不仅包括社会组织的体系，同时也
包括技术及物质工具等"。② 根据我国史学家朱寰的考证，英文中
的"文化"（Culture）一词，源自农业生产，注重人的内在修炼，
较为侧重精神品位；"文明"（Civilization）一词则源自城市生活，
与都市的开化有关，较为侧重外在的物质品位，两者的侧重点是
不一样的。③ 梁漱溟也认为文化与文明是有区别的，他把文化归因
为"人类生活的样法"，而把文明视作人们在生活中的成绩品——
譬如中国所制造的器皿和中国的政治制度等，即生活中呆实的制
作品算是文明，生活上抽象的样法是文化。文化的不同就是抽象
样法的不同，即生活中解决问题的方法之不同。④ 我国当代一些知
名学者对文化与文明的区别也曾做过一些思考，如葛兆光采用埃
利亚斯（Norbert Elias，1897 - 1990）的说法，把文化看成使民族
之间表现出差异性的东西，它时时表现着一个民族的自我和特色，
是一种不必特意传授就会获得的精神气质；而把文明看成使各个

① 详见芮逸夫主编《云五社会科学大辞典·人类学》，台湾商务印书馆股份有限
公司，1975，第 68~69 页。
② 同上。
③ 朱寰：《从文明的冲突说起》，《文明比较研究》2000 年第 1 期，第 4 页，转引
自方汉文《比较文化学》，广西师范大学出版社，2003，第 30 页。
④ 梁漱溟：《东西文化及其哲学》，商务印书馆，1999，第 60~61 页。

民族差异性逐渐减少的那些东西，表现着人类的普遍的行为和成就，是一种需要学习才能获得的东西，因而它总是和"有教养""有知识"等词语相连。① 若此，则学术研究中只有文化类型而无文明类型则明矣！在具体的研究实践中，若将文化与文明视为同一个概念，则文化类型即文明类型，其内涵包含了文化定义中从物质到精神各层面中的主要特征，但这种文化类型或文明类型的理念太过宽泛，似乎与学者们实际研究中普遍运用的状况并不符合；若将文明视为文化的高级阶段的产物，则"文化类型"与"文明类型"便不能混同，而是井水河水两不相干，这就会引发出一个由于研究者所处的文化背景不同、身上所体现的"民族自我中心主义"（Ethnocentrism）情结多寡不一，对于什么是文明什么不是文明的标准产生歧见。欧美文化霸权下所产生的文化与文明的分类是否就是普适的"放之四海而皆准"的真理，是值得深思和反省的。若将文化与文明看作抽象与具象的区别，或理解为偏重精神与偏重物质的区别，则人们的生活方式和行为方式是属于文化类型还是属于文明类型？因为任何生活方式都是在一定观念支配下的具体行为，都与精神和物质形态密不可分，且都是文化或文明类型研究的重要内涵之一。

2. 文化类型与文化模式的关系

文化模式（Culture Pattern），也是文化研究中经常碰到的一个重要术语，通常意义上指的是一个社会中诸成员所普遍接受的文化结构，即该社会诸文化特征协调一致的组合状态。它一般强调文化因素的结构或形式，以别于内容。美国人类学家喜欢用文化特质、文化丛、文化模式、文化区等概念作为文化的分析单位。美国著名人类学家本尼迪克特（Ruth Benedict，1887－1948）曾以各种文化的成员在感情上对待世界的态度来解释文化模式。她认为："一种文化，就像一个人，或多或少有一种思想与行为的一致模式。每一文化之内，总有一些特别的、没必要为其他类型的社会分享的目的。在对这些目的的服从过程中，每一民族越来越深

① 葛兆光：《古代中国社会与文化十讲》，清华大学出版社，2002，第192～193页。

入地强化着它的经验，并且与这些内驱力的紧迫性相适应，行为的异质项就会采取愈来愈一致的形式。当那些最不协调的行为被完全整合的文化接受后，它们常常通过最不可能的变化而使它们自己代表了该文化的具体目标。"① 为了阐述她的理论，她在其《文化模式》一书中细致地分析了美洲西北海岸温哥华岛上的夸库特耳人、新墨西哥州的祖尼印第安人和南太平洋美拉尼西亚多布岛上的多布人的文化面貌，并以酒神型、日神型和偏执狂型三种术语来概括三者的文化形态特征。② 本尼迪克特的理论影响是巨大的。1989 年，李泽厚先生就应用本氏的理论探讨了中国古代的文化，认为中国古代的"礼乐"传统即使不说是日神型的，但至少也不是酒神型的。③ 美国人类学家 A. L. 克罗伯（Alfred Louis Kroeber，1876 - 1960）与本尼迪克特不同，他的眼光放得很开，将文化模式分为两种范畴：一种是主要模式，曾绵延数千年并起到重要作用；另一种是次要模式，稳定性差而易变。他认为适用于解释全部文化的模式即是诸文化的普遍模式。④

我国民俗学家刘守华等人认为，一定的文化类型必然具有相应的文化模式，但两者又有区别：文化类型主要着眼于各种文化体系的外在形态特征，这种外在形态特征的差异是各种文化体系相互区别的类型标志。文化模式则更深入一步，主要着眼于各种文化体系内在结构相互整合的特征与状态，揭示外在特征的内在表现。⑤ 但事实上，我国学者的文化类型研究，多数是将文化模式与文化类型混为一谈的，两者之间的界限并不清楚。

与文化模式相关的概念还有"文化精神"和"民族性"等概念。文化精神（Ethos）也称为"民族精神""国魂"等，是指一

---

① 〔美〕露丝·本尼迪克特：《文化模式》，何锡章、黄欢译，华夏出版社，1991，第 36 页。
② 同上，第 45 ~ 172 页。
③ 李泽厚：《探寻语碎》，上海文艺出版社，2000，第 252 页。
④ 参见《简明不列颠百科全书》第 8 册，中国大百科全书出版社，1986，第 260 页。
⑤ 刘守华主编《文化学通论》，高等教育出版社，1992，第 88 页。

种文化特有的精神，是文化中具有决定力的价值系统。一个现代民族国家的"文化精神"有时就称为该国的"民族性"（National Character）。一般说来，它作为文化核心的价值取向，是最能体现一个民族或国家文化模式的主要特征。因此，我国学者对中国文化类型的研究（含汉文化研究），多数属文化模式研究，而非文化类型研究。

3. 文化类型研究的方法论反思

对于文化类型的研究，学者们多是从时间与空间两个维度入手，从空间维度进行研究的更多。且不说东西方文化的划分、某某流域文明的划分主要是以空间的地理分布为基础，即使在基督教文化圈、伊斯兰教文化圈、儒家文化圈等概念界定中也能看得见地域因素的影响。这种以时间和空间两个维度（不少学者的研究还将两个维度分离开来）进行的研究能不能真实全面地反映一个地区社会文化的本来面目？

我们知道，文化类型、文化模式、文化区域的划分是文化研究者在研究过程中通过对现象进行比较和归纳所得的结果，也是研究者研究文化现象时所借用的人为工具。在这种研究中，研究者设定的基本点有两个：一是文化现象分析时的静止性；二是文化特征差异的显著性。在这个基础上，研究者在实际的文化研究中，对于基本文化因素的选择，常因个人文化背景的不同、研究角度的不同而有较大的差异。物质生活模式、行为模式、制度模式、思维模式或价值观等，都常被当作基本模式加以采纳和解剖。他们通过比较和解剖这些"基本"模式来揭示一个文化的总体特征，并贴上一个明确的标签：某某文化，如中国文化、基督教文化等。但社会文化事实向上述设定的基础提出了挑战。

一是文化是动态的，从来就不是静止的。文化之间业已存在或可能存在的交流、结合、变异是如此繁复多样、变化多端，很难以某个片段加以概括。尤其是当代社会，当偌大一个地球都成为一个"村庄"的时候，这种贴上某种特定标签所建构起来的，适用于过去、现在、将来所有时期的封闭的文化类型理论，是否真能反映一个社会的真实文化面貌，是值得怀疑的。

二是文化的显著特征往往只表现于该文化的中心区域或核心地区，在该文化的边缘区域该文化特征的存在并不明显；或在边缘区域可能存在两种、三种甚至若干种文化显著特征相互交叉的现象；或在边缘区域内某一时段还主要奉行另一文化类型等。这些都是不争的事实。葛剑雄教授就认为我国的儒家文化虽然长期占据主流地位，但从未统一过全中国，如新疆地区以伊斯兰文化为主，青藏高原以藏传佛教文化为主，蒙古高原的游牧民族多数时间没有接受儒家文化，即使在中原地区，也不是儒家文化一统天下，佛教、道教和其他宗教信仰在特定的时期或地区都曾有过超过儒家的影响，等等。① 那么，以一两项或若干项显著特征来概括一个社会的所有文化是存在以偏概全风险的。好在目前我国文化学研究界已有学者注意到了以前以汉文化特征来代替中国文化类型研究的缺陷，② 笔者在此不再赘述。

三是以区域，尤其是大区域为单位进行文化分类时，以什么标准来概括该区域的典型文化特征，是一个难以解决的问题。葛剑雄教授曾以东西方文化划分为例，提出了一系列问题，如东方文化以哪一国哪一种为代表？如果以儒家文化为东方文化的代表，以基督教文化为西方文化的典型，那么伊斯兰文化算东方还是西方的？如果当代的西方文化是以资本主义文化为主流的话，那么东方文化的主流是什么？是中国式的社会主义文化，还是传统的儒家文化？如果是前者，日本、韩国、东亚其他国家和地区的文化是什么文化？③ 这些都是值得我们在研究中进一步深思的。

当代文化人类学家在从事某一文化的分析研究时，主要采用三种互相补充的方法：第一种是"历时态研究"（Diachronic Approach），即对单一社会或特定区域内某课题或者较大范围内的社会实例做历史的纵向的分析研究；第二种是"共时态研究"（Synchronic Approach），即对单一社会或特定区域做横切面的分析研

---

① 葛剑雄：《葛剑雄自选集》，广西师范大学出版社，1999，第 244 页。
② 参见冯天瑜《中国文化史断想》，华中理工大学出版社，1998，第 37 页。
③ 葛剑雄：《葛剑雄自选集》，广西师范大学出版社，1999，第 243 页。

究，一般只考察某一特定时间内社会文化的特点和社会生活表现，并加以比较；第三种是社区关系研究（the Study of Inter-community Relationship），即从整体上处理好所研究的社区之间的关系，把该社区与相关社区的社会生活和文化综合起来全面考察。历时态和共时态有点类似于我们文化类型研究中的时间和空间维度，而具有综合性的社区关系研究的原则，笔者以为它们在我们文化类型研究中值得借鉴。

民族精神研究的人类学反思

——兼议民族精神研究的方法论拓展[*]

一

民族精神，英文为 Ethos，也被称为"文化精神"或"国魂"，通常是指一个群体或整个民族所体现的对社会行为与社会关系的一整套信仰和思想。关于它的内涵，学术界的理解并不完全一致。我国港台学者于20世纪70年代曾将民族精神总结为：一种文化的特有精神；一种文化中具有决定力的价值系统；由此价值系统所构成的文化模式；在态度、评价及情绪倾向等方面所表现出来的精神品质，这些品质即一种文化的特色，并使该文化独具一格。①80年代以后，大陆学者也重新对民族精神的内涵进行了理论探讨。如近年来国内有学者对民族精神的概念进行了较为系统的厘定和概括，认为西方学者对民族精神的界说主要分为三种思路：一种是以黑格尔为代表，注重于民族精神的历史基础，注重从人的自由意识——世界精神的现实具体形成过程中展现民族精神，并力求在逻辑和功能上达到对民族精神的全面界说；另一种是以马克思为代表，总体上承接了黑格尔关于民族精神的研究思路，但把民族精神问题融入社会历史大变革中加以思考，尤其着力于解决犹太民族的解放和人类解放等重大问题的思路；还有一种是从文

* 原文发表于《华中科技大学学报》（社会科学版）2007年第1期，第7～12页。

① 芮逸夫主编《云五社会科学大辞典·人类学》，台湾商务印书馆股份有限公司，1975，第51页。

化精神的角度来界说民族精神。[①] 而国内或华人学术界更加注重的却是对中华民族精神的探索。

中华民族精神，作为一个国族概念，显然是 1840 年以后外国列强入侵的产物。国内学术界对中华民族精神内涵和特征的探讨，有论者认为可分为三个阶段：第一阶段是从新文化运动（五四运动）至中华人民共和国成立，由于当时对该问题的探讨往往是在中华民族内忧外患的环境中进行的，迫切需要解决的是"中国向何处去"的问题，因此学者们探讨的大多是如何振奋民族精神来救亡图存，少有冷静从容的学理研究；第二阶段是从中华人民共和国成立到中国共产党第十六次全国代表大会召开前夕，祖国大陆以 20 世纪 80 年代的文化热和 90 年代关于中国文化传统精神的讨论为代表，海外则以"新儒家"的倡导为典型；第三阶段则是从中国共产党第十六次全国代表大会召开至今，由于国家最高领导人和决策机构的倡导、支持，理论界及思想教育界就如何开展民族精神研究及培育等问题展开了广泛的探索。[②] 还有学者总结了国内中华民族精神研究的现状，认为国内学者主要是从五种路径来研究民族精神的：第一种是历史性、时代性的界说，主要根据时代的变迁和民族的主题来界说民族精神，在不同的时期凸显不同的主题，如长征精神、延安精神等。第二种是全归纳方法的界说，其下可分为两种具体方式：一是从文化传统历史中归纳；二是从历史上重要思想家的经典文献中提取，如将孔孟儒家思想中的礼、和、孝、仁、大同、自强不息、诚信、中正等作为中华民族传统精神。第三种是关系—相关项界说，其下也可分为两种情形：一是外在相关项界说，即从与民族精神有关的神话、历史、史诗、格言、小说、艺术中抽象出民族精神的精髓；二是内在相关概念界说，即利用民族精神的内部概念，诸如价值观、民族凝聚力、文化来

①　欧阳康、吴兰丽：《"民族精神"的概念界说与研究思路》，《华中科技大学学报》（社会科学版）2004 年第 2 期，第 24～29 页。

②　参见华中科技大学"培育和弘扬民族精神研究"课题组：《当代中华民族精神的反思与建构》，《华中科技大学学报》（社会科学版）2004 年第 1 期，第 8～15 页。

界说民族精神。第四种是系统理论性的界说，如将中华民族精神厘定为有比较广泛影响、为多数人所信奉且能激励人们前进、具有促进社会发展作用的中华民族文化的主体精神。第五种是思想性的界说，如提出"当代中华民族精神"的概念，等等。①

笔者以为目前国内对中华民族精神的研究，虽从各自的角度为我们正确认识中华民族精神提供了有益的尝试，但存在着视野狭窄（偏重于历史学、哲学和政治教育），方法单一（主要应用归纳法、思辨法），重抽象空谈、轻具体生活过程探索，少有跨学科的比较研究等缺陷。例如，《华中科技大学学报》（社会科学版）从 2004 年第 1 期设立"培育与弘扬民族精神"研究专栏以来，每期都会刊登二至五篇有关民族精神或中华民族精神研究的论文，至 2006 年第 3 期止，共发表这方面的论文 46 篇，除了一篇是从经济学角度、一篇是从乡村治理角度、二篇是从新闻媒介功能和大众传播弘扬民族精神的角度、一篇是关于中国大学生与留美中国大学生关于民族精神认知的调查报告以外，其余的多是从哲学、历史学角度进行论述。这种状况不禁使笔者联想起社会－文化人类学中关于"国民性"研究的发展历程，认为其对目前国内民族精神的研究或许会有较大的启示。

二

国民性（national character）研究，也被称为民族性研究，其内涵指的是一个民族多数成员共有的、反复起作用的文化精神、心理特质和性格特点。② 也有学者认为国民性是指一个国族，或是一个民族，其绝大多数人在思想、情操及行为上所表现的某种大概固定形态。如老一辈的社会学家、人类学家杨懋春认为一国之绝大多数国民无论在何种事、何种情况下，其自动自发的想法是

---

① 欧阳康、吴兰丽：《"民族精神"的概念界说与研究思路》，《华中科技大学学报》（社会科学版）2004 年第 2 期，第 24～29 页。
② 《中国大百科全书·社会学》，中国大百科全书出版社，1991，第 88 页。

求和平，反对或避免暴力；其所爱好或向往者是安静和平；其所做的各种事情或所采取的各种行动又都是旨在促成和平，或避免战争，就可以说这个国家之国民的性格是爱好和平。他认为国民性格不是天生的，乃是以人之天生性情或心理形态为基础，经由文化形成之路径而形成的，是一个国族之文化的精神表现。①

应该说，把一个国家的人想象成具有单一"民族性格"或"国民性格"的看法，在19世纪下半叶至20世纪上半叶的东西方思想界、学术界都是非常普遍的现象。如1950年以前，以中国民族性、中国文化精神、中国民族精神为题的论作较多，大致可归为两类。一类是从民族性格、国民性、中国人的文化特性或中国哲学等角度入手来探讨中华民族精神的，其中具代表性的人物和著作有：美国人亚瑟·亨·史密斯（A. H. Smith）的《中国人的性格》（*Chinese Characteristics*）、辜鸿铭的《中国人的精神》、梁漱溟的《东西文化及其哲学》和《中国文化要义》、林语堂的《吾土吾民》、费孝通的《乡土中国》等。鲁迅也曾以其犀利的笔法通过小说、杂文等艺术形式淋漓尽致地解剖过中国人的文化特性和民族精神。另一类是从救亡图存的现实目标出发，希望通过对中国民族性做呼吁性的阐述鼓舞民气、民心，以达到民族自强、国家存续的目的，其具代表性的人物和著作有：傅绍曾《中国民族性之研究》、张厉生《中国之民族精神》、潘光旦《民族特性与民族卫生》、李笃行《民族精神国防》、周岳钟《中国民族性与抗战前途》等。无论哪一类，他们的共同点都是把所有中国人的国民性或民族性视为统一的、无区别的一个整体，都处于悠久的中国传统文化的影响和制约之下，是与外国文化精神迥然有别的。即使在20世纪下半叶，这种一国具统一国民性的思想和认知在我国也还有很大的市场，如20世纪80年代台湾作家柏杨的《丑陋的中国人》能风靡海峡两岸，就是一个例证。稍后有影响的其他著作还有沙莲香的《中国民族性》（二）、张岂之的《中华人文精神》、

---

① 杨懋春：《中国的家族主义与国民性格》，载李亦园、杨国枢主编《中国人的性格》，江苏教育出版社，2006，第106、107页。

曾仕强的《解读中国人》等。

不过，从"科学性"的角度来研究一个国家或一个民族的国民性或民族性问题，确切地说，是从文化人类学家开始的。从 20 世纪 30 年代开始，人类学家在一个民族或一个社会中做长期而深入的田野调查时，就已开始不满于对该民族的文化做简单、机械的描述，而想更深入地了解一个民族的文化是如何经由个人而存在，又如何经由个人的学习、接受等心理过程而持续地传递下去的。当时的实验心理学尚无法解答这些问题，于是人类学家便转而采纳了心理分析学（psychoanalysis）中个人学习与教养方式的理论来探讨民族文化的传承问题，形成了人类学研究中的"文化与人格"（culture and personality）学派。"文化与人格"学派的创导者首推美国人类学家萨丕尔（Edward Sapir）、本尼迪克特（Ruth Benedict）和米德（Margaret Mead）。尤其是本尼迪克特和米德都着迷于研究同一个文化或同一个社会中的人必有的共通的特性，即民族性研究。他们试图利用一个或若干个简单、明了的概念来概括和描述一个民族的特性或一个文化的群体人格（group personality），其中最著名的就是本尼迪克特的文化模式。她用"日神型"（Apollonian）文化、"酒神型"（Dionysian）文化、"妄想型"（Paranoid）文化等名词来分别描述和形容她所研究的夸克特人（Kwakiutle）、祖尼人（Zuni）和多布人（Dobuans）。其中"日神型"的基本特征是守秩序，重仪式，讲形式，不酗酒，去浮躁，不好暴力与放纵，崇尚谦和、中庸之道；"酒神型"的特征是在情绪上粗暴、猛烈，在行为上偏重"内向型"，在取向上崇尚个人主义及攻击性；"妄想型"是相对于西方文化而言的，指的是异常的、富于妄想的人格类型。[①] 之后，她又用文化模式的理论来研究第二次世界大战中的日本人，出版了《菊花与刀》一书，从日本儿童教养方式入手，考察了日本人群体人格特征两面性的成因，取得了很大的成功，将人类学中"文化与人格"的研究推向了高

---

① 参见〔美〕露丝·本尼迪克特《文化模式》相关章节，何锡章、黄欢译，华夏出版社，1991。

潮。受此影响，第二次世界大战以后，以国家为单位的国民性研究有了迅猛的发展：美国、日本、德国、英国、苏联、法国、捷克、波兰、中国、叙利亚、罗马尼亚、挪威、荷兰、澳大利亚、印度、瑞典、泰国和缅甸等国都相继成为研究对象，成为国际政治关系研究中的一个重要领域。

本尼迪克特等人以文化模式理论入手的国民性研究，简单地把人格形成归因于儿童的养育模式，无法解释一个民族或一个文化内部人格差异形成的原因，且其理论解释中固有的简单化、僵硬化缺陷，不免遭人诟病。继起的心理人类学家们便开始将"文化与人格"研究推向更有系统的科际整合研究。如从事人类学研究的美国心理分析学家卡丁纳（Abram Kardiner），为修正本尼迪克特等人的缺陷，和人类学家林顿（Ralph Linton）一起提出了基本人格结构（basic personality structure）理论。他们认为一个社会的社会化（socialization）过程是个人与文化传递的根本所在。社会通过奖惩方式，利用内化了的双亲偶像和升华的欲望，使该社会的成员都被纳入该文化所期望的轨道之中。一个社会的成员从小学习同样的东西，参与同样的文化体系，因而具有了同样的人格结构。下一代人向上一代人学习，成了上一代人的复制品，在这种情形下，社会文化的形貌与人格的构成圆满地结合着，成就了本尼迪克特所说的在某一文化模式中生存的共同的人格特征，这就是基本人格结构。当然，卡丁纳认为一个社会的基本人格结构是由这个社会的"初级制度"（primary institution）所造成的。初级制度指的是生产方式、家庭、婚姻、儿童养育等制度，初级制度不仅为"次级制度"（secondary institution），即宗教信仰和传说神话所反映，而且通过社会的再生产造就一定的人格结构。他反对把一定人格类型全归属于一定的文化，并力图通过对人类共通的基本制度的理解，来寻找人格形成的通性。林顿也赞同卡丁纳的观点，认为人们只能谈某一文化中的人具有大致趋同的"众趋人格"（modal personality），而无法论证一种单一的民族性，文化背景塑造了一个人们共同体中具有代表性的人格，而不是完全雷同的人格。① 惠廷（John Whiting）和柴尔德（Irving Child）还应用跨文化比较方法（cross-cultural comparison method），从默多克（G. P. Murdock）建于耶鲁大学中的"人类关系区域档案"（Human Relation Area Files）里精选了 65 个不同文化中有关儿童养育的民族学资料，加上当代的 10 份民族志报告，从统计学的角度来研究文化渗入人格的方式，于 1953 年出版了《儿童教养与人格》（*Child Training and Personality*）一书，在人类学和其他行为科学的研究中产生了较为广泛的影响。

20 世纪六七十年代以后，人类学界内部对"文化与人格"理论提出许多批评，认为文化与人格研究明显带有这样几个缺陷：第一，它们在描写方法上，属于一种印象性的寻奇，往往没有充分的经验民族志证据；第二，它们无论采用何种视角，都是以文化整体观为中介，把不同的人格与行为"还原"为没有内在差异性的"群体人格"；第三，它们都忽略了文化中的个人通常带有一定程度的个人特性；第四，在"群体人格"的口号下，文化与人格理论带有"种族心理学"意识形态特点。② 有学者甚至较极端地认为 20 世纪人类学的最大失误是用文化整体观（cultural holism）的论调来描述不同族群的"集体性格"（collective character），而其中最典型的是有关中国人的性格（Chinese national character）。③ 还有学者认为，即使像 20 世纪后半叶的人类学家所做的那样，已能脱离早期"文化与人格"学派所做的那种粗放式、笼统式的研究，改为较有层次、较为精细地分析一个民族的特性，但这种完全根据文化的产物分析民族的特性，然后经常又以这种性格的存在来解释其他更高层次的文化的做法，很显然易于陷入循环论证

① 参见王铭铭《文化格局与人的表述——当代西方人类学思潮评介》，天津人民出版社，1997，第 69 页。
② 参见王铭铭《文化格局与人的表述——当代西方人类学思潮评介》，天津人民出版社，1997，第 71 页；芮逸夫主编《云五社会科学大辞典·人类学》，台湾商务印书馆股份有限公司，1975，第 49 页。
③ 王铭铭：《想象的异邦——社会与文化人类学散论》，上海人民出版社，1998，第 163 页。

（tautological）的谬误，也不适于做跨文化的比较。① 因此，在 20
世纪后半叶，进行国民性或民族性研究的，大多是心理学家或深
受心理学训练影响的人类学家，传统的以文化产物来分析国民性
问题的研究，渐次走向边缘。

国民性或民族性的研究是与民族精神研究最为切近的领域，
国民性研究的遭际对民族精神的研究毫无疑问具有重要的借鉴
意义。

三

尽管学者之间尚存有一些不同的见解，但一个族群或一个社
会有大致相同的文化价值趋向和认同，并在该价值认同的指导下
有大致相类的行为方式和生活方式，这是不争的事实。应该说，
在现今全球化浪潮中，世界各地都以不同的方式不同程度地卷入
经济一体化、文化全球化、生活方式现代化的洪流之中，发展中
国家各民族都在一定程度上感受到了自身文化认同的困难和危机。
因此，笔者以为对自己民族的民族性、民族精神的研究在当前全
球化大潮中是很有必要的，因为在这个不同文化不断频繁接触、
交流、摩擦甚至冲突的时代，只有对自身文化和自己的民族有较
深刻的了解，才能在全球化、现代化的情境中认清自己，选择自
身发展道路时才不会迷失方向。不过，就国内研究现状而言，笔
者以为对中华民族精神的研究，其视野和方法必须进行大的拓展
和突破。当然，认为现今民族精神研究状况有待改变的并不只有
笔者一人，如华中科技大学民族精神研究院副院长、哲学家欧阳康
教授就认为现今民族精神研究存在五个缺陷：①缺乏系统性；②缺
乏实证性；③缺乏比较性；④缺乏时代性；⑤缺乏对策性。② 笔者
以为这是确论。因此，要真正在当前民族精神研究和弘扬中取得

---

① 李亦园：《从若干仪式看中国国民性的一面》，载李亦园、杨国枢主编《中国
人的性格》，江苏教育出版社，2006，第 146～147 页。

② 欧阳康：《全球化与民族精神——中华民族的反思与超越》，《华中科技大学学
报》（社会科学版）2005 年第 1 期，第 18～23 页。

突破性成果，笔者以为须从方法论上做出以下努力。

第一，应多从跨文化、多学科整合的角度来探讨中国文化和中华民族精神。其实在这方面海外华裔学者已取得了不少优秀成果，其中较有影响的著作有孙隆基著的《中国文化的深层结构》，杜维明著的《现代精神与儒家传统》，许烺光著的《美国人与中国人：两种生活方式比较》，李亦园、杨国枢主编的《中国人的性格》，杨国枢主编的《中国人的心理》及杨国枢所著的《中国人的心理与行为：本土化研究》，等等。尤其是《中国人的性格》一书，其作者来自心理学、人类学、社会学、精神医学、史学、哲学等不同学科，他们从行为科学的角度用不同的方法对中国的国民性或民族性问题，特别是中国人在其特殊历史、文化及社会环境或脉络中所表现的行为与行为结果进行了广泛和深入的探讨，分析中国人性格形成、特征、历程及变迁的状况，在学术界产生了很大的反响。据说其 1972 年出版后三年之内连印三版，此后还在港台地区先后出现了数种盗印本。[1] 笔者以为《中国人的性格》和《中国人的心理》两部文集反映了一种研究国民性问题的新思路和新方法，内中所体现的科际性整合值得国内民族精神研究界借鉴。

第二，应多从事现实生活中的实证性研究。目前我国大陆地区的中华民族精神研究，大多还是采用将中国数千年来的传统文化表象进行归纳总结后做概括性表述的方式。其中最有代表性的，如张岱年认为中国文化基本精神的主要内涵为天人合一、以人为本、刚健有为、以和为贵；[2] 方立天认为是"重德精神""务实精神""自强精神""宽容精神""爱国精神"；[3] 张岂之认为是"人文化成、刚柔相济、究天人之际、厚德载物、和而不同、经世致用、生生不息"，[4] 等等。笔者以为中华民族精神研究不能仅从古代

① 李亦园、杨国枢主编《中国人的性格》"再版序"，江苏教育出版社，2006。
② 张岱年：《文化与价值》，新华出版社，2004，第 212 页。
③ 方立天：《民族精神的界定与中华民族精神的内涵》，载王俊义、黄爱平编《炎黄文化与民族精神》，中国人民大学出版社，1993，第 89 ~ 109 页。
④ 张岂之：《中华人文精神》，西北大学出版社，1997。

文化立论，因为不存在亘古不变的传统，也没有始终恒定如一的精神。任何传统和精神都要适应时代的变化、环境的变化、社会的变化，否则个人无以生存，民族亦无以发展。正如美国天主教大学教授、价值与文化研究中心主任麦克林（George F. McLean）所认为的那样：民族精神是有一定客观基础的，是一个民族经过磨炼后学到的东西，但其表现形式不是在过去中去寻找，而应在当代的发展和复兴中寻找。民族精神不是某种先天的和静态的结构，不是某种具有封闭自足意义的东西，而是一种动态的结构。① 如果光从历史文献和历史事件去概括，当然也能探究出一定的内涵，但很容易流于空洞的概念和教条，将活生生的生活剥离后，概念只会成为一个没有生命力的标签。任何一位理性的研究者都承认，在我们的社会实际生活中，人们对事物的认知与其在实际生活中的行为表达并不常是一致的，有时两者间甚至还有较大的距离。民族精神方面亦是如此。因此，笔者以为对民族精神的研究一定要立足于活生生的现实生活，从现实生活，尤其是平民大众的生活行为中去发现、总结和概括。既要有典型个案的剖析，更要有地区性、层次性的量化研究和统计分析。2004 年 7 月，以华中科技大学社会学系师生为主的"中华民族精神认知状况"调查组，曾对北京、上海、黑龙江、陕西、广东、湖北等六省市城市居民、农村居民、普通干部、知识分子、大学生、中小学生的中华民族精神认知状况做过问卷调查，收集了不少珍贵的资料。

第三，对中华民族精神的研究要注意区分社会阶层、地域、族群等方面的差异。既往的研究，与前述文化人类学中"文化与人格"学派的研究一样，往往把全体中国人视为一个完全同质的统一体，忽视了中国人因职业、身份、地位、知识、经济收入、年龄、性别等因素的不同而分属于不同阶层的事实。也就是说，不同阶级或不同阶层的人对于民族精神的体会、理解和表达是有

① 参见吴兰丽、潘斌《"全球化与民族精神"国际学术研讨会纪要》，《华中科技大学学报》（社会科学版）2004 年第 5 期，第 1~2 页；高秉江：《民族精神的同一性问题——麦克林教授访谈录》，《华中科技大学学报》（社会科学版）2005 年第 3 期，第 1~4 页。

差异的。例如，我国古代以儒家为主导的主流意识形态是讲究
"君子喻于义，小人喻于利"① 的，社会上层大传统宣扬的多是
"修、齐、治、平"和"立德、立功、立言"② 的精英理念，而民
间百姓的小传统中更多的是"日出而作，日入而息。凿井而饮，
耕田而食。帝力于我何有哉"和"天下攘攘，皆为利往。天下熙
熙，皆为利来"③ 的生活哲学。这说明在我国文化传统中，社会上
层与下层、作为精英文化的大传统与作为草根平民文化的小传统
之间是有较明显差异的。同时，中国地域辽阔，俗话说"一方水
土养一方人"，因地理环境不同，生产和生活方式不同，各地人群
对中华民族精神的认知和体悟程度肯定会有所不同。况且，中国
大陆除汉族外还有 55 个少数民族，海外具中华文化背景的华人则
分属于许多国家，内部文化特征不同的族群则更多。各少数民族、
文化族群和海外华人因各种因素的影响，对汉文化的理解和吸收
程度亦有差异，对中华民族精神的理解也肯定会有自身的特色。

第四，对中华民族精神的研究、培育和弘扬，要有切实可行
的具体途径，而不是空洞地喊口号。例如，尽管文化人类学中
"文化与人格"学派对国民性的研究受到后世学者的批判，但他们
的具体方法和步骤还是清晰明确的：一是研究该社会或群体的儿
童养育习惯；二是研究该社会文化的形貌；三是研究该社会或文
化的基本人格结构；四是研究其典范人格或群聚人格。而我们今
天的中华民族精神研究连这样一些有共识的范式都还未确立，所
谓培育和弘扬中华民族精神，更是处在把中央一些理论家提炼出
来的一套理念用政治思想教育的方式僵硬地灌输给青少年，根本
没有考虑如何"用心灵去复活心智，用价值去复活观念，用内容
去复活形式"的问题，而后者恰恰是弘扬和创新民族精神的根本
所在。因此，科学地做好中华民族精神的研究，并加以妥善地培
育和弘扬，可谓任重而道远。

① 《论语·里仁第四》。
② 参见《礼记·大学》和《左传·襄公二十四年》。
③ （清）沈德潜：《古诗源》卷一《古逸》《六韬》，文学古籍刊行社，1957。

中编 族群文化

鄂西土家族地区宗族组织的变迁[*]

一

本文所指的鄂西土家族地区，主要是指今湖北省恩施土家族苗族自治州及五峰、长阳两个土家族自治县域内土家族人聚居的区域。元代君主专制的中央王朝在该地区建立土司制度，明代和清初对这种统治方式都加以沿袭。在清代"改土归流"以前，鄂西土司有 23 个，分别为：施南、东乡、高罗、忠峒、忠建、木册、散毛、大旺、腊壁、东流、漫水、卯洞、唐崖、龙潭、金洞、容美、椒山、忠路、忠孝、沙溪、五峰、水浕源、石梁。前 20 个在今恩施土家族苗族自治州境内，后 3 个在今五峰土家族自治县境内。这些土司王中，田姓有 10 个，覃姓有 6 个，向姓有 4 个，黄、张、刘姓各 1 个，其中以容美田姓土司势力最为强大，地跨今鹤峰、五峰、长阳、巴东、建始诸县，其他土司皆仰其鼻息。

从土家族土司的设置原则看，当地有统治实力的强宗大姓是中央王朝选择的目标。清代的毛奇龄在述及施南、散毛诸司的设立原则时就说："今覃、田、黄、向诸大姓各有所属。"①

我国的宗族组织，是以父系血缘为纽带的同宗同族人所构成的亲属关系较为密切的单系继嗣群。它有自己独特的文化象征物——宗祠和族谱；有自己制定且为族人共同认同的行为道德规范准

---

* 原文以孙秋云、崔榕合作的方式发表于《中南民族学院学报》（人文社会科学版）2001 年第 2 期，第 54～57 页。

① 参见（清）毛奇龄《蛮司合志·湖广》。

则——族规族训；有自己特定的组织系统和人物——族长或族正及其下属机构；有自己特定的社会功能，如宗族内部纯洁血统、防止族财外流、扶贫、济困、助学、防盗、止淫等，对外部分承担国家义务，维护族人利益等。传统的宗族生活是以敬宗收族为目的，以忠孝为核心思想，对内凝聚族人、传承宗族意识和文化，对外抗衡异质社会组织或团体侵扰的具有强烈的排他性的血缘亲族活动。由土司之间上下隶属的多是同姓，可判断鄂西土司实行的是宗族式统治，理由尚不充分。至少在清雍正十三年（1735）"改土归流"时，鄂西土家族地区尚未有像汉族地区那样的宗族生活方式，这一点是完全可以确认的。这从废除土司制度后鹤峰建州时，第一任知州毛峻德到任后即颁布《条约》，对当地百姓生活进行符合封建礼教规范的改造即可得到证明。除了《条约》中所述条款外，当时该地区民间婚嫁不避同姓、不论服制、疏族外戚皆可主婚的习俗，[①] 也是不符合汉族传统宗族组织理念的。

二

清雍正十三年（1735）君主专制的中央政府对鄂西土家族地区实行"改土归流"以后，废除了"蛮不出境，汉不入峒"的族群隔离政策，大批汉人开始进入土司统治区域。清朝中央政府在原土司统治地区沿袭了汉族地区地方基层组织建设模式，施行里甲制。民国时期，先承袭里甲制，后实行保甲制。抗日战争时期，随着湖北省政府的西迁，鄂西境内的人口和民族成分流动更大。与里甲、保甲制度有密切联系的宗族组织和宗族文化随着土家族、汉族之间人员交流的增多，逐渐为当地群众所接受。在晚清和民国时期，宗族组织和宗族文化在鄂西已成为一种普遍的社会文化现象。

（一）宗祠

1949 年中华人民共和国成立以前，鄂西土家族地区与汉族地

---

① 参见（清）《鹤峰州志》，乾隆年间刻本。

区一样，宗祠建筑十分普遍。在恩施，向、覃、谭、廖等姓是当地土家族的名门大姓，各有自己的宗祠谱牒，历史可谓源远流长。1950 年以前，现恩施市域内的向姓后人，曾在恩施城北门外建有向王庙，内供向王雕像，向姓各支轮流"值年"主持祭典，每逢清明，前来祭祖者络绎不绝。[①]

在长阳县域，1950 年以前建有大小宗祠 51 座，其中土家族的覃、田、李、刘、张、秦、向、谭等八大姓的宗祠就占了 30 座。长阳县城龙舟坪镇，清朝和民国时期在城内就建有上官、熊、何、彭、郑、方、覃、杨等八姓祠堂。[②]

在利川市，境内土家族人多为世居。清代以前境内土家大姓在今忠路一带的有马、向、覃、田、孙、冉、陈、黄等八姓，在今元堡、团堡一带有冉、田、黄、覃等四姓，在今毛坝、沙溪一带有覃、向、田、黄等四姓，在今建南、谋道一带有牟、覃、黄、向、马、张、谭等七姓。[③] 这些大姓一般都建有自己的宗祠，利川市谋道乡鱼木寨的向氏宗祠至今还保存着大部分建筑。不过，中华人民共和国成立前利川境内最有名的宗祠是柏杨坝大水井的李氏宗祠。

在鄂西其他地区，1949 年以前建的宗祠还较多，如利川市谋道乡鱼木寨的建于清光绪四年（1878）的成氏祠堂、1927 年建的杜氏宗祠等。咸丰县尖山乡修建于清光绪元年（1875）的严氏宗祠亦保存完好，现已被列为恩施州级文物保护单位。1949 年中华人民共和国成立以后至今，尽管个别地方在 20 世纪 90 年代宗族活动有所恢复，但尚未发现建祠堂的现象。

（二）族规族训

族规族训，也称"家法"，是规范族众行为、强化宗族意识、

---

① 参见湖北省恩施市地方志编纂委员会编《恩施市志》，武汉工业大学出版社，1996。

② 参见湖北省长阳土家族自治县地方志编纂委员会编《长阳县志》，中国城市出版社，1992，第 658～659 页。

③ 参见湖北省利川市地方志编纂委员会编《利川市志》，湖北科学技术出版社，1993，第 481 页。

维护宗族组织的强有力的工具。中华人民共和国成立以前，鄂西土家族地区各大宗祠一般都有族规族训。

（1）族训。族训也称为"家训""宗训"，是君主专制社会家族依托儒家宗法伦理理论对族人和子孙进行伦理思想教育的教条。从我们所收集的材料来看，有的族训比较简略，如长阳渔峡口镇修于1916年的《张氏族谱》上所载族训只有七言一句（条）的族训共16条。有的族谱则对所载族训有详尽的理论阐述，如修于清光绪二十七年（1901）的《长阳覃氏宗谱》卷一上的"族训"，则以四言对偶的方式，详细阐述"孝、弟、忠、信、礼、义、廉、耻、读、耕"等为人处世的准则。

土家族土司后裔所纂族谱中的族训也大量吸收了汉族地区儒家忠孝伦理思想，其族训除个别条款外，大部分与汉族地区的大致相同。如民国二年（1913）重修的《来凤卯峒向氏族谱》所载清朝原谱的"族训"如下。

自古创业维艰，守成不易。我先人受安抚土司之职，历唐、宋、元、明，至我本朝恩请辞职，蒙恩赐世袭千总。凡我子孙须上报国恩，下光前烈，所以家训条规开列于后：

一、承袭官须笃忠，悯公忘私，忧国忘家。靖共尔位，不坠清白之家声。格守官箴，庶继前人之旧迹。

二、先孝弟。事父事兄，圣贤最重。务循冬温夏清之典，体隅坐徐行之文，大端克立，乃为孝子悌。

三、在忠信。尔诈我虞，失其本心，宜尽己而全固有，行事一本天良，三省常惕，庶几祖德无惭。

四、勤耕读。负耒横经，生人事业，必披星戴月力其事，朝渐夕摩深其功。孝弟力田，无不长发。

五、居乡党。父兄宗族在焉，敬耆老而慈幼稚。一本无乖，九族无衅。登堂自泯嚣凌之气，入室斯有亲逊之风。

六、待乡里，贵相亲睦。出入相友，守望相助，疾病相扶。不可憎人便己，幸灾乐祸，以违先绪。

七、持家固当量入为出，尤必忠厚待人。斗秤升斛，切勿大小异用，贫富异施，以至瞒心昧己，殄灭身家。

八、钱粮贡赋之入，王章所垂，必当先期完纳。况身受国恩，止此一点敬奉，我为良民，切勿延缓。

九、戒淫行。淫为恶首，阴骘照然，切勿望复关而微笑，指蔓草以偕臧，败绝门第，永世无耻。

十、赌博、陆博、踏局，非贤者事。或高堂缺养，或颠连子妻，甚至为匪作盗，亏躬辱亲，有何面目得不对祖宗而恧然乎？

十一、崇礼、让礼、行逊，出君子哉。而子弟之秀顽虽殊，要宜卑以自牧，雍雍有儒者之气，循循有学士之风。庶乎堂构相承，箕裘克绍。

以上数事，各宜勉旃。

这些族训中，有不少是宗族组织作为国家承认的社会基层自治组织对国家所承担义务的一种自我鞭策或警示。中华人民共和国成立后随着宗族组织的蜕变，宗族组织原有的一些功能，如催办钱粮、维持地方治安、调解户婚田土纠纷、协助处理轻微刑事案件等，都为国家基层行政组织所取代，族训的鞭策或警示已失去了意义。

（2）族规或家规。与笼统地讲立身处世大道理的族训、家训不同，族规或家规则是围绕宗族内部社会生活的具体的实际情形而制定的规范细则，纲清目明，可操作性较强。现抄录1996年我们在长阳土家族自治县渔峡口镇双古墓村调查时收集到的修于1907年的《覃氏族谱》上的家规于下：

一、每月朔日由族长派明白通解子弟一人宣讲《圣谕广训》，集众赴祠敬听，俾知孝弟人伦。如托故不到，准族长薄惩。农忙之月停讲。

二、子弟不孝父母，大肆忤逆者，准其父兄投祠议惩。如不受约束，公同送究。

三、族中子弟必遵祖宗议定派序依次取名，不得擅行更改。

四、族中独子不准与父母分析。

五、服内子弟与尊长有争，不得不投祠理处，无庸辄行控案，且不得无故干犯，即尊长亦不得故意欺凌。

六、子弟不务正业，酗酒肆赌，甚或奸抢习拐，一切不法情事，犯则公同送究。

七、异性不准滥宗。如乏嗣，招赘乞养异姓之子，俟殁后由祠内秉公给产，令其回宗；另于亲房择其昭穆相当者，为嗣承祀。族中不得妄生觊觎。

八、族中女子如在夫家不孝不敬，辄短见轻生，不准报案兴讼。如夫家嫌磨以致威逼殴毙，始准投祠公议。倘不率教，任意回家投诉，即抚慰送归，不准投祠。

九、公择族中品端分尊素所畏敬者四人作正副族长，约束族众，管理祠内账务一切，每年于清明时轮流推充。

十、族中有妇女守节，矢志坚贞者，由族长随时举报，以励风化。

十一、祠内当设立家塾，择族中之品学兼优者为教习，贫穷子弟亦得入学。

族规是中华人民共和国成立以前宗族组织规范、褒奖或惩罚族人行为的一些准则，也是族老们统摄族中子孙的有力武器，其执行时宽严度的把握完全由族长或族老们商量决定。宗族组织依据族规对族人的处理结果，只要与政府所倡导的自治原则无大的冲突，一般都得到地方政府的默许。中华人民共和国成立以后至20世纪70年代，宗族组织被取缔，族权被作为封建主义的代表物遭到猛烈批判，族规与族训一样被抛入历史的垃圾堆，没人再敢提及。就我们所收集到的90年代新修的族谱来看，没有一本列有族规、族约。1995年新修的来凤《田氏新族谱》更是明确表示：

为了适应当今之形势，各地暂不得设立祠堂和族规。如族人有违法者，均按国家法律行事，族人不得干涉国法的施行。族人都有义务协助国法顺利实施，才是我田氏之根本。

我们在来凤等县也曾访问过一些新修过族谱的大姓成员，年老的表示有个规矩好一些，但绝大多数都表示列族规、族约没有用，现在年轻人没有人会听这一套，也没有哪个族人有这种权威来监督并执行这种规约。一般犯了错误或违法乱纪，都由乡、村干部或派出所出面处理。

三

1949 年 11 月，鄂西土家族地区全境解放，相继建立人民政权。1950 年春，中国共产党和人民政府废除民国时期的保甲制度，全境施行区、乡、村的基层管理组织形式，并废除了宗族组织在农村社会生活中的合法地位，在意识形态领域将宗族意识和宗族文化当作封建主义的残余进行批判。同时，在历次社会改革运动中（如土地改革、合作化、人民公社化）和政治运动中（如"四清""文化大革命"等）进一步打击宗族势力，没收和毁弃诸如祠堂、谱牒、牌坊等宗族文化的象征物，使得宗族活动几乎销声匿迹。20 世纪 80 年代初，实行改革开放政策以后，随着人民公社体制的瓦解和家庭联产承包责任制的实施，家庭在社会生产中的地位重新得到了肯定和凸显，农村社会生活也从单纯的政治化氛围中解脱出来，逐步朝价值观念多元化方向发展。这样，传统的宗族活动在各地农村不同程度地有所恢复。

作为政府嘉许和鼓励的基层亲缘自治组织，中华人民共和国成立前的鄂西土家族地区宗族组织都有自己的组织形式和领导者。例如，长阳县向氏宗族就设有会计股、文书股、祀务股、谱务股、调解股、教育股、调查股、交际股等内部机构。会计股负责掌理全族会计及收支账项的事宜；文书股负责掌理全族的公文及开会记录，各项文稿的撰、拟、誊、录和收发、保管等事项；祀务股负责办理全族的祭祀筹备、布置、通知等事宜；谱务股负责旧谱的保存、新谱的续修以及有关族谱的相关事宜；调解股负责调解牵涉族人的族内外民事、刑事诉讼事件，其主要任务是大事化小、小事化了；教育股负责培植族中子弟的就学事宜，如监察、管理或辅助管理、督促、指导等；调查股负责族人的户口异动、迁徙、生活状况、学业程度等方面的实地调查工作以及将调查结果统计、列表、备存等事务；交际股负责本族对外事件的接洽、宾朋的应酬、礼节之往来等事宜。每股设主任干事1名、干事若干人，负责各股事务。全族设族长1人，掌理全族的一切事宜，另设副族长1~2人，辅佐族长处理相关事务。按向氏宗祠组织规程的规定，出任族长需具备六个条件：①品行端正，具有高深学识；②有大勋劳于国家，并曾受有荣典；③热心公益或信用卓著，其成绩为远近族众所周知；④德望素孚，从无不正当行为及嗜好，堪为全族表率；⑤家道殷实，素极热心公益，为本族所倚重；⑥从事本族公务具有3年以上劳绩。这六个条件中最主要的是"德望素孚"和"家道殷实"二项。凡族中的重大事件和决策，如祭先祖、定族规、正族风、续宗谱、立族产等都由族长召集各房代表或房长议论处理，族长有"享受尊敬及便利之特权"。凡宗族成员有故意违反宗祠规定的，族长亦有"于不抵触国法范围内用家法酌予惩罚"的权力。这种家法赋予族长的权力有多大，一般谱牒中没有明确记载，不好妄猜，但宣恩县退休教师侯玉书老先生的回忆对我们理解中华人民共和国成立前族长的权力很有帮助：①族内有人犯偷、抢二字者，可以处打活埋、掀天坑（即将犯者捆绑结实后抛入悬崖或人迹不至的山洞内处死）等惩罚，并召开全族大会通过、执行，以戒后犯。②违犯家规者，罚跪在堂屋中给长辈磕头赔礼；不服者处打竹板、打耳光、罚长跪等处罚，有的一跪几天，待其认识错误并找到保人取保为止；还要做出今后永不再犯的保证。③犯国法逃跑者，族长有权亦有义务组织全族人将其捉拿归案，交政府惩治，以免株连九族。④全族中不孝顺父母者，族长有权将其送政府，治其恶劣不孝之罪。⑤如外族有人欺负族内人，由族长出面"说理"解决。从我们在长阳、宣恩、来凤等县的实地访谈结果来看，侯玉书先生的回忆并非虚言。中华人民共和国成立前在今长阳县渔峡口镇东村下属的施坪自然村，有一名叫李发金的人，因偷了附近张姓人家榨油坊里的木头被当场抓住。李姓族长派人将其押解回来，在本族祠堂宣读"罪状"后将其吊死。渔峡口镇退休老教师张盛柏先生曾是当时的目击者之一。恩施三龙坝后生黄某有盗窃恶习，被黄氏家族擒拿在祠堂刑讯后，背绑磨盘一扇，投入双堰塘溺毙。[①] 在宣恩县高罗乡埃山村，1999 年 7 月，田长进老人也回忆说，中华人民共和国成立前该村有一叫田长宣的，在与父母的争吵中打了父母之后携刀逃跑。田氏族长知道后立刻派人将其追回，把他吊在田氏祠堂内让人用由三四根竹子捆扎在一起的竹鞭狠狠抽打，将他打得皮开肉绽，鲜血直流。田长宣的父母不忍目睹，连忙为他向族长告饶求情，族长不但不依，反而将他父母也打了一顿，以示惩戒。由此可见，中华人民共和国成立前宗族内族长的权力还是很大的。

中华人民共和国成立后至 20 世纪 70 年代，由于中国共产党和人民政府坚决取缔宗族组织，严厉打击宗族活动，因而鄂西土家族地区没有产生新的族长等宗族领导人。同姓族众之间的一般事务均由村、乡干部协调解决。宗亲间的不睦和兄弟分家纠纷等，本族内德高望重的长辈会出面劝解或协调一下，但这多是基于伦理而非出于权力。大的纠纷则由基层人民政府依法处理。

自 20 世纪八九十年代以来，鄂西土家族地区有些姓氏成员响应湖南等地同姓族人的号召，组织了修谱委员会或修谱领导小组之类的组织，负责修谱、联宗、调查族人现状的事务。一般情况下，修谱完毕后，该类组织大多会自行停止或减少活动。但也有一些宗族或家族借修谱联宗之际，组织了家族理事会之类的新宗族组织，如宣恩县高罗乡埃山村 1998 年 2 月成立的"杨府理事会"。也有一些人基于想解决一些现实的具体问题，直接成立新家族或宗族组织，如沙道镇莫家台莫氏"家族团结协会"。这些组织，名义上没有族长、门长、房长之类的名称，但选举有理事长、理事或会长、副会长之类的领导者，下面再设一些具体机构，如"族团协会"下设治安组、后勤组、调解组、礼仪组、宣传组、妇女儿童组等。按他们自己的规定，治安组负责"社会治安和执行

---

① 湖北省恩施市地方志编纂委员会编《恩施市志》，武汉工业大学出版社，1996，第 149 页。

处罚";后勤组"主管后勤、炊具管理和人员安排";调解组负责
"调解各种事务";礼仪组管"红白喜事的各种礼节";宣传组
"组织宣传、宣传政策";妇女儿童组"做妇女工作、计划生育工
作"。由副会长分兼各组组长。这些组织都有自己的组织纲领和纪
律,有的还有"入会条件"和"入会誓言"。当然,如此明目张胆
搞新宗族组织的,在鄂西地区并不多见。在我们实地调查期间,
有的被调查者向我们反映族长明的没有,暗的还是有的。我们在
长阳、来凤、宣恩等地也曾拜访过一些被视为暗的"族长"类的
人物,他们或者经常出面主持本族本地人的婚丧大事,或者乐于
帮助调解邻里纠纷和矛盾,他们事实上只是本族本地德望较高、
能说会道且胆子较大的能人而已,且自身往往也身兼村、乡干部。
他们与 1950 年前的宗族族长还是有明显区别的。

根据我们对实地调查所收集到的资料的分析,当今鄂西土家
族地区之所以未能产生类似中华人民共和国成立前宗族族长之类
的宗族领导人,主要原因有以下几个。

(1)清代宗族组织是国家政权肯定的地方自治组织之一,族
长的产生和权力是官府备案保护的;[①] 民国时期的族长也往往身兼
地方基层组织领导职务,如保长、甲长等;而当今的宗族组织和
活动是遭国家政权明令禁止、打击的,因此宗族领导人不可能具
有官方肯定的正面形象。宣恩县沙道镇莫家台莫氏的"族团协
会",从其组成目的、组织章程、规约及组织结构来看,是最接近
中华人民共和国成立前宗族组织的新宗族组织,但成立后尚未来
得及从事任何实质性活动,便遭到当地公安机关严厉查处。在我
们的个别访谈中,大多数干部对国家的政策是了解的,如鹤峰县、
宣恩县前民委主任在族人向他们探询修谱事宜时,他们的答复是:
"叙述历史可以,成立宗族组织可搞不得。"这类事例不在少数。

(2)族长要负责全族的事务必须具备较强的家庭经济实力,
即上文所述的"家道殷实"。如果不具有财力招待过往族人的食
宿、交通,无力救济族中贫困子弟就学,无法资助族中孤寡老人

---

① 朱勇:《清代宗族法研究》,湖南教育出版社,1987,第 68~69 页。

的生活以及接济慰问病灾中的族人，就无法担当族长的大任。而已经取消了族田、族产、义庄、义学几十年的今鄂西土家族地区，尚未有哪一户人家具备这种经济实力。

（3）中华人民共和国成立后成长起来的中青年，其文化素质、自身修养和胆识已非 1950 年以前的人可比。国家基层政权组织中的干部说得不对，做得不正，他们都敢批评和抵制，民间的族长要想树立长久权威更是困难重重。如宣恩"族团协会"刚一成立，便遭到一些族人的反对，即如参加者自己交代的那样："有人骂娘，骂朝天娘。"

（4）现今的乡村干部和普通农民都要为自己和小家庭的生计而拼命工作、耕耘，没有人有大量的空闲时间义务为族人排忧解难、济危扶困，以及处理各种矛盾。即使他本人心有此意，其家人也不愿意。因此，当前鄂西土家族地区尚不存在中华人民共和国成立前那种意义上的族长和宗族领导人。

但是，现在还没有，不等于将来一定不会产生。以血缘为纽带的宗族组织在我国有近 2000 年的历史，在鄂西土家族地区至少也有 200 多年的历史。它们在以小农经济为基础的个体农民中还是有深厚文化底蕴的，也是个体农民最容易接受的传统组织形式。只要我们的农村社会基层组织建设尚有不完善的地方，只要我们的社会基层干部不能做到公平公正、全心全意地为各姓村民服务，只要我们的社会福利事业尚不能解决普通农民的后顾之忧，传统的以"亲亲为本"、讲究"血浓于水、守望相助"的宗族情感和宗族组织形式，便会以或明或暗或完整或缺损的各种方式流行起来，这一点本文尚未来得及做深入的揭示。

长阳土家族的宗族组织及其变迁[*]

　　自 20 世纪 80 年代初农村实行家庭联产承包责任制以来，集政治经济于一体、社会生活高度集中化的人民公社体制迅速瓦解，农村社会结构发生了急剧的变化。与此同时，销声匿迹近 40 年的宗族活动在我国南方诸省农村汉族地区则不同程度地有所回复。例如，自 1988 年以来的几年间，湖南临湘县 273 个村委会中，有 230 个成立了"清明委员会"或"家族委员会"等宗族组织，群众自选族长、房长 574 人，其中现任村干部和中共党员占了 38%。[①] 宗族活动的回复给农村社会基层组织的建设和社会生活带来了一定的影响。据浙江省有关部门统计，1990 年第一季度中因各类纠纷而引发的群体性宗族械斗事件多达 26 起，其中百人以上参与的有 15 起，千人以上的有 2 起；湖南省浏阳县大瑶区 1990 年度调解的各类民间纠纷 2705 起，其中宗族势力介入的占 90% 以上。[②] 这种状况已引起国家政府机关和社会学界、政治学界的重视。

　　在中华人民共和国成立前，南方一些少数民族地区，如湘鄂渝土家族地区，宗族组织在社会生活中曾占有重要地位。人民公社体制瓦解以后，这些地区的宗族组织活动是否如部分汉族农村那样有所回复？它对当地农村社会基层组织建设有无影响？带着这些问题我们于 1996 年 1 ~ 2 月对湖北省长阳土家族自治县农村宗族情况进行了实地调查，现将初步研究结果报告如下。

---

　　* 原文以孙秋云、钟年、张彤合作的方式发表在《民族研究》1998 年第 5 期，第 69 ~ 78 页。

　① 毛少君：《农村宗族势力蔓延的现状与原因分析》，《浙江社会科学》1991 年第 2 期。

　② 同上。

一

长阳土家族自治县位于湖北省西南山区的清江中下游，东接宜都县，西毗巴东县，南连五峰土家族自治县，北邻秭归和宜昌两县，是土家族世代生息繁衍之地。据长阳县有关部门统计，1983 年该县总人口为 399936 人，其中土家族 189795 人；1994 年底，该县人口上升为 427089 人，其中土家族约占全县总人口的 47.5%。长阳县西南部的枝柘坪、渔峡口、资丘、黄柏山、麻池、鸭子口、都镇湾等乡镇，是土家族的聚居区，土家族人口占这些乡镇居民总人口的 70% 以上。[①] 这些地方在唐宋时期是土家族先民各个寨、峒酋豪所据之地，元明两朝实行土司制度时，又是容美、玉江、麻栗、施都等土司管辖区。由于历史上各寨、峒之间互不统属，土司都是封闭性地分疆而治，民间交往受到严格限制，因此该地的土家族人大都聚族而居，形成了颇有势力的强宗大族。《长阳土家族自治县概况》记载："在土家族聚居的地方，由于历史上各土司管辖地域限制，姓氏分布特别集中。在前河都镇湾以西，基本上是覃、田、刘、李、张五姓为四个乡（镇）的人口主体，各姓均形成很明显的区域界限。后河贺家坪以西，则又以秦、覃两姓为主。"[②] 若所记不误，则面积占县域一半的西部，其人口主体为覃、田、李、刘、张、秦六大姓氏。

1949 年中华人民共和国成立以后，基层人民政府对于行政区划在地域上虽曾有意打破旧时以姓氏血缘为纽带的宗族聚落模式，但同姓同宗聚居一地的现象仍十分普遍。据长阳县有关机构统计，1983 年资丘镇有土家族 36509 人，其中田、覃两姓占 75.9%；渔峡口镇覃、李两姓占该地区土家族人口总数的 40%；早在宋代即为巴山寨寨主的张氏，占麻池镇所辖土家族人口的 37% 以上。[③] 我

① 《长阳土家族自治县概况》，民族出版社，1989，第 23 页。
② 《长阳土家族自治县概况》，民族出版社，1989，第 27 页。
③ 《长阳土家族自治县概况》，民族出版社，1989，第 24 页。

们在实地调查期间，也分别抽取渔峡口、资丘两镇所辖的王家坪、双古墓、东村、渔坪、白沙坪等行政村进行姓氏调查，并将王家坪、东村的情况做了统计，其结果详见表1、表2。

表1 王家坪村委会所辖人口姓氏统计

单位：户

户数\姓氏\组别	覃	田	秦	李	吴	龙	梅	陈	杨
一组	18	1							
二组	14	22	1	1	1				
三组		11				1	1		
四组	46	2						1	
五组	15	14							1
合计	93	50	1	1	1	1	1	1	1

表2 东村村委会所辖人口姓氏统计

单位：户

户数\姓氏\组别	覃	李	龚	田	向	石	张	王	黄	彭	秦	谭	梁	方	韩	谢	周
一组	24	2			1		1	1	1	1							
二组	25	3	3	2	2	1											
三组	36	4		2	3						1	1					
四组	36	5					1				1		2				
五组	25	2		1										1	1		
六组	26	4		1	1		1	1								1	1
合计	172	20	3	6	7	1	3	2	1	1	2	1	2	1	1	1	1

注：表1、表2的统计时间均为1996年2月；每户的姓氏均是以男性的姓氏计算的，尚未发现从母姓的现象。

双古墓、渔坪、白沙坪等村的情况与王家坪、东村基本相同。例如，我们所抽查的双古墓村六组和十一组，共有84户人家，其中土家族人为 81 户，其各姓所占比例分别为：覃姓 39 户，占被调查总户数的 46.43%；田姓 17 户，占 20.24%；张姓 11 户，占 13.10%；李姓 3 户，占 3.57%；其余刘、向、周、秦姓等 14 户只占 16.67%。由此我们可以推断：在长阳县土家族聚居区域内，土家族村民聚族而居的分布状况自中华人民共和国成立以前至今，没有发生多大变化。

二

长阳土家族聚居区内宗族组织与汉族地区一样普遍，体现宗族意识、反映宗族组织及其活动的宗祠建筑、族谱、族规、族训等文化载体十分丰富。下面就中华人民共和国成立前后的变化情况做一个介绍。

（1）宗祠。中华人民共和国成立以前，长阳各地建有大小宗祠 51 座，其中土家族的覃、田、李、刘、张、秦、向、谭等八大姓的宗祠就有 30 座，其分布状况见表 3。

表 3　长阳县土家族八大姓宗祠分布状况

姓氏	宗祠分布地点
田氏	资丘、白沙坪、桃山、天池口、连宗
李氏	厚浪沱、马连坪、丁子垴、秀峰桥、泉溪、岩松坪、大小泉、都镇湾
张氏	株栗山、双古墓、傅家堰
覃氏	枝柘坪、白虎陇、柿楩、三友坪、石岭
刘氏	东流溪、郑家榜、十五溪、资丘
向氏	流溪、杨家桥、桥料
秦氏	榔坪
谭氏	磨市

资料来源：《长阳县志》，中国城市出版社，1992，第 658～659 页。

中华人民共和国成立以后，中国共产党和各级人民政府取缔了宗族组织在社会生活中的合法性。一方面历次政治运动，如"三反""五反""四清""文化大革命"等，对原有宗族组织的残余予以严厉的批判和打击；另一方面通过土地改革、合作化、人民公社化等社会组织和体制的变革，彻底摧毁了宗族组织赖以存在的经济基础。这样，长阳县土家族聚居区内的宗族组织和宗族活动几近绝迹。原有的宗祠建筑或被没收充公，或被用作生产队的仓库、小学校舍，或遭废弃、拆除。就我们调查期间所见，白虎陇覃氏宗祠至今仍被用作职业中学教工宿舍，而资丘镇刘氏宗祠则因 20 世纪 90 年代开工的隔河岩水利枢纽工程的落成而沉入清江之中。在渔峡口镇和资丘镇的土家族聚居区中，迄今也无人出面张罗重修宗祠的事，但这并不表明土家族人已没有宗族意识。我们在渔峡口镇王家坪村和资丘镇白沙坪村调查时，当地田姓土家族人对自己出自哪个祠堂均十分清楚，30 岁以上的男性一般都会明白地告诉你自己属于天池口田氏，还是连宗田氏或茅连田氏。

中华人民共和国成立以前，各宗祠均设有族长一职，一般由宗族内年长辈高的地方绅士担任。根据 1942 年所修的《向氏宗谱》卷一《长阳向氏宗祠组织规程》的规定，出任族长须具备这样六个条件：①品行端正，具有高深学识；②有大勋劳于国家，并曾受有荣典；③热心公益或信用卓著，其成绩为远近族众所周知；④德望素孚，从无不正当行为及嗜好，堪为全族表率；⑤家道殷实，素极热心公益，为本族所倚重；⑥从事本族公务具有三年以上劳绩。① 但其中最主要的是"德望素孚"和"家道殷实"。凡族中的重大事件和决策，如祭先祖、定族规、正族风、续宗谱、立族产等，都由族长召集各房长议论处理，族长有"享受尊敬及便利之特权"②。凡宗祠中的成员和族众，有故意违反宗祠规定的，族长亦有"于不抵触国法范围内用家法酌予惩罚"③ 的权力。事实上，族长这种"不抵触国法范围内"的权力还是很大的。据我们个别

---

① 参见《向氏宗谱》卷一，民国三十一年（1942）修，原件存湖北省长阳县档案馆。

② 参见《向氏宗谱》卷一《长阳向氏宗祠组织规程》，民国三十一年（1942）修，原件存长阳县档案馆。

③ 同上。

访谈所得到的资料，中华人民共和国成立前在今渔峡口镇东村下属的施坪自然村，有一名叫李发金的人，因偷窃附近张姓人家榨油坊里的木头被当场抓住。李姓族长派人将其押解回来，在本族祠堂宣读"罪状"后将其吊死。66 岁的退休教师张盛柏先生曾是当时的目击者之一。中华人民共和国成立后，由于共产党和人民政府坚决取缔宗族组织，宗族活动停止，因而再也没有产生新的族长等宗族领导人。同姓族众之间的一般事务均由村、乡干部协调解决。亲属间的不睦和兄弟分家等事宜，本族内德高望重的长辈会出面劝解或协调一下，但这多是基于伦理而非出于宗族权力。大的纠纷则由基层人民政府依法处理。

（2）族规、族训。族规、族训，也称为"家法"，是规范族众行为、强化宗族意识、维护宗族组织的强有力的工具。中华人民共和国成立前，长阳县土家族各大宗祠均定有族规、族训。如1916 年所修的渔峡口《张氏族谱》载有族训十六条："敦孝毅以重人伦；笃宗族以昭雍睦；和乡党以息争讼；重农桑以足衣食；尚勤俭以阜财用；隆学校以端士行；黜异端以崇正学；讲法律以儆愚顽；用礼让以厚风俗；务本业以安民志；训子弟以禁非为；息诬告以全善良；诫匿逃以免株连；急钱粮以省催科；联保甲以弭盗贼；解仇恨以重身命。"[①] 资丘镇白沙坪村六组土家族老汉田德瑞家所珍藏的光绪七年（1881）所修的《田氏族谱》上所载族训与《张氏族谱》一致。渔峡口镇双古墓村覃孟国所提供的修于 1917 年的白虎陇《覃氏支谱》，其"宗训"则有八条："奉祖先；孝父母；宜兄弟；念族戚；睦乡党；亲塾师；安本业；守国法。"

与抽象笼统地讲大道理的族训不同，族规则是围绕宗族内部社会生活的具体层面而制定的细则，纲清目明，可操作性很强。现将我们在双古墓村所见到的修于 1907 年的《覃氏族谱》上的族规条例抄录如下：①每月朔日由族长派明白通解子弟一人宣讲《圣谕广训》，集众赴祠敬听，俾知孝弟人伦。如托故不到，准族

---

① 见《长阳县志》，中国城市出版社，1992，第 660 页。

长薄惩。农忙之月停讲。②子弟不孝父母，大肆忤逆者，准其父兄投祠议惩，如不受约束，公同送究。③族中子弟必遵祖宗议定派序依次取名，不得擅行更改。④族中独子不准与父母分析。⑤服内子弟与尊长有争，不得不投祠理处，无庸辄行控案，且不得无故干犯；即尊长亦不得故意欺凌。⑥子弟不务正业，酗酒肆赌，甚或奸抢刁拐，一切不法情事，犯则公同禀送。⑦异姓不准滥宗，如乏嗣，招赘乞养异姓之子，俟殁后，由祠内秉公给产，令其回宗；另于亲房择其昭穆相当者，为嗣承祀。族中不得妄生觊觎。⑧族中女子如在夫家不孝不敬，辄短见轻生，不准报案兴讼。如夫家嫌磨以致威逼殴毙，始准投祠公议。倘不率教，任意回家投诉，即抚慰送归，不准投祠。⑨公择族中品端分尊素所畏敬者四人作正付（副）族长，约束族众，管理祠内账务一切，每年于清明时轮流推充。⑩族中有妇女守节矢志坚贞者，由族长随时举报，以励风化。⑪祠内当设立家塾，择族中之品学兼优者为教习，贫穷子弟亦得入学读书。

其他如《田氏族谱》《向氏宗谱》中的族规与此大同小异。

这类族规、族训在中华人民共和国成立后随着宗族组织的衰微而失去了约束力，其中关于尊老爱幼和保持良好生活品质的条款则融入了社会公共道德的教育之中。一般的青壮年知道族规、族训的绝少。但对"族中子弟必遵祖宗议定派序依次取名"这一条，民间恪守的仍占多数。在渔峡口、资丘、都镇湾三镇辖区内的 30 岁以上的土家族男子一般都是按字辈派序取名，30 岁以下的男子取名则呈现多样化趋势，有的还按字辈派序，有的则不讲究了。尤其是 20 世纪 80 年代以后出生的，讲究字辈派序的只占少数。

（3）族谱。长阳县境内各姓，不论是汉族人还是土家族人，在中华人民共和国成立前，均修有族谱。有的修于清朝光绪年间，有的于民国时期续修。据长阳县县志办公室所收存的族谱所记，长阳县境内部分姓氏的派序情况如表 4。①

---

① 见《长阳县志》，中国城市出版社，1992，第 660 页。

表4　长阳县部分姓氏派序

姓氏	派序			
厚浪沱敦本堂李氏	宗达万年光	林作元德芳	若奇学业大	国长发可昌
	继述全先泽	有善裕成章	绍序东远志	源开道必康
贺家坪普舍堂覃氏	自卜千年盛	吉祥发万春	鸿光宗祖德	长守朝廷荣
	文章华国远	忠厚启家真	永怀原本重	修诏绍明兴
桃山紫荆堂田氏	德厚卜家昌	继维世守长	克培名显祖	好学可安邦
	大业先朝定	高科百代扬	学经明礼义	华国有文章
	一本全忠孝	十年保吉祥	同堂光耀显	兰桂永腾芳
高家堰黄门柏府向氏	世宗正道	天锡嘉兆	自克希贤	可光荣先①
	诗书传家	文章华国	善继祖德	以开来哲
磨市宏农堂谭氏	大启文元	崇本承先	中正远传	光昭万年
榔坪松友堂秦氏	道立开本业	德辉振家声	存仁先自远	广修必维新
	忠贞承祖志	孝友裕后昆	高登分庭贵	鑫斯庆长成
东流溪刘氏	必有言天知	希人无世山	国正天主相	胜名在一贞
	朝廷尚仁义	学士官化成	孝友衍先绪	诗书传家声
渔峡口百忍堂张氏	万继汝思一	正大光明兴	仕myn宏盛泽	祖长时守良
	泰运从天赐	方宗代可传	为仁能致福	有学定希贤
	道启麟呈瑞	昌运鼎卜连	培植元孔厚	德在本中全

　　虽各族谱、宗谱上的派序是以韵语的方式出现的，但今日土家族人能将本宗族派序一口气明白无误地说出来的，在调查期间尚未遇到。30岁以上的男子一般都能述说出自己的父辈、祖父辈的派字，往下也可说出1～2代，超出这个范围一般就要去查谱书了。尽管20世纪五六十年代的"破四旧"运动和此后的"文化大革命"，收缴并焚毁了一些族谱、宗谱，但民间还是保存了一些清末和民国时期所修的族谱、宗谱。1950年至"文化大革命"时期，因社会生活政治化的倾向十分严重，宗族活动被取缔，没有人再倡议续修族谱、宗谱的事。自80年代初改革开放以来，农村社会生活政治化倾向削弱，家庭恢复了在社会生产、生活中的活力和

---

①　《长阳县志》第660页所载为"世守正道，自克希贤，天锡嘉兆，可光永先"，有误，现据长阳县档案馆所藏民国三十一年（1942）所修《向氏宗谱》予以订正。

地位，宗族意识似有些复苏。例如资丘镇刘氏曾于 1994 年由族中几位懂宗族知识的老人牵头，进行了联宗续谱的活动。但由于政府不提倡，且干部出面加以劝阻，土家族聚居区内的修谱活动仍比较少见，上述三个镇的土家族人中也只有资丘刘氏一例而已。对于八九十年代出生的孩子，女孩一般都没按派序取名，男孩则视各自父母、祖父的思想开放程度而定。据我们的调查，有不少男孩已按城镇习惯取名，例如取单名，认为这样好听；也有一些男孩，其父或祖父还是按照谱书上的派序为其取名，认为若不这样，一旦亲戚聚在一起或交往时，就不知怎么称呼和接待，会乱套的；另有一些男孩，取小名用派序，而上学后取"学名"则随时代潮流，取好听或代表某种意义的名字。

（4）同宗不婚。同宗不婚是中国古代宗族组织通行的规则，这种规则所赖以建立和通行的基础是血缘宗法意识和伦理道德观念。以父系制为基础的中国社会，同宗则必然是同姓，因而有很多地方将这种同宗不婚扩大为同姓不婚，有的甚至还扩大到拟亲的范围。据我们在渔峡口、资丘两镇地区的调查，长阳土家族人是严格遵循父系同宗不婚古训的，即使双方都已出了五服也不例外。由于长阳县域的土家族祖先是各朝代从不同地方迁徙来的，有的甚至是为避罪避难而隐姓埋名于此的，故同姓不一定同宗。例如，白虎陇覃氏，据其族谱所载，其一世祖汝先原籍汉中，唐朝时徙瞿塘，因有功，敕授总管之职，宦施州，其后裔于元、明、清时世袭土司之职；柿枋"中州堂"覃氏，据其宗谱所载，是元朝时从四川马侯府中州大坝细沙溪迁来的；而枝柘坪"离光堂"覃氏，原籍江西，因元朝末年避兵乱而游历四川，再从四川到宜都再到长阳。因此，在长阳偶尔有同姓但不同宗的男女结婚的现象。但在中华人民共和国成立前，由于同宗乃至同姓不婚的流风所及，为避免民间和官方共同的社会舆论压力，一般同姓结婚的例子还是很少的。1996 年 1 月底，我们在长阳县档案馆对刊于清光绪丁未年（1907）的《覃氏族谱》中覃氏男子的配偶进行了统计，从其所载生于元大德八年（1304）的燕烈公开始算起，迄于燕烈公之后的第 22 世孙止，共统计了覃氏 1159 位配偶的姓氏，除了其中 15 位姓氏不详外，只有 4 位姓覃，即同姓为婚，其余均为他姓，详情见表 5。

表 5 《覃氏族谱》中男子配偶姓氏统计

单位：人

姓氏	人数	姓氏	人数	姓氏	人数	姓氏	人数	姓氏	人数	姓氏	人数
秦	288	陈	11	柳	3	洪	1	姜	1	蔺	1
李	251	马	10	何	3	曹	1	宁	1	和	1
张	139	徐	9	苏	3	阳	1	裴	1	莫	1
谭	69	萧	7	蔡	3	印	1	付	1	万	1
邓	42	胡	7	熊	5	饶	1	孙	1	元	1
田	31	姚	6	谢	4	程	1	龚	1	鲜	1
王	27	廖	6	许	2	卢	1	董	1	毛	1
向	26	余	5	闻	2	葛	1	鲍	1	童	1
朱	20	彭	5	方	2	袁	1	庞	1	聂	1
罗	19	周	5	包	2	唐	1	高	1	隗	1
杨	19	范	5	赵	2	鄢	1	温	1	野	1
刘	18	吴	4	甘	2	汤	1	艾	1	靳	1
黄	16	覃	4	邹	2	蒋	1	段	1	不详	15
郑	14	郭	4	毕	2	尹	1	申	1	合计	1159

此外，我们还查阅了刊于民国三十一年（1942）的《向氏宗谱》，没有发现同姓通婚的现象。

对于宗支的认定，族人有很多的方法，如参与修建祠堂、定期的祠堂活动、清明祭祀、修宗谱以及宗亲交往等。有的宗族怕日后子孙分散后"相逢不相识"，还自立一种规矩以作日后同宗族人相互辨认的标志。如枝柘坪"离光堂"覃氏，据其族谱所载："一世祖覃行义、覃行让，家居江西南昌府。元朝时因得宠出镇西蕃，元末兵乱复回南昌。徐寿辉起兵后，覃燕烈、覃燕宁、覃燕明三兄弟避兵乱于吉安府。徐寿辉死，兄弟三人随世戚朱、王二姓的人游历四川，暂寓石柱厅牛羊司，后由川河而下至宜都红花套而进偎山。三兄弟中老么覃燕明托业于两河口，老二覃燕宁托业于七丘螺丝坪，老大覃燕烈托业于招徕河龙丈坡。"据说三兄弟在三所坟分手时，"恐异日子孙失宗，乃对天同约一誓：'不吃见丧饭，吃者黄肿病死……'。庶三公后嗣，虽历百世，移他乡，皆可问誓而知为族人也"。① 时至今日，这一支覃姓土家族人还遵循着这一古老风俗，见丧事不吃饭，认为祖先的规矩不能破。至于万一破了规矩，是否一定会得黄肿病而死，则信者不多。

中华人民共和国成立后，结婚是按婚姻法的规定进行的，国家鼓励和保护自由恋爱。但民间对于同宗内的婚姻，不管他们彼此间已隔了多少代，心里还是反感的，尽管不会出面进行干涉。例如，我们在渔峡口镇王家坪村调查时就碰到一例再婚时男女二人同祠堂但不同辈的婚姻，当地群众对此议论颇多，但也没人正式出面劝阻或反对。同宗不婚，至今还是长阳土家族人民间谈婚论嫁最基本的原则之一。

（5）祭祀。祭祀是对子孙后代进行宗族知识教育、灌输同宗意识、巩固宗族情感的有效方式。中华人民共和国成立前和成立初，长阳县各姓氏的祠堂内均供奉有本族本宗列祖列宗的牌位，有的还供奉有本族或本宗始祖公公和始祖婆婆的"影身"——木雕像。厚浪沱李姓始祖公公和始祖婆婆的"影身"就曾历代相传，供奉了数百年之久，直到 20 世纪 60 年代"破四旧"时，方作为家传古物献给长阳县文化部门。② 除祠堂的供奉外，各家各户堂屋正中神龛上都供有"堂上宗祖，一派阴灵"的木质牌位，称为"祖宗牌"，享受子孙后代的祭祀和香火。

1950 年以后，经过历次政治运动对封建迷信活动的打击，随着宗族组织的取缔和群众受教育水平、生活水平的提高，20 世纪70 年代以来，一般土家族人家堂屋正中的神龛和神榜已经撤除，供香敬酒用的香案亦已不见踪影。原先放置或张贴祖先牌位、神榜的地方现在多挂毛泽东、周恩来等前国家领袖人物像。

---

① 《覃氏族谱》，光绪丁未年刊，原件保存于渔峡口镇双古墓村，长阳县档案馆有复印件。

② 参见龚发达《夷水古风》，人文出版社，1993，第 150 页。

以往过年过节和每月的初一、十五，土家族人都要敬祀祖先亡灵，现在则只在过年、中元节和清明节时祭奠一下，别的日子就不再祭祀了。清明节祭扫宗祖墓时，一般由本宗族中的长者相邀而去；若宗祖墓过于破旧不堪，族内子孙有条件的可适当出钱维修一下，但也不举行正式仪式，出钱出力者也不享受什么特权。农历腊月，在外求学的学子回家后，父母也会带他到亡祖坟前去放一挂鞭炮，烧几张纸钱，仅此而已。

20世纪80年代以前，由于还是人民公社的大集体体制，宗族成员亡故后所埋葬的地点（坟山），各大姓还是固定的，不相混杂；周围几家零星的外姓，一般都是这些大姓的上门女婿，因此死后亦可入葬女家宗族的坟山。80年代实行家庭联产承包责任制后，坟山已划归个体家庭承包，故现在的埋葬已不再集中，而是视各家庭承包山地的情况而定。

（6）财产继承。家庭财产，包括田地、房屋、生产工具和生活资料等，1950年前全部由后裔中的男性子孙继承，女儿则是"落地脸朝外"或"嫁出门的女，泼出门的水"，除陪嫁的嫁妆外，一般再无财产继承权（少数在家"坐堂招夫"的女儿例外）。若本家庭无子嗣，往往要在同宗中择昭穆相当者做养子（俗称"抱儿子"），作为财产继承人；若是抱异姓小孩为养子，则俟老人死后，如前文所引《覃氏族谱》第7条所言，"由祠内秉公给产，令其回宗"。一般是不会让无子嗣户的财产流于宗族之外的。

1950年以后，宗族组织被取缔，族训、族规被废除，财产继承问题按国家法律规定处理，但在习俗上一般仍由儿孙继承，若没有儿孙，则女儿同样有继承权。由于中华人民共和国成立后土地已收归集体所有，20世纪80年代开始，土地使用权由村委会出面承包给个体家庭，故没有子嗣的老人过世后，其出嫁外村的女儿只能继承房屋和动产，土地则由本村收回进行再承包。独立成户的家庭若男子去世，又没留下子女，则寡妇改嫁时一般只带走自己的嫁妆（结婚时从娘家带来的那部分财产），其他财产全留给夫家的人。自80年代实行家庭联产承包责任制以来，渔峡口镇土家族聚居区曾发生过个别无子孙户老人去世后，其侄儿依宗族习惯想来与死者女儿女婿争财产的事，但村干部和镇政府都依法保护了其女儿女婿的合法财产继承权。

三

由于长阳县域的土家族人大都聚族而居，形成了颇有势力的强宗大族，所以在中华人民共和国成立前，不同宗族之间的摩擦时有发生。发生摩擦的原因有的是为争山界、争风水，有的则是为了婚姻。例如，田氏宗族的女子嫁给了覃姓男子，结婚后田氏女子受虐待致死。按传统习惯，田氏宗族会纠集族人去该覃氏男子家，吃光他家的粮，砸烂他家的房，烧光他家的柴和楼板，将死者埋在他家堂屋中间的地下才作罢。不过，这种极端情景很少出现。一旦联姻的两家出了事，两个宗族的族长和长老都会出面调解，真正出现这种极端场面的不多。在长阳土家族聚居区，中华人民共和国成立前宗族纠纷更多地倒是反映在"破风水"的问题上。

据长阳县文化馆原馆长龚发达先生的调查，渔峡口地区清江南岸的岩松坪是李氏祠堂所在地，因风水好，李氏宗族出了许多文人，而清江北岸与李氏祠堂隔河相望的覃氏宗族则老出不了人才。为了破李氏的风水，覃氏宗族对准岩松坪李氏祠堂方向修起了一座"文笔峰"，高数丈，笔尖朝天，气势颇为磅礴。他们相信这一定可以压倒李氏宗族的"出文人"风水。事有凑巧，自修"文笔峰"以后，据说李家就一代不如一代。这种结果本是由多方面原因造成的，但人们还是把它归结到覃氏所造的文笔峰上。[①]

无独有偶，资丘镇天池口的传说也折射了古代覃、田两姓发生摩擦的暗影。天池口，是资丘镇清江南岸一个依山傍水的小村，以前该地不叫"天池口"，而称"天子口"。相传许多年前，田家的媳妇怀孕九个月后即将分娩。一天，路人听见田家屋后竹园中所埋的祖坟传出异响，仔细聆听后发觉这是千军呐喊、万马奔腾的声音。天池口的人都姓田，他们窃喜田家将要诞生一位天子，

---

① 参见龚发达《夷水古风》，人文出版社，1993，第153页。

改朝换代已为期不远。清江北岸覃姓人听说此事后，不甘心做田氏天下的奴仆，趁一个月黑风高的夜晚，纠集一些族人把田家的祖坟铲平了。可是，刚铲平，它又冒出来，再铲，再冒，似无止境。据传田家祖坟里的千军万马还用悠扬的山歌嘲笑覃氏：不怕你们挖，不怕你们挑，只怕你们用树桩钉我的腰！覃氏族人无奈，只好漫山遍野去寻找树桩。眼看田家媳妇肚子里的"天子"要呼之欲出，却不料出了一件意外大事。一天，田家所养的黑狗蹿上了屋顶，田氏心想：住人的房屋岂容畜生践踏？顺手操起一把锄头朝黑狗击去。不料这黑狗却是"天子"的贴身侍卫，遭此一击后一命呜呼。就在这时，覃氏族人找到了一种桐树，将其削成桩钉入铲不平的田氏祖坟。该田氏祖坟立即塌陷，满园翠竹全部炸裂。竹竿表面现出刚死去的威武将士的模样。与此同时，只听田家媳妇一声惨叫，一口气没上来，母子俩均因难产而死，即将出世的"天子"就这样夭折了。悲痛的田氏族人于是将"天子口"改称为"天池口"，以免勾起伤心的回忆。①

这两则传说，虽然不能当作信史看待，但将其作为君主专制时代长阳县土家族聚居区宗族矛盾较深的一种反映或折射，似无不可。

1950 年以后，由于实行土地集体所有制，并在意识形态领域加强了对封建迷信活动和宗族观念的批判和打击，宗族矛盾和摩擦大为减少。20 世纪 80 年代实行家庭联产承包责任制后，争山争田的现象又有发生。不过，这些纠纷多在村、乡干部的协调下就地解决了，实在解决不了的，交基层法院去处理，族人所能起的作用微乎其微。

四

从我们的初步调查结果来看，当前长阳县土家族聚居区宗族

---

① 田天：《天池口，天池口》，载张念国主编《清江风物记》，武汉工业大学出版社，1994，第 100～101 页。

组织及其活动的回复并不十分明显，不像一些汉族地区那样突出。究其原因，我们认为有以下几点。

（1）长阳县土家族聚居区内乡、村两级的领导班子比较健全，干部工作十分得力，有威信，宗族中的"能人"在处理群众事务时能插上手的机会不多。

（2）县、乡的领导干部在贯彻国家关于农村基层组织建设问题的精神时，十分坚决，工作也较为仔细。牵涉宗族、宗法的问题刚一冒头就及时派干部下去处理，没使它们形成气候。在调查期间，当我们询问群众有没有搞一些具体的诸如修谱、联宗等活动时，他们都一致回答说："上面领导不提倡，我们不能搞。"

（3）1950 年以后，宗族组织被取缔，体现宗族意识、联络宗族情感的祠堂、族谱、宗谱被毁，族规、族训不能发挥作用，因而宗族文化对今日中青年的影响较小。而原先一些懂得宗族知识的老人，则因各种原因，不愿或不敢出面组织宗族活动。

（4）过去，长阳土家族人"三代同堂""四世同堂"的大家庭较多，甚至"五世同堂"的也有。中华人民共和国成立后这种大家庭已不多见。据 1982 年的统计，长阳县有居民 87450 户，除集体户外，实有家庭 86897 户，383459 人，平均每户 4.41 人。其中核心家庭为 55590 户，占全县家庭总户数的 63.97%。① 又据该县资丘镇政府 1995 年 12 月 31 日的统计报表，该镇总人口为 28351 人，8633 户，平均每户为 3.28 人。在该镇田姓土家族人聚居的白沙坪、泉水湾、凉水寺三村，户平均人口分别为 3.18、3.19、3.06 人。据我们 1996 年 1 月底对渔峡口镇东村、王家坪村家庭类型的统计，两村核心家庭占全村总户数的比例分别为 68.44% 和 62%。核心家庭的增多和大家庭的减少，使得土家族人的宗族意识更加淡薄。

（5）中华人民共和国成立前，土地是私有制，各宗族往往有一些公共财产，如宗祠、宗田、宗庙、宗族坟山等。20 世纪 50 年代以后这些都被政府收归国家或集体所有。实行家庭联产承包责

---

① 参见《长阳县志》第 64 页。

任制后，各家各户只分配到一些责任田，且所有权仍归国家或集
体所有，因而宗族组织所赖以生存的经济基础已不复存在，这对
宗族组织的回复是最大的打击。

　　但是，宗族组织的回复不十分明显，并不等于宗族意识已彻
底消亡。从我们调查期间所了解的情况看，宗族"能人"在调解
本宗族群众家庭内部纠纷（如兄弟分家、后妈虐待前房子女等）、
号召扶持本宗族遭天灾人祸的困难户、参与调解与外姓群众纠纷
等方面，都还有一定的作用和影响；群众选举村、组干部时也往
往是投本姓本宗"能人"的票；与大姓杂居在一起的一些小姓，
在社会生活中也还是能够感受到大姓宗族人多势众的无形压力的；
姑娘择偶，也往往喜欢择大姓中的青年，认为这样日后不会吃亏；
等等。这些都说明宗族意识作为一种潜在因素还是客观存在的，
如果不加强宣传教育，不密切注视宗族组织活动的情况，在条件
适宜的时候，并不排除它会产生明显影响的可能性。

湘南瑶族青年劳动和消费生活方式[*]

引 言

1988 年 10 月至 1989 年 11 月，笔者曾先后三次到湘南桂北地区五个瑶族居住相对集中的县进行了考察，最后选择了对瑶汉两族杂居时间久，其生活方式在当今瑶族青年中又有一定代表性的湖南省江永县兰溪瑶族乡勾蓝瑶青年进行重点的调查研究，希望通过对该典型个案的剖析，揭示我国南方瑶汉两族青年生活方式和价值观念上的异同，探讨瑶族青年在当今社会发展中所面临的一些问题。

需要说明的是：①笔者在调查时所采用的方法主要是参与观察法和个别访谈法，在个别问题上则采用问卷调查法。②尽管勾蓝瑶人居住得较为集中，生活习惯也有一定特性，但日常生活中出售农副产品，购买生产、生活资料，接受初中以上文化教育以及从事一些文化娱乐和社会服务性活动都要到距他们的居住地 28 里远的桃川镇去，镇区汉族农民的生活方式对他们有相当的影响。按学术界的看法，一个社区除了须有一定的地域、一定数量的人口和有以地域为中心的相对完善的社会组织管理机构及系统外，还要有一定的为该地区居民生活服务的物质设备，包括生产、生活、交通、通信、文化、教育、卫生等方面的设施和工具，才能成为一个相对独立的地域性社会。① 以这个标准来衡量，勾蓝瑶人和桃川汉人显然是同一地域性社会的成员。为了彰显勾蓝瑶青年

---

　　* 原文发表于《社会学研究》1991 年第 1 期，第 58 ~ 64 页。
　　① 李星万、叶丽璪编著《社会学基础》，湖南人民出版社，1987，第 225 ~ 226 页。

生活方式的个性，笔者在调查研究中都将勾蓝瑶青年农民的生活方式与桃川镇汉族青年农民做了对应的比较。③生活方式的内容很广，包括人们的劳动、消费、婚姻、家庭、政治、宗教、闲暇和社会交往等方面的行为、习惯以及与此相应的价值观、道德观和审美观等。限于篇幅，本文叙述的仅是勾蓝瑶青年的劳动和消费生活方式及与之相应的价值观念。

一　劳动生活与职业观念

勾蓝瑶人是平地瑶人的一支，主要分布在湖南省江永县兰溪瑶族乡的黄家、上村、大兴和新桥四个行政村，其周围生活着汉人和宝庆瑶人。据 1988 年 12 月底的统计，勾蓝瑶人为 2381 人，其中 15～30 岁的青年有 486 人，占总人口的 20.4%。勾蓝瑶青年一般都操两种语言，本族内部交流时使用一种与其他平地瑶人相类而附近汉人却听不懂的汉语方言，对外交流则使用西南官话中的柳州方言。

勾蓝瑶人生活在平均海拔 400 多米的山区，地貌特征是山高、石多、土薄、水浅。广种薄收的农耕曾是勾蓝瑶人世世代代赖以为生的唯一生计。时至今日，勾蓝瑶人的职业结构仍十分简单，除个别人出去当干部和小学教师外，98% 以上的人以种田为生。

在勾蓝瑶青年中，最基本的职业劳动是种植和畜养。种植的农作物大致有：水稻、红薯、玉米、大豆、花生、油菜、甘蔗、烟叶、蔬菜和水果。农作物耕作方法仍是几百年来一直沿用的牛拉人犁的手工操作方式，锄头、犁耙、铲子、镰刀、谷桶、扁担、箩筐、簸箕、粪桶等仍是他们的主要生产工具。畜养是作为家庭副业进行的，品种有牛、猪、鸡，个别人家养有几只鸭，没人养鹅和羊。由于畜养的目的是"养牛为耕田，养猪为过年，喂鸡喂鸭为换油盐钱"，因而没有养殖专业户。前两年个别青年看了报刊介绍的致富事迹，也想学着当个养猪、养鸡专业户，但因不懂科学养殖法，猪和鸡都长不快，又多病，再加上交通不便，市场信息又不灵，最后都亏了本。个别家庭背了债，其经济状况至今都还没好转起来。

大多数勾蓝瑶青年从十四五岁小学一毕业，有些甚至还等不到这个年龄，就已成为家庭农业的重要生产者。实际上，勾蓝瑶青年开始接触农活的时间都很早。在对兰溪瑶族乡中心学校122名勾蓝瑶学生进行的问卷调查中，他们中的111人答在5~10岁就已开始帮父母干些力所能及的农活，约占被调查人数的91.0%；10岁以后才接触农活的只有7人，约占5.7%；还有4人答在4岁时就跟父母到田间去干拔草等活。长到18岁左右，勾蓝瑶青年对传统的农事知识和农业生产技巧都已掌握得十分娴熟，传统的手工体力劳动方式已成为他们谋生和成家立业的基本手段。与我国所有农村一样，春、夏、秋三季是农忙季节，天一亮，青年男子起床后就扛上锄头或挑着粪桶到附近地里干旱活。收割季节，则带上镰刀到附近的田里割早禾，八九点钟再回家刷牙、洗脸、吃早饭。饭毕，他们把中饭往饭钵或大搪瓷杯里一装，带上生产工具，赶着耕牛，到离家几里乃至十几里远的田地里干活，直到天黑才回家。女青年起床后除了自己的梳洗外，还要挑水、煮早饭、煮猪食、喂牲畜、洗衣服，家有婴幼儿而老人又不在身边的，还要帮小孩梳洗、穿衣、喂饭等。吃过早饭后，女青年也和男青年一样，带上中饭到田间干活，傍晚才回家。农活中除犁田、耙田是男子的活计外，其余的活男女之间没有明确分工。冬季农闲，青年男子会利用这个机会到附近的田地里挖土制砖瓦，为今后起房子做点准备；或到一二十里外的大山上砍柴烧炭卖。会做木匠泥水匠的青年，也会应邀到邻村干几天手艺活。家有拖拉机的青年，外面有熟人帮忙，也会到某个施工场所去拉几趟沙石，赚点零用钱。青年女子农闲时则上山割猪草、砍柴、放牛、照料地里的蔬菜或干家务。

与普通农家一样，勾蓝瑶人的家务劳动十分繁杂。一般青年男子回到家后，也帮着做些挑水、劈柴、抱小孩的活，但大部分家务则由妇女，尤其是青年妇女承担。农忙时，青年男女干完了田里的活，到家又忙着干家务，常是"两眼一睁，忙到熄灯"，十分辛苦。对这么艰苦的劳动生活，勾蓝瑶青年的观点是："人生来就要劳动，不劳动就没得吃！""只有多劳动日子才能过得好点哉!"在他们眼里,土地是财富之母,劳动则是财富之父,唯有将这一对"父母"紧紧结合在一起,生活才能有所保障。劳动是立身之本,"人生天地间,劳动最为先"是包括青年男女在内的所有勾蓝瑶人的生活信念。勤劳刻苦也自然而然成为勾蓝瑶青年的生活习惯和传统美德。

不过,与周围汉族青年相比,勾蓝瑶青年的劳动职业观念就比较狭隘、保守。他们认为除了当干部和教师外,种植和畜养才是农民的正经行业。利用空房开代销店向村民销售一些日常生活小用品;搞一台简易打米机帮别人加工谷子和饲料;到村内外做几天手艺活;等等,都是农闲有空、有精力时才干的非正经活。至于到外地去做买卖或做工,那是想都不会去想的。如果哪个青年用较长时间从事非种养业的劳动活动,则不为一般人所尊重。有的父母思想里还是以前那种"正派人不出去,出去的都不干正事"的老观念,教育青年子女时总是说:"你不好好在田地里下功夫,到外面能有吃的?××家的儿子想在外面做生意,最后还不是亏了本赔了钱,仍是回家种田种地?"绝大多数勾蓝瑶青年也因自己见识少,受教育水平低,不敢到外面去,怕被外人欺负,认为"我们山里人只会种田,干不了别的。只要有田种,不会去想别的"。与这种思想观念相应的是包括男女老幼在内的整体勾蓝瑶人对青年的价值取向偏重于忠厚老实的道德品质。父母考虑儿女婚姻时,首先要看对方是不是老实人;男女青年自己选择婚配对象时最主要的是看对方是不是老实人;村里人选青年干部也主要是看他是不是老实人。忠厚老实,成了判断一个青年是"好青年"的最高标准。"老实"是跟"滑头""不安分"相对应的。在勾蓝瑶人看来,老实人就是那些安分守己、勤勤恳恳、任劳任怨、礼敬和顺从亲长的人。作为一种价值取向,它反映的是生于斯、长于斯、死于斯这种封闭型小农经济社会中的人格标准和道德要求。在自给自足的小农经济社会里,几代人、十几代人乃至几十代人都生活在同一个小圈子里,大家非亲即故,守望相助是应该的,要"滑头"是不必要也不道德的行为。其中最典型的例子就是拖拉机的使用问题。

勾蓝瑶人聚居的四个行政村，至 1989 年 10 月，农民家庭拥有 10 辆手扶拖拉机和一辆小四轮，却只有一辆小四轮和一辆拖拉机农闲时在外跑一段时间的运输活，其余的全在家"睡大觉"。笔者向一些青年车主了解原因，他们说一是外面没后门找不到活，二是大多数拖拉机没办驾驶执照。原来他们花几千元钱买拖拉机主要是为自家农忙时运谷子、稻草、肥料用的，没想用它到外面发财致富。平时村内乡亲有请求，也帮着运一下肥料、谷子、稻草、砖瓦、石头和沙子等，运一次赚 10~30 元辛苦费。他们认为反正拖拉机是在自己乡内跑，花 200 多元钱去办执照划不来。在乡内帮乡亲们运一下农副产品、肥料和起房子的原料，日积月累，时间一长能把拖拉机的本钱赚回来就心满意足了。因此，拖拉机的利用率很低。附近汉族青年农民则不同。以桃川镇上圩村汉族青年农民为例，农忙时他们集中力量忙农田里的活，农闲时则千方百计到附近的砖瓦厂、水泥厂、松脂厂、糖厂、自来水公司、矿场、林场等地找临时工做。上圩村有 448 户人家，全是汉族。在他们的青年中也有十一二辆手扶拖拉机，全办有驾驶执照。农闲时主动觅活，只要有一个机手觅到活，则相邀结伴去搞承包。他们认为"人多好说话，有伴好干事"。他们的女青年农闲时除干家务外，大多会利用三天一墟市的有利条件，在广西境内和本地之间利用市场差价贩卖东西。会裁缝的年轻女子还常常到附近乡村（包括勾蓝瑶人的村子）帮人做衣服或办短期裁缝培训班授徒赚钱。1988 年有十几个青年农闲时还结伴到广东找活干，虽最后都空手而归，但他们并不后悔，认为："到广东见了世面，值得！"

除了做临时工、贩运、手艺活外，上圩村汉族青年中还有一些养猪、养鸡、养鱼、做豆腐和腐竹、种香菇木耳的专业户。也有一些青年农闲时专门上街摆摊、开餐馆、搞电器修理和机械加工等。他们不认为干活有正经与非正经的区别。

由于勾蓝瑶青年的劳动活动仅是单纯的种植和畜养，劳动方式是单家独户孤立地进行，劳动手段又完全是出大力流大汗的手工操作，因而劳动在勾蓝瑶青年中不能不算是一个沉重的负担。一些勾蓝瑶青年刚从学校毕业时，也不甘心像他们的父兄一样过着这种单调、沉重、贫乏的农耕生活。他们也参加高校、中专的招生考试，对地方上招收合同制干部和民办教师的资格考试也不轻易放过。在这些可改变自身命运的努力都失败以后，他们认为自己确实没有本事，便一心一意地接受父兄们的思想观念和生活方式，承担起代代相袭的艰辛劳动。过一两年就定亲、生小孩、结婚成家，① 对生活前途不再抱有别的想法了。

二 消费生活模式与消费观念

消费生活模式，指的是人们在消耗物质和精神产品，享受劳务，满足物质和精神文化需要方面的总体性特征。与我国大多数农村青年一样，勾蓝瑶青年农民没有自己个人独立的消费模式。他们的日常消费完全融于家庭消费之中。成立自己的小家庭以前，青年男女都与自己的父母和兄弟姐妹在一起劳动、生活，收入所得须交父母掌管，消费支出由父母统一安排。成家独立门户后，消费活动虽可由青年自己安排和支配了，但上要赡养老人，下要抚育儿女，消费活动必须按整个家庭需要来安排，因而也没有个人的消费自由。下面笔者从吃、穿、住、用和文化生活支出五个方面来叙述勾蓝瑶青年的消费生活特点和与他们的父辈相比所发生的变化。

吃的方面，勾蓝瑶青年都十分节俭。粮食和蔬菜都是自给自足，不到过年过节不会到墟市买荤菜改善生活。这种艰苦、节俭的生活习惯是该地区社会生产力长期得不到发展造成的。兰溪瑶族乡30多年来人均年纯收入情况见表1。

表1 1956~1988年兰溪瑶族乡人均年纯收入

单位：元

年份	1956	1966	1976	1986	1987	1988
人均年纯收入	42.6	48.4	56.2	140	388	426

资料来源：江永县民族事务委员会。

---

① 勾蓝瑶人婚姻生活方式是先定亲、生小孩，等男家过了彩礼后女子再出嫁。喝了嫁娶酒后，男女青年才带着孩子在一起生产、生活。

按我国社会学工作者的估算，一般地区一个农民要维持自己最低生活水平和实行简单再生产，需要200元左右。年人均纯收入低于200元的是"贫困型"生活方式；处于200~500元的是"温饱型"生活方式；500~1000元的为"宽裕型"生活方式；1000元以上的是"小康型"生活方式。① 1987年以前，勾蓝瑶人连最基本的温饱问题都没解决。自家养的禽、畜和鸡蛋舍不得吃，须拿到市场上去换其他日常生活用品。1987年以后，温饱问题基本解决，一些家庭条件稍好的人家也开始部分享用自家的禽、畜和鸡蛋了，烟和酒的消费在青壮年男子的日常生活中大大增加了。

据笔者了解，现在勾蓝瑶青年男子不抽烟的很少。绝大多数男青年衣兜里都装有从代销店或供销社买的几角到一元多钱一包的低档烟，有些人甚至一天要消费二包。一些男青年自己说，在读书时不抽烟，否则会挨老师的批评。毕业参加劳动后，同伴在一起玩时互相敬烟，不抽显得不友好，抽了人家的烟不回敬别人也不好，这样一来一往就抽上了。买烟的钱大多数是从家庭种养业收入中开支，个别人在外面搞点副业或砍柴烧炭赚了点钱时，则留下一部分烟钱。男青年到十七八岁时学抽烟，父母都不阻止，认为这不是坏事。有个别父母甚至认为自己的儿子不会抽烟，是不活跃、不会交朋友的表现，反而鼓励他去学。

酒，对大多数勾蓝瑶男子来说是不可或缺的，不过他们消费的都是自己拿粮食酿的米酒。一般男子一年要消费300~400斤酒，个别甚至达600多斤。自己家来不及酿就拿米去换。只要不喝醉闹事，父母对青年人喝酒是嘉许的，认为干活辛苦，喝点酒对身体有好处。也有不少男青年以自己酒量大为荣。

但是，勾蓝瑶女青年从不抽烟喝酒——勾蓝瑶人的传统是除至亲外，男女一般不同桌吃饭，因而做客时出于主人的殷勤象征性地呷一两口酒以示领情的机会都很少。不管是已婚还是未婚，她们对男人抽烟喝酒从不加管束。当地社会的传统观念是："男人

---

① 徐勇编著《走向现代文明——大变革中的中国社会生活方式》，华夏出版社，1987，第26~27页。

抽烟有吃有穿，女人抽烟生活难办。"她们自己也认为女人抽烟是败家婆作风，从小就自觉接受社会传统的规范，没人敢为，也没人去为。

穿的方面，勾蓝瑶青年已从他们父辈那种以棉布和棉纺织品为主的着装，向衣料多样化、样式城镇化的方向发展。以前自家手工纺织的粗布除了做床单、被面外，不要说青年人，就是四五十岁的中年人也不穿了。日常生活中，牛仔裤、中山装、西装、夹克衫、军装、运动服和春秋两用衫都是青年男女的日常外衣；里面穿的尖领白衬衫、汗衫、背心、腈纶运动衣裤、毛衣等是从乡供销社或镇百货公司里买的。十五六岁参加生产劳动的男女青年都不愿穿父母替自己做的外套，认为不好看。草鞋在勾蓝瑶人中已基本被淘汰。天寒时劳动，都穿帆布胶底的"解放鞋"，天气暖和就打赤脚。农闲串门或出外做客、逛集市，男女青年把丝袜、尼龙袜一套，配上白色运动鞋和旅游鞋，也显得十分精神。现在不要说从外表上无法判别他们是瑶族人还是汉族人，就是要把他们与附近桃川镇上的汉族青年农民区分开来都很困难。基本解决了吃和穿后，勾蓝瑶青年最大的愿望就是能住上宽敞的新房。前些年，有些青年长到20多岁，原来的老房子挤不下，就用泥坯和杉树皮搭了一些简易房屋以解决困难。近两三年来，勾蓝瑶人经济收入有所提高，便把每年积攒的钱凑起来，全力为青年子女建住房。仅1988年一年，勾蓝瑶人聚居的四个行政村就新建住房83间，价值人民币111500元。上村第四村民小组一共只有22户人家，到1989年上半年止，只有2户没建新房。现在，砖瓦木结构住宅已基本取代了泥坯垒墙、杉树皮为瓦的简易房屋。年轻人都以住新房为荣，以示自己能干、富裕。

用的方面，当代勾蓝瑶青年农民比他们长辈变化更大。日常生活中，牙膏、牙刷、毛巾是人人必备的了。以前只为城镇青年所用的香皂、洗发精、护肤脂（霜）也开始走进大多数青年的生活。尤其让中老年人感慨的是以前他们连想都不敢想的奢侈品——手表和自行车，在青年中已比较普及。年轻人不但赶集、出外办事或走亲戚时戴着表、骑着车，就是到离家稍远一点的田地里劳动，手表和自行车也不离身。据笔者对几样耐用消费品拥有情况的调查，80% 以上的家庭拥有一辆自行车，个别家庭有两三辆；20% 多的家庭买有家用缝纫机；4% 的家庭因青年人农副业和家庭手工业经营得好，买有样式美观的收录机；4 户人家拥有黑白电视机。不过，到 1989 年 10 月止，勾蓝瑶人村子里还没通高压电，家里晚上还是点煤油灯。娱乐性的收录机和电视机也是靠电瓶和蓄电池做动力，因而也没人去买洗衣机和电冰箱。

除吃穿住用外，勾蓝瑶青年也有了一定的文化生活消费。有收录机的年轻人都备有十几或二十盒的音乐磁带，买小说、杂志、连环画看的青年也开始多了。少数家庭还分别订有《湖南科技报》《健康报》《湖南农民》《妇女报》《大众电影》《半月谈》等报刊。由于实行了生产责任制，加上勾蓝瑶人家家都种杂交水稻，其浸种、栽培、施肥、用药等都超出了传统农民的经验和知识范围，《湖南科技报》和《湖南农民》等报纸杂志就成了青年农民的好参谋，因而订阅的人较多。青年人办结婚酒、起新房、帮老人祝寿时，会出钱邀附近的放映队到村子里放电影。一些青年农闲时赶集，也会到桃川镇电影院看场电影。同时，勾蓝瑶青年也参加一些社会生活服务项目的消费，如到集镇照相馆留个影，到理发店理发等，但与附近汉族青年男女不同，他们理发时从不烫发、卷发，认为那是"飞机头"，"妖里妖气的不好看"。当然，文化生活和社会服务方面的消费在勾蓝瑶青年日常生活消费中所占的比例十分小，内容也很贫乏、单调。

与我国大多数农民一样，勾蓝瑶青年男女的消费生活方式也存在许多问题，其中最突出的表现在两个方面：一是存在炫耀性消费；二是用于提高青年自身素质方面的消费很少。在现阶段我国的农村地区，消费和生产都是以家庭为单位开展的，生产和消费处于一体化状态，因此我国的农民在消费上先要用以扩大再生产，尔后再达到扩大再消费。但勾蓝瑶青年的消费基本上是从前辈那里继承下来的陈旧模式，在获得收入后大都倾其所有用于生活消费。尽管他们平时也克勤克俭、节衣缩食，但在办结婚酒、小孩"做三朝"、老人祝寿和丧葬等仪式时花费较大，数桌、十数桌乃至数十桌的酒席一摆，以显示自己家兴旺发达。几年来辛辛苦苦的积蓄则一扫而光。特别是盖新房花费巨大。据笔者调查，勾蓝瑶人起房子的砖瓦大多是农闲时请人帮忙烧制的。起一座三间堂（即一进三间的砖瓦房），从挖泥制砖的那一天算起，光烧砖瓦的人所费的吃喝招待就达 1400 多元——农村的习惯，粮食是自家田里产的，不计算在内。如果加上木料钱二三千元，师傅们的工钱，盖房期间帮工人员的招待费用，以及最后新房落成仪式所办的十几或几十桌酒席的花费和一场电影的放映费，一座三间堂砖瓦房最起码要花七八千元。而许多人并不满足于三间堂，起的是超过现实需要的五间堂。脱离贫困状态才二三年的勾蓝瑶人，要完全依靠自己农副产品的收入起新居是很难的，于是只好一面把生产成本贴进去，一面向亲友们告借。兰溪瑶族乡信用社的负责人告诉笔者："每年春天有 80% 以上的勾蓝瑶家庭要到我们这儿贷款买化肥、农药和种子。"更有甚者，在勾蓝瑶人和附近宝庆瑶人中有这样一种观念，即家里只要有儿子，哪怕他还很小，做父母的就要筹钱给他准备一座三间堂的新屋，以便他到十七八岁时有条件说上媳妇。有的年轻夫妇，家里的儿子才七八岁也按这个习俗在存钱。既然收入所得几乎全用于生活消费，生产最多只能在原有的规模和水平上重复，社会经济的发展自然就受到一定的阻碍。

与倾其资财起房子、婚嫁大办酒席等炫耀性消费形成鲜明对比的是，提高青年人自身素质方面的消费得不到重视。勾蓝瑶青年文化教育程度普遍很低，大多数青年只有初小、高小文化程度，文盲、半文盲所占的比例也比较大。据兰溪瑶族乡教育机构 1989 年年底的普查，黄家、上村、新桥、大兴四个勾蓝瑶人聚居的行政村中，15～40 岁的男女有 773 人，其中文盲、半文盲有 304 人，占该年龄段总人数的 39.3%。由于当地生产方式落后，完全依靠手工操作，身体壮力气大就成了"有饭吃"的象征，有没有文化无所谓。谈恋爱、找配偶自然不会对对方的受教育程度提什么要求，就是年轻父母送自己的孩子上学，心里的想法也大多是："小孩年纪小干不了活，到学校待几年长大点就跟父母下地吧！"对女孩上学，家长更为勉强，认为女儿是要出嫁的，读不读书或少读点书没啥关系，因而文盲、半文盲占了多数。1989 年年底，15 ~ 40 岁的勾蓝瑶妇女有 359 人，文盲、半文盲则达 221 人，占该年龄段妇女总数的 61.6%。桃川镇农民那种把四五岁的孩子拼命往学校送，子女初高中毕业后鼓励他们考中专、考大学，只要子女不泄气，考不上再花钱补习几年都愿意的现象在勾蓝瑶人中十分罕见——只限于个别教师和在外工作的干部家庭。笔者在调查期间曾询问过十几个勾蓝瑶男青年，如果他们有了一笔钱，最想干的是什么事？除有 2 人分别回答"做生意"和"开代销店"外，其余的多答"起房子""买单车、收录机、电视机""吃好穿好"。没有人去考虑学习技术，搞好农林副业的扩大再生产问题。桃川镇汉人那种积极出钱让青年学习裁缝、理发、烹饪、机械修理、电器维修或送青年到县农业中学学习种香菇、木耳、果树栽培和管理的现象，对勾蓝瑶人似乎没有什么影响。大多数勾蓝瑶青年和家长都认为"学也学不到东西，学得懵懵懂懂的，还不是搞不成，还花了钱，不如不学"。由于受教育程度低、素质差，迷信思想在勾蓝瑶青年的生产、生活中具有一定的影响。尤其在生产方面，不少青年认为农作物丰收、家畜兴旺，是运气好，老天爷和老祖宗暗中帮了忙；农作物歉收，家畜养不好，则是运气不佳所致。家禽牲畜接连死亡，他们不是从细菌、病毒感染上找原因，以加强医疗和卫生预防，而是认为自己不知何时得罪了哪位鬼神，祈望下一年能时来运转。

从上面的叙述中我们可以看出勾蓝瑶青年的劳动和消费生活方式已与同社区的汉族青年农民大多相近了，但在生活观念、职业观念、价值取向等方面，勾蓝瑶青年比同社区汉族青年显得保守、落后一些。这种现象是瑶族历史上长期处于山地环境所形成的特性和现实生产力不发达所造成的。

我国现已进入以实现四个现代化为中心目标的社会主义建设新时期，社会对当代青年的要求是成为具有现代科技和管理知识，勤于思考，敢于创造革新，锐意进取，能为当地社会经济、文化迅速发展做贡献的新人；成为符合文明、健康、科学标准的社会主义生活方式的创造者和实践者。勾蓝瑶人仅是我国 140 多万（1982 年的统计数字）瑶族人中的一个小小的分支，但勾蓝瑶青年在劳动、消费生活方式及价值观念方面的表现，不仅在瑶族青年中有一定的典型性，而且在我国南方与汉族杂居的其他兄弟民族青年中也有一定的代表性。如何帮助和引导类似勾蓝瑶青年这样的青年农民在继承和发扬本族群优秀文化传统的基础上形成符合当地实际的，文明、健康、科学的社会主义生活方式，是各级领导和科学工作者在今后农村社会建设中将长期面临的重要课题。

湘南桂北地区当代瑶族人的
家庭生活方式[*]

引 言

瑶族是我国民族大家庭中分布较广、人口较多、影响较大的一个兄弟民族，其社会发展状况如何，对我国南方少数民族地区的社会建设具有重要的意义。笔者自 1988 年以来曾先后数次到湘南桂北地区的江华、江永、富川、恭城和贺县等五个县的瑶族聚居的 12 个乡，利用参与观察、个别访谈、问卷等方法对当地瑶族人的生活方式进行了调查，以期从较为全面的角度揭示当代瑶族乡村社会的特性。由于广义的生活方式牵涉人们的劳动、消费、政治、精神文化、家庭和日常生活等一切社会生活领域中的活动方式，本文限于篇幅无法一一企及，因而只能对湘南桂北地区当代瑶族人的家庭生活方式及与此相关的价值观念等做一客观的描述和分析，对他们在社会发展中所遇到的相关问题做一初步的探讨。

一 家庭劳动与劳动观念

湘南桂北地区的瑶族人，大体上可分为两大支：一支操苗瑶语族瑶语支的勉语，居住在高山峻岭，过着以林业为主的农耕生活，俗称他们为"高山瑶"；另一支操汉语方言，居住在丘陵平坝

---

[*] 原文发表于谢剑、张有隽编辑《新亚学术集刊》1994 年第 12 期（瑶族研究专辑），第 153～163 页。

地带，过着以稻作农业为主的农耕生活，俗称他们为"平地瑶"。无论是高山瑶还是平地瑶，广种薄收的农耕都曾是他们世世代代赖以为生的唯一生计。时至今日，除个别瑶族人出外当干部和中小学教师外，绝大多数瑶族人仍以挖山种田为生，他们是地地道道的农民。

自 20 世纪 80 年代初实行家庭联产承包责任制以来，家庭是瑶族人生产经营活动的基本单位，劳动生活成为家庭生活的主要内容之一。他们的农作物耕作仍是几百年来一成不变的牛拉人犁的手工操作方式，锄头、犁耙、铲子、铁锹、砍刀、扁担、箩筐、背篓、簸箕、谷桶等仍是他们的主要生产工具。有些高山瑶人在偏远山上还沿用刀耕火种的原始方法耕作。畜养是作为家庭副业进行的，品种主要有牛、猪、鸡，少数人家养有一些鸭，目的多是"养牛为耕田，养猪为过年，喂鸡喂鸭为换油盐钱"①。

与所有农村一样，春、夏、秋三季是该地瑶族家庭的农忙季节。天一亮，瑶族男子起床后多到家附近的田地里干旱活，八九点钟再回家刷牙、洗脸、喝油茶、吃早饭。饭毕，他们把中饭往饭钵里一装，带上生产工具，赶着耕牛到远离村庄的责任山或责任田里干活，直到天黑才回家。成年妇女起床后除了自己的梳洗外，要挑水、打油茶、煮早饭、喂牲口、煮猪食，家有婴幼儿的还要帮小孩梳洗、穿衣、喂饭等。吃过早饭后，她们也会带上中饭到山上或田地里协助男子干活。除砍山、犁田外，男女活计没有明确的分工。丧失劳力的老年人吃过早饭后则在家照看孩子、洗衣服、喂牲畜或出外放牛。冬季是农闲时节，除上山砍柴或烧炭外，平地瑶男子还会利用这个机会到附近的田地里挖土烧制砖瓦；高山瑶男子则会到山上砍些竹子回来编箩筐、簸箕、背篓、竹椅等竹器卖。也有许多人利用农闲种植香菇、木耳。会做木匠、泥水匠的瑶族男子也会利用农闲，应邀到附近村子干几天手工活。家有拖拉机的瑶族男青年，若外面有熟人帮忙，也会到某个施工场所去跑几趟运输，赚点零用钱。妇女农闲时一般多上山砍柴、

---

① 李本高：《浅析制约湖南瑶族地区商品经济发展的内在因素》，《民族论坛》1989 年第 2 期。

割猪草、照料蔬菜或在家织床单和被面、织花袋、补衣服或干其他家务，但不出外干活，她们认为女人出外不正经。

与普通农家一样，瑶族农民的家务劳动十分繁杂。男子从田地或山上劳动归来，也要帮着做些挑水、劈柴、抱孩子的活，但大部分家务则由妇女，尤其是青壮年妇女承担。农忙季节，青壮年男女忙完了山上或田地里的活，到家又忙着干家务，常常是"两眼一睁，忙到熄灯"，十分辛苦。

对这么艰苦的劳动生活，瑶族人的观念是："人生来就是要劳动，不劳动就没得吃！""只有多劳动日子才能过得好点嘛！"在瑶族农民的眼里，土地是财富之母，劳动则是财富之父。唯有将这一对"父母"紧紧地结合在一起，生活才能有所保障。劳动是立身之本，"人生天地间，劳动最为先"是瑶族农民一贯信奉的生活信念。劳动刻苦也自然而然地成为瑶族人的生活习惯和传统美德。

不过，在湘南桂北地区的瑶族农民中，劳动与生产经营的观念还是比较保守。他们认为种植和畜养是农民的正经行业，"千行万行，种田种地是本行"。至于利用空房开日常小百货的代销店、米面加工坊或到村内外做几天手艺活、开手扶拖拉机跑几趟运输，都是农闲有空、有精力时才干的非正经活。到外地去做买卖或主动觅活计，那是想都不会去想的。如果哪个青年用较长的时间从事非种养业的劳动活动，则不为一般人所尊重。有的父母思想里还是那种"正派人不出去，出去的都不干正事"的老观念，教育青年子女时总是说："你不好好地在田地里下功夫，到外面能有吃的？××家的儿子，想在外面做生意，最后还不是亏了本、赔了钱仍回家向田地讨生活？"绝大多数瑶族青年也因自己见识少、文化水平低，不敢到外面去，怕被外人欺负，认为"我们山里人只会种田，干不了别的；只要有田种，不会去想别的"。

由于瑶族人的劳动活动仅是单纯的种植和畜养，劳动方式又是单家独户孤立地进行，劳动手段又完全是出大力流大汗的手工操作，因而劳动在瑶族人中不能不算是一个沉重的负担。一些瑶族青年初高中毕业时，也不甘心过这样单调、沉重、贫乏的农耕生活。他们也参加高校、中专的招生考试，有机会也参加地方上招收合同制干部和民办教师的资格考试。在这些可改变自身命运的努力都失败以后，他们认为自己确实没有本事，便一心一意地接受父兄们的思想观念和生活方式，适应代代相袭的繁重的体力劳动，安心种田务农。过一两年便定亲、结婚、生小孩，对生活前途不再抱什么别的想法了。

二 消费生活与消费观念

消费生活指的是人们消耗物质和精神产品，享受劳务，满足物质和精神文化需要方面的活动，且主要是指个人消费活动的过程。与我国大多数乡村农民一样，瑶族农民没有自己个人独立的消费模式，他们的日常消费完全融于家庭消费之中。青年在成立自己独立的小家庭之前，都与自己的父母兄弟姊妹在一起生活，收入和消费支出全由父母统一掌管。成家独立门户后，消费活动虽可由青年夫妇自己安排了，但上要赡养老人，下要抚育儿女，消费还是必须按整个家庭的需要来安排，没有个人的消费自由。因此，消费生活是瑶族人整个家庭生活的重要内容。下面笔者拟从吃、穿、住、用和文化生活支出等方面来简述湘南桂北地区瑶族农民家庭消费生活的特点。

吃的方面，瑶族人平时十分节俭。高山瑶人粮食由国家平价供应，平地瑶人吃自产的稻米；蔬菜都是自己种植的，不到过年过节一般不会到集市上买荤菜吃。这种艰苦节俭的生活习惯是该地区的瑶族人长期生活在贫困状态中形成的。20 世纪 80 年代初期，他们自家养的猪、鸡和禽蛋都舍不得吃，须拿到市场上去换其他日用生活用品。80 年代后期，温饱问题基本解决以后，一些家庭条件稍好的人家不仅开始享用自家的猪、鸡和禽蛋，烟和酒在日常生活中的消费量也很大。

据笔者实地观察，瑶族成年男子不抽烟的很少。绝大多数青年男子衣兜里都装有从村庄代销店或供销社买的几角到一两元一包的低中档香烟；中老年男子则抽自己用纸卷的烟丝，有些还抽烟斗。烟丝有的是自家种的，有的是从墟市上买的。据一些瑶族青年自述：读书时不抽烟，怕挨老师批评。毕业后参加劳动，同伴间在一起玩时都互相敬烟。不抽显得不友好，抽了人家的烟不回敬别人也不好，这样一来一往就抽上了。现在外面汉族人那种一见面就递烟的风气也传到了瑶区，故瑶族青年出门办事身上也必带一两包烟备用。买烟的钱大多数是从家庭农副业收入中开支，个别人在外面赚点外快，则留下一部分做烟钱。男青年到十七八岁学抽烟，父母都不制止，认为这不是坏事。个别父母甚至认为自己的儿子不会抽烟，是不会交朋友的表现，反而鼓励他去学。

酒，对瑶族男子来说简直是不可或缺的日常消费品。在家吃饭，中、晚餐一般都要喝点酒，有的甚至早上也喝，认为"早上喝酒，一天都有"。就笔者所见，他们喝的都是拿粮食酿的米酒。一个男子一年要喝三四百斤，个别人甚至达六七百斤，自己家来不及酿就拿米去换。只要不喝醉闹事，家人对青壮年男子喝酒是嘉许的，认为干活辛苦，喝点酒对身体有好处。许多男人都以自己酒量大、喝不醉为荣。

高山瑶妇女中，除了个别上了年纪的抽烟外，青年妇女都不抽烟。酒，她们在家喝一点，出门很少喝。平地瑶妇女则从不抽烟喝酒。平地瑶人的传统是除至亲外，男女一般不同桌吃饭，因而连做客时出于主人的殷勤象征性地抿一口酒以示领情的机会都很少。不管是已婚还是未婚，她们对男人抽烟喝酒从不加以管束。当地社会的传统观念是："男人抽烟有吃有穿，女人抽烟生活难办。"她们自己也认为女人抽烟是败家婆作风，从小就自觉接受社会传统的规范。

穿的方面，当地瑶族人的变化较大。虽然老年人的着装还是以粗质棉布的唐装对襟衫和抄裆裤为主，甚而有些地方的老年妇女还穿传统的瑶装，但大多数青壮年男女衣着多向城镇化看齐。日常生活中，中山装、西装、夹克衫、军装、运动服、春秋两用衫乃至牛仔裤，都是青年男女的日常衣服。他们的内装如的确良衬衫、汗衫、背心、腈纶运动衣裤、毛线衫等，都是从乡供销社或镇百货商店买的。十五六岁的青年都不愿穿母亲替自己做的外套，认为不好看，要父母给钱自己到集镇上剪布，请集镇裁缝店的师傅做。如今瑶族青年农闲时串门、逛集或做客，丝袜、尼龙袜往脚上一套，配上白色运动鞋、旅游鞋或皮鞋，显得十分精神。从外表上看，外人根本无法判别他们是瑶族人还是汉族人。

温饱基本解决后，瑶族农民最大的愿望便是能住上宽敞的新房。自实行家庭联产承包责任制以后，瑶族农民的经济收入有所提高，他们便把每年积攒的钱凑起来盖新房。高山瑶人中，土墙木板楼瓦房代替了以前茅草为顶的木栅屋；而平地瑶人以前以泥坯垒墙、杉树皮为顶的简易房屋也已为砖瓦木结构住宅所取代。据笔者调查，1988 年，湖南省江永县兰溪瑶族乡平地瑶人聚居的 4 个行政村新建住房 83 间，价值人民币 111500 元。其中有个村民小组只有 22 户人家，到 1989 年上半年止，只有 2 户未建新房。有些居住在墟镇附近的瑶族农民，由于林业或副业经营得好，还建起了钢筋水泥结构的二层楼房。无论男女老少，都以住新房为荣，以示自己能干、富裕。

用的方面，日常生活中牙膏、牙刷、毛巾是人人必备的。以前只为城镇青年所用的香皂、洗发精、护肤脂也开始走进瑶族青年的生活。手表和自行车在瑶族青年中已比较普及。尤其是平地瑶青年，不但赶集、出外办事或走亲戚时戴表骑车，就是到离家稍远一点的田地里劳动，手表和自行车也不离身。女青年则喜欢家里有一部缝纫机。据笔者 1989 年在兰溪瑶族乡平地瑶人中的调查了解，80% 以上的瑶族家庭拥有一辆自行车，个别家庭甚至有两三辆；20% 的家庭买有缝纫机；4% 的家庭买有收录机；个别家庭还有黑白电视机。在江华和富川两个瑶族自治县中，不少瑶民的生活水平比兰溪瑶族人还要好一些。

除吃穿住用外，湘南桂北地区瑶族人也有了一些文化生活消费。有收录机的家庭都备有十几盒的音乐磁带，买小说、杂志和连环画看的青年也开始多了起来。一些家庭还分别订有《湖南科技报》《广西科技报》《健康报》《湖南农民》《经济信息》《大众电影》《半月谈》等报纸杂志。由于实行了家庭联产承包责任制，生产和经营成了家庭自己的事，《科技报》和《经济信息》就成了瑶族青年农民生产经营的好参谋，因而订阅的家庭较多。一般家庭办结婚酒、起新房和为老人祝寿时，会出钱邀电影放映队到村子里放电影。江华、富川等地的一些瑶族村子过年过节还会家家凑钱邀戏班子演唱三天。一些青年农闲时赶集，也会到附近集镇的电影院或放像店去看场电影或录像。有的也会买些象棋、陆战棋、扑克或乒乓球等文化体育用品供农闲或晚间消遣。同时，瑶族青年也会到集镇参加一些社会生活服务项目的消费，如有兴致时到照相馆留个影，到理发店理个头或烫个发等。不过，文化生活和社会服务方面的消费在瑶族农民生活消费中所占的比例还十分小，内容也很贫乏。

当然，与我国大多数农民一样，湘南桂北瑶族人的消费生活也存在许多问题，其中最突出的有两点：①存在炫耀性消费；②用于提高青年自身素质的消费很少。

现阶段的我国农村地区，消费和生产都是以家庭为单位开展的，生产和消费处于一体化状态，因此在消费上应先用以扩大再生产，尔后再达到扩大再消费。但瑶族农民的消费基本上还是以前的陈旧模式，获得收入后大都倾其所有用于生活消费。尽管他们平时也克勤克俭、节衣缩食，但在办结婚酒、起新房、小孩"做三朝"、老人做寿和丧葬等仪式时花费较大，数桌、十数桌乃至数十桌的酒席一摆，显示自己家业兴旺发达，几年来辛辛苦苦积攒起来的一两千元钱则一扫而光，有的甚而把生产成本都贴进去了。有的瑶族乡信用社的负责人告诉笔者："每年春天本乡总有80％左右的瑶族人要到我们这儿贷款买化肥、农药和种子。"更有意思的是一些平地瑶人有这样一种观念，即家里只要有儿子，哪怕他还很小，做父母的就要筹钱给他准备新屋，以便他十七八岁有条件说上媳妇。有的年轻夫妇，家里儿子才七八岁，也在按这个习惯存钱。既然收入所得全用于生活消费，生产最多只能在原有规模和水平上重复，社会经济发展自然就受阻碍。

与上述炫耀性消费形成鲜明对比的是瑶族农民对提高青年人素质方面的消费不重视。瑶族青年所受文化教育程度普遍很低，大多数青年只有初小、高小文化程度，文盲、半文盲所占比例较大。据兰溪瑶族乡教育机构1989年年底的普查，该乡平地瑶人聚居的四个行政村中，15～40岁的男女有773人，其中文盲、半文盲有304人，占该年龄段总人数的39.3%；而这773人中，妇女为359人，文盲、半文盲则高达221人，占该年龄段妇女总人数的61.6%。由于生产方式落后，农业活动完全靠手工操作，身体壮力气大就成了"有饭吃"的象征，有没有文化无所谓。父母送孩子上学，心里的想法大多是："小孩年纪小干不了活，到学校待几年长大点就跟父母下地吧！"对女孩上学家长更为勉强，认为读不读书或少读点书没啥关系，因而文盲、半文盲占了多数。送青年到县农业中学学习种香菇、木耳、果树栽培和管理知识的也不多。由于文化水平低、素质较差，迷信思想在瑶族人的生产、生活中还有相当的影响。[①]

三　择偶标准与婚姻方式

婚姻是指男女双方依照法律或习俗结为夫妻关系的一种社会制度。与我国一般乡村农民一样，瑶族农民仍然把婚姻当作全家人的事而不是婚姻当事人个人的私事。

瑶族青年一般15～18岁（有些高山瑶女青年还要早些）谈恋爱，但婚嫁一定要经过父母同意和媒妁提亲，即使男女青年早已私订终身也不能例外。据笔者了解，湘南桂北地区瑶族人定亲时，那种由父母完全包办，丝毫不征求子女意见的包办婚姻绝少；而男女青年相爱至深，不顾父母反对非要结合的爱情至上的婚姻也没有发现。他们的定亲形式分为两种：一是男女青年青梅竹马，长大后又相互有好感，双方父母也都觉得合适，男方家长就央求亲友为媒到女方家提亲；另一种是一方父母看中了某家的儿子或女儿，在征得自家的女儿或儿子的默认或同意后，就央求亲友为媒到对方家提亲。两种形式，以后者占多数。

选择对象时，无论是高山瑶人还是平地瑶人，女青年对男青

---

① 参见孙秋云《湘南瑶族青年劳动和消费生活方式》，《社会学研究》1991年第1期。

年的要求是：①忠厚老实；②聪明能干，具体表现在对农活熟练在行；③家庭经济条件要宽裕；④脾气好，长得不难看。男青年对女青年的要求是：①老实本分；②长得好看；③懂礼貌，能体贴和尊敬老人；④会持家。至于男女青年的受教育程度和个子高矮都不讲究。他们认为："石山再高也没得吃，泥山再矮也有收。只要良心好，能干，会生活就行。"由于瑶族人都喜欢在本地区本族群成员中择偶，故男女青年在提亲前是相互熟识的，但出面主事的都是双方父母。

目前湘南桂北地区瑶族人实行的婚姻形式大致有三种：嫁娶、"招郎"和"两边走"。

嫁娶婚就是女子出嫁到男家，从夫居，生的小孩跟父亲姓。这样的婚姻，男家都要给女家送一笔聘礼，女方给适当的嫁妆。出嫁的女子没有赡养自己父母的责任和义务。

招郎婚指的是男子到女家入赘，从妇居，俗称"招郎"，所生子女随母姓。采用招郎形式的多是女方家庭经济条件比男方强或无兄弟姊妹，而男方家庭则兄弟多或家境贫寒娶不起妻的人。若是女家没儿子而行招郎，也叫"接子"。男子入赘一般花费很少，结婚时家庭生活用品全由女家准备。入赘男子一般对自己的父母也不尽赡养的责任，除非双方婚前另有协议。

"两边走"婚，也叫"顶两头""两不避宗"，指的是结婚后，青年夫妇一年四季内轮流在双方父母家生产、生活，以此帮助、照顾双方父母家庭。这种婚姻既不要聘礼，也不要嫁妆，所生子女按事先约定分别从父母姓。

"招郎"和"两边走"婚姻形式主要流行在高山瑶人中。一些高山瑶人宁愿把儿子嫁出去，把女儿留在家里招郎。问其原因，一是结婚费用省；二是招郎比儿子听话，老实肯干活；三是符合瑶族人祖先的传统，招郎在社会上不受歧视。由于高山瑶人地区自然条件比较恶劣，把儿女拉扯成人很不容易，故许多家庭既不愿让女儿出嫁，也不愿让儿子完全入赘，更喜欢采用男女两方父母家庭都照顾得到的"两边走"形式。在湖南江华和广西贺县、富川、恭城等县笔者走访过的几个高山瑶人村子中，竟然没有一家行嫁娶婚，全采用"两边走"形式。有许多高山瑶人家庭堂屋祖先神榜上供奉的姓氏有两三个，有个别人家甚至供奉五六个姓之多的，这是数代人都行"两边走"婚姻形式的结果。

在平地瑶人中，由于长期受汉族人的影响，现在一般都与汉族人一样行嫁娶婚，只是没有儿子才"招郎"。由于上门入赘的多是家庭境况不好的男子，招郎虽在女家享有如同儿子一样的待遇，但在社会上受人歧视，与人发生争执时常会被骂为"上门狗"，故一般男子不愿入赘。若赘婿能把家庭生活搞得红红火火，也会得到女方族亲和村人的尊敬。

在一部分平地瑶人中，还流行一种未嫁先育的婚俗。男女青年经媒人提亲，在父母主持下通过上门仪式定亲以后，习俗允许女青年在男家与未婚夫过性生活。生小孩时，女青年须到男家生，满月后仍回娘家生活。小孩通常由婆婆照顾，女青年晚上来给小孩喂奶，第二天早上仍回娘家干活。这种暮宿昼归的婚姻状况要等到男家送了彩礼，办了迎娶酒，把女青年接到男家才结束。[①] 对这种婚俗，女方家长认为："女儿要长到十六七岁才能养活自己，十八九岁又要许配人家。要是像汉族人那样结婚就出嫁，等于白养了一个劳动力。我们的风俗是定亲找婆家和生小孩都可以，但女儿可要留在娘家干几年活。"而男青年和男方家长认为这种婚俗有两大好处：一是女青年有了小孩后，心理稳定了，亲事不会变；二是瑶族人普遍比较穷，拿不出一整笔钱给女家送彩礼和办迎娶酒。有了小孩后，男家可与女家商量，给女家送点钱，趁替小孩办"三朝酒"时把孩子妈妈（女青年）的衣物铺盖一起搬到男方家就算完婚了，这可省一些钱。不过，也有一些有知识的男青年反对这样的婚俗，认为这样的婚俗走出去易被外族人笑话。襁褓中的婴儿也得不到母亲的悉心照料。当然，瑶族人的婚姻责任感很强。女子虽未嫁先育，但临婚悔诺，抛弃妇女和幼儿的事在笔者调查过的村子里还没发生过。

---

① 参见孙秋云《社会变迁中的瑶族青年——勾蓝瑶青年生活方式的调查报告》，《中南民族学院学报》（哲学社会科学版）1991 年第 2 期。

综观湘南桂北地区瑶族人的婚姻生活，有许多优点值得保持和发扬光大，如婚姻形式不拘于男娶女嫁，也可女娶男嫁或"两边走"；所生子女可随父亲姓也可随母亲姓，父系家族观念不强；婚后男女双方父母家庭的生活都须照顾，迟暮之年的老人心理上有安慰；男女青年选择配偶的标准为忠厚老实、聪明能干、身体好、劳动勤奋、礼敬长辈、温柔贤惠、对婚姻忠诚等。但也有一些风俗需要改革，其中最突出的便是早婚。

早婚是湘南桂北地区瑶族人的传统婚俗，有许多男女青年十七八岁就结婚，有"十七十八就讨就发"[①] 的说法。在当地多数瑶族人的观念里，结婚以办结婚酒为标志，是否到基层政府领结婚证不太要紧。笔者在调查时发现，瑶族女青年 20 岁还未结婚的找不到一个，男青年到 25 岁还未结婚就有可能打一辈子光棍了。早婚，使得瑶族青年过早地背上了家庭的包袱，一天到晚忙于田间生产和家务劳作，没有自由支配的闲暇时间，少有日常娱乐活动，学习文化科学技术和知识更是困难重重。这样不但使一般瑶族青年形成了文化素质低、思想封闭、落后保守等弱点，而且对他们的身体健康也造成了一定的危害。

四 家庭观念与生育

湘南桂北地区瑶族人的家庭责任感非常强，青年人组建家庭后很少有离婚的。大多数瑶族人认为夫妻关系是命中注定的，既然做了夫妻，便不能轻易更改。只要男的老实、勤快、不虐待妻子，或者女的安分守己、家庭物质生活基本过得去，就没有离婚的理由。此外，瑶族男女结婚成家，多半不全是由于爱情，而是为了更好地生存。瑶族农民生活在山区，自然条件艰辛，社会生产力落后，夫妻俩必须全身心地投入生产劳作才能维持一家老少的基本生活，所以谁也没有心思和条件去追求浪漫、丰富多彩的

---

① 孙秋云：《湘桂边界地区瑶族传统婚俗与有待改革的几个问题刍议》，《中南民族学院学报》（哲学社会科学版）1990 年第 4 期。

爱情生活。"长得漂亮也好，不漂亮也好，不会劳动就没得吃，一切都是空的。"这是他们从现实生活中得出的结论。再者，瑶族农民至今仍生活在一个落后、较封闭的传统农业社会里，一旦有人做出有违当地传统道德的事，便会遭到众乡亲和亲友的唾弃，因而移情别恋或"第三者插足"的现象极少。笔者在考察中所了解到的几例濒临破裂的婚姻，都是因为丈夫太懒、赌博或不会生活，搞得全家连最基本的生计都难以维持，还经常喝酒，并对妻子儿女暴跳如雷、拳脚相向。有的妇女无法忍受，但不会利用《婚姻法》保护自己和儿女的权益，而是采取最原始的抗争办法——携小儿女逃向外地，一走了之。

生儿育女，是瑶族人继结婚成家之后最重要的人生大事。瑶族青年中"早做父母早生儿"的观念十分普遍。他们认为年轻时早生孩子，等自己年纪大了，儿女已长大成人，就可以帮自己干活了。因此，男女青年一结婚就怀孕，生育不做计划和安排。二十一二岁的年轻女子已是两三个孩子的母亲这种现象在瑶族地区比比皆是。自 20 世纪 80 年代中期瑶族地区基层政府采取鼓励与强制措施相结合的手段落实计划生育工作以后，按规定瑶族妇女生第二胎后必须到乡卫生院放节育环；生第三胎，夫妻俩中须有一个实行结扎绝育手术。据笔者了解，安放节育环和结扎是瑶族人普遍采用的节育手段，避孕药和避孕套很少人用。除了避孕药有一定的副作用，避孕套容易失败外，更主要的是在瑶族人的观念中，生殖器和性关系是最忌讳和隐秘的。除了骂人或讲荤笑话时偶尔提及外，平时都不好意思吐出口的，怎么能向干部去要避孕药具呢！不过令人惊奇的是瑶族人实行结扎手术时，不像汉族人那样"重女轻男"。据湖南江永县兰溪瑶族乡 1988 年年底的统计，该乡施行结扎手术的有 380 人，男性为 166 人，占结扎总人数的 43.7%；而兰溪瑶族乡附近汉人聚居的桃川镇同年行结扎手术者为 1398 人，其中男性只有 78 人，占结扎总人数的 5.6%。[①]

---

① 江永县统计局：《江永县统计年鉴（1988 年）》，江永县统计局 1989 年 3 月 31 日编印。

与我国大多数农村一样，瑶族农民的社会生活福利少之又少。现实生活中的生老病死、吃穿住用全靠自己负担，因而"养儿防老"的传统生育观念依然根深蒂固。长养幼、少赡老仍是他们最推崇的道德品质之一。不过，生育多少子女为宜，瑶族青年与他们的父辈的看法已有一些不同。

中老年人认为子女是多多益善。尽管自己辛苦了一辈子，到老了也无法过上那种"坐着享清福"的日子，但子孙满堂毕竟是有福气，是值得夸耀的事。而许多青年夫妇则开始从现实生活中抚育培养一个孩子成长所必须消耗的经济开支中感受到较大的压力，认为有三个小孩也就够了。"小孩生多了，生活搞不上去，还要被罚款，有什么意思？穷了，别人也瞧不起。""养老送终，好儿女有一两个就够了，不是好儿女生多了也没用。"至于子女的性别偏好，瑶族人都希望儿女双全。无法双全时，高山瑶人无所谓；平地瑶人则希望多生男孩。这种观念上的差异是由他们不同的社会传统造成的。因为瑶族地区社会生产力发展水平较低，农活全是手工操作，劳动强度很大。要想把以种植山、田、地为中心的家庭经营搞好，提高经济收益，家中有男壮劳力及壮劳力充足就成为关键因素。高山瑶人的婚姻多采取"招郎"和"两边走"形式，因而不管生男还是生女，在劳动生活中所体现的差别不大；平地瑶人实行女嫁男娶婚，出嫁的女儿，没有赡养父母、帮助父母家生产经营的义务，因而只得指望儿子养老。没有儿子，当然也可以招女婿入赘，但在他们的观念里，女婿毕竟是外姓人，靠女儿女婿赡养自己，总没有靠儿子赡养心里踏实。因此，也有一些平地瑶青年已生有三个女儿，但还想再生个儿子的现象存在。

五　家庭教育

个人不是一个个孤立的个体，他（她）总是特定社会的成员。一个人从呱呱坠地开始就生活在特定的文化环境之中，以后逐渐学习知识和技能，掌握社会行为规范和价值观念，成为一个被社会文化环境认可和承认的成员。这个过程，就是学术界所称的社会化过程。个人的社会化是在各种社会化机构和文化要素的制约和影响下，通过个体的积极实践活动来实现的。而在湘南桂北地区瑶族人中，对青少年社会化起主要作用的则是家庭。

由于瑶族人的生产经营是以手工操作为主的种养业，故大多数青少年都是从父辈的亲身传授和耳提面命中学习生产、生活技能的。1989 年，笔者对兰溪瑶族乡中心学校 122 名 10～16 岁的平地瑶学生进行了问卷调查，他们中的 111 人在 5～10 岁就已经开始帮父母干些力所能及的农活，约占被调查人数的 91.0%；10 岁以后才接触农活的只有 7 人，约占 5.7%；还有 4 人在 4 岁时就跟父母到田间去干拔草等活了。中山大学人类学系师生 1988 年对富川瑶族自治县新华乡瑶族小学生的调查也发现：67% 的少儿接受过家长传授的农谚、插秧、施农家肥等方面的知识；74% 的少儿能区分稗草和秧苗；63.8% 的少儿知道早、晚稻的插秧时间及间种知识；43.6% 的少儿知道同一块地里连年种花生不好；57.4% 的少儿明白犁田晒霜的含义。而这一切都是在父母的示范和传授下获得的。① 不仅如此，瑶族青少年在父母的训诫中，从小就养成了勤劳、俭朴的生活习惯。许多少儿在六七岁就帮助父母做家务，学习喂鸡、喂猪、做饭、带弟妹、砍柴、放牛等活，女孩子还要学会洗衣服。有些 10 多岁的小姑娘常洗全家人的衣服。若因为贪玩而耽误了父母所嘱托的事，轻则挨骂，重的还要受体罚、挨打。由于瑶区生活艰辛，许多少儿都从父母那儿学会了珍惜粮食和衣物。吃饭时掉在饭桌上的饭粒和糍粑，他们都会一一捡到饭碗里吃进去；少儿的穿着，一般都是承接兄姐的旧衣物改的，一直穿到不能穿为止。"新三年，旧三年，缝缝补补又三年"和"家有粮食万担，也要粗茶淡饭"的训示从小就深深地印在他们的脑海里。

对于本地社会的行为规范和风俗习惯，瑶族青少年也多是从

---

① 中山大学人类学系：《富川县新华乡瑶族人类学调查集》（一）"少儿社会化过程调查报告"，1988 年 6 月编印（油印稿，未出版），原件存富川瑶族自治县县志办公室。

父母那儿习得的。一般从子女五六岁开始，家长就会逐步地把村规民约的相关内容告诉他们，如放牲畜不能进别人家的田地，不能随便拿别人家的东西，等等，若有违反会受到惩戒。若发现少儿有偷窃、赌博行为，家长会严厉管束。同时，本村的风俗习惯，家长也会在具体事务和具体场合下讲给青少年听，要他们遵守。如不能吃狗肉；怀孕的青年妇女不能摘果子，不能看别人烧窑；坐月子的妇女不能进别人家的门；男青年不得随意闯进"月子房"去看别人的婴孩；祭祀盘王时不得说官话（汉话），等等。而在别人家结婚、起新房、奔丧或遇到意外灾难时，家长也会教导儿女去帮助别人。

瑶族乡村民风淳朴，伦理亲情感很强，这也得益于他们的家庭教育。从懂事起，家长就教育孩子见人要打招呼，要尊敬老人；来客人或走亲戚时，家长一般都不准小孩与贵宾同席，不准他们在客人面前乱跳乱动；绝大多数少儿过年过节时若不去外婆、舅舅、叔伯家拜贺，会遭到父母的责备；若两家小孩打架，家长都是叱责教育自家的孩子，让少儿从小就懂得谦让、与人为善。同时，家长们都把自己诚而有信、相互帮助、有恩图报的处世准则和价值观念传授给青少年，要青少年从小就养成重视道德、重视社会舆论评价、老老实实做人的习惯。

此外，瑶族人在家庭教育中还对少儿灌输本族群意识。绝大多数少儿都听过爷爷奶奶或父母讲述的有关盘王和祖先来历的故事；大多数小孩都在父母的要求下在祖先神榜前磕过头、烧过香；90%以上的学龄儿童知道自己是瑶族人，而他们中的多数又是从父母或祖父母那里了解自己的族群身份的。

由于瑶族青少年的生产技能、生活知识、行为规范和价值观念等主要是在家庭的范围内，在父母亲长的耳提面命、亲身示范下获取的，因而他们的社会化内容简单、强度不高，在社会化后通常也不具备高度的文化意识和交往经验。尽管他们承继了本民族勤劳、刻苦、俭朴、重义等优良传统，但也保留了诸多保守、落后甚而具有封建色彩的价值观念和生活方式。

结束语

　　湘南桂北虽仅是瑶族分布较为集中的地区之一，但该地区瑶族农民的家庭生活方式不仅在我国 216 万（1987 年统计数据）瑶族同胞中具有典型性，而且在南方山区少数民族农村中也有相当广泛的代表性。我国现已进入社会主义现代化建设的新时期，时代要求我国的农民，尤其是青年农民必须逐步成为具有现代科学生产知识和管理技能、锐意进取、善于创新、有远大理想和抱负的新型农民，以便为当地社会经济、文化的迅速发展和繁荣做出贡献。家庭既是社会的基本细胞，又是青少年成长的第一所"学校"。家庭生活方式，对青少年的社会化影响深远。如何引导和帮助类似湘南桂北地区瑶族农民这样的山区兄弟民族成员在继承和发扬本民族优秀文化传统的基础上，抛弃落后、愚昧、腐朽的东西，建立文明、健康、科学的家庭生活方式，将是各级人民政府和科学工作者在乡村社会建设中长期面临的重要课题。

勾蓝瑶青年的社会生活方式[*]

前　言

　　我国是个有 56 个民族共同生息、繁衍的多民族国家，现在已进入以实现四个现代化为中心目标的社会主义建设新时期。要在不太长的时期内把我国建设成既有高度物质文明，又有高度精神文明的社会主义国家，首先必须全面了解我国各民族社会发展的现状，了解各民族政治、经济、文化等方面的异同及相互关系。在整个社会生活中，最能体现一个民族或一个地区政治、经济、文化面貌的是人们的日常生活方式。

　　生活方式是个有争议的概念。我国社会学界的理解一般是指在一定生产方式基础上产生，在诸多的主客观条件下形成和发展的，人们生活活动的典型形式和总体特征。[①] 它的内容大致包括人们的劳动、消费、婚姻、家庭、政治、宗教、娱乐和交往等方面的行为和习惯，以及与此相应的价值观、道德观和审美观。生活方式虽受生产方式的制约和民族传统文化的影响，但对社会物质文明的建设具有重大的推动作用。由于生活方式的变革是社会变革的先导，因此，中国共产党十二届三中全会通过的《中共中央关于经济体制改革的决定》明确指出：

---

　*　原文完成于 1990 年 3 月，是作者的硕士学位论文，曾以《湘南瑶族青年劳动和消费生活方式》《社会变迁中的瑶族青年》为题，先后摘要发表在《社会学研究》1991 年第 1 期和《中南民族学院学报》（哲学社会科学版）1991 年第 2 期上。这里刊载的是未加删节的全文。

　①　王康主编《社会学词典》，山东人民出版社，1988，第 118 页。

在创立充满生机和活力的社会主义经济体制的同时，要努力在全社会形成适应现代生产力发展和社会进步要求的，文明的、健康的、科学的生活方式，摒弃那些落后的、愚昧的、腐朽的东西；要努力在全社会振奋起积极的、向上的、进取的精神，克服那些安于现状、思想懒惰、惧怕变革、墨守成规的习惯势力。这样的生活方式和精神状态，是社会主义精神文明建设的重要内容，是推进经济体制改革和物质文明建设的巨大力量。

在任何一个社会里，青年既是社会建设的生力军，又是变革传统、接受和创造先进文化的先锋。要使一个民族、一个地区社会较快地向前发展，最关键的是要了解他们的青年，引导和帮助他们逐步建立一种文明、健康和科学的，符合本民族、本地区社会实际的生活方式和正确的价值观念。

青年期是一个人从未成年向成年过渡的阶段。世界各国因各自所处的自然地理条件不同，社会环境不同，社会传统对年轻人的成熟程度和应尽何种社会义务等方面的看法也不尽相同，故对青年期的年龄界限没有一个世界统一的规定。西方各国大都把青年期划在十三四岁至二十五六岁；苏联和东欧国家则大都划在十四五岁到二十七八岁。我国社会学工作者从我国青年的生理、心理和思想行为状况出发，结合我国政治、经济、文化和社会传统心理等因素，把青年定义为由 14 岁到 30 岁左右的人类个体所组成的，处于一定社会关系中的社会群体。[①] 这个定义不仅是对汉族青年的概括，对我国少数民族青年的界定也具有同样的意义。

不同民族间平等的文化交往，无论是物质的还是精神的，从来都是双向的，其主流往往是趋向进步和发展，这是历史的规律。中华人民共和国成立 40 年来，我国各民族社会的政治、经济、文化都有了很大的发展，少数民族与汉族之间的自然同化和相互融

① 参见费穗宇、穆宪、张潘仕《青年社会学》，山东人民出版社，1987，第 3 ~ 4 页。

合正以前所未有的速度进行着。尤其是青年一代，都出生在中华人民共和国成立后，在中国共产党的领导下生活在社会主义制度里，接受共同的政治思想、社会理想、道德观念和科学文化知识的教育，汉族群众中较为健康、科学、先进的生产方式和生活方式及价值观念已为不少兄弟民族的青年自觉接受。这样，表现在各民族青年一代身上的生活方式及文化特征共同点就更多。但是，这种不同民族间反映在生活方式和文化上的自然同化或融合到今天已达到何种程度，既没有人仔细研究过，也没有人能说得清。

基于上述认识，笔者在导师吴泽霖、张正明两位教授的指导下，选择了"湖南省江永县勾蓝瑶青年的社会生活方式"这一课题作为自己的硕士论文，于 1988 年 10 月至 1989 年 11 月先后三次到勾蓝瑶人地区进行实地考察，希望通过对勾蓝瑶青年生活方式这样一个典型个案的研究，揭示我国南方民族散居地区各民族文化在青年身上的同化和融合所达到的深度及他们在当代社会发展中所面临的一些重要问题，为在我国民族散居地区的农村建立一种文明、健康、科学的生活方式提供一些翔实的资料。

按照我国社会学界的定义，一个社区必须具备这样几个要素才能成为相对独立的地域性社会：①一定的地域；②一定数量的人口；③有以地域为中心的相对完善的社会组织机构及系统；④有一定的为该地区居民生活服务的物质设备，包括生产、生活、交通、通信、文化、教育、卫生等方面的设施和工具。[①] 尽管勾蓝瑶人居住得比较集中，生活习惯也有一定特性，但他们与周围的汉人、宝庆瑶人[②]一样，日常生活中出售农副产品、购买生产生活资料、接受初中以上文化教育、从事一些文化娱乐和社会服务性活动都要到距他们的村子有 28 里远的桃川镇去。桃川镇农民的经济、文化生活对勾蓝瑶人有较大的影响。从上述的定义看，勾蓝瑶人和桃川汉人显然是同一地域性社会的成员。为了能较明白地叙述

---

① 李星万、叶丽璨编著《社会学基础》，湖南人民出版社，1987，第 225～226 页。
② 宝庆瑶人是指祖先从湖南宝庆府辖地迁出来移居到瑶山的汉族农民。当地政府根据他们的意愿，承认他们是高山瑶人的一部分，故当地称他们为"宝庆瑶人"。

勾蓝瑶青年人的社会生活方式，笔者在必要时将把它与桃川镇汉族青年农民的生活方式和价值观念加以对照，以期能更好地反映勾蓝瑶青年人在生活方式和价值观念方面所拥有的共性、个性和特性。

一　勾蓝瑶人的生活环境、历史和民族意识

在叙述勾蓝瑶青年的生活方式之前，笔者认为有必要先介绍一下勾蓝瑶人的生活环境、历史和民族意识。

勾蓝瑶人是平地瑶人的一支，分布于湖南省江永县兰溪瑶族乡的黄家、上村、大兴、新桥四个行政村。他们与本县清溪瑶族乡的清溪瑶人和古调瑶人、源口瑶族乡的扶灵瑶人合称江永四大民瑶（汉化程度较高的平地瑶人）。勾蓝瑶人一般操两种语言，内部使用一种与其他平地瑶人大致相同的汉语方言（在广西富川瑶族自治县称为"七都、八都话"），对外交流则使用西南官话中的柳州方言。

兰溪瑶族乡位于湖南省江永县的西南方，东靠夏层铺乡，北连冷水铺乡，西接桃川镇，南邻广西壮族自治区富川瑶族自治县朝东镇，平均海拔 400 米，是江永县为数很少的几个石多土薄水少又不通公路的乡之一。勾蓝瑶人居住在山脚平坝地区，生活在其周围的汉人和宝庆瑶人都承认勾蓝瑶人是兰溪最早的居民，称勾蓝瑶人居住的四个行政村为"老兰溪"。到 1988 年 12 月底，勾蓝瑶人有人口 2381 人，其中 15～30 岁的青年有 686 人，占总人口的28.8%。勾蓝瑶人的主要姓氏有周、黄、蒋、何、欧阳、田、雷、杨、曹、李等，与传说的瑶族十二姓——盘、沈、包、黄、李、邓、周、赵、胡、唐、雷、冯——有所不同。

勾蓝瑶人在兰溪生存、繁衍已有好几百年的历史了。从当地现存的碑刻、墓志等历史材料看，勾蓝瑶人并不都是"盘瓠"的子孙。他们的祖先，有的是盛唐时期从中原或山东等地到湖南任职的汉族官员，卸任后落籍于湘南，后转辗到兰溪；有的是从县内其他地方流落过来的汉族农民；有的则是为躲避兵灾从传说中

的千家峒迁徙出来的瑶人。由于大家都先后定居于兰溪这个山窝里，而最先落籍的人因这里的地形是"山勾联透漏，溪水伏流，色蓝于靛，因名勾蓝"①，明、清封建统治者就统称他们为"勾蓝瑶"。当地现存的清道光二十九年（1849）立的"正堂示谕"碑记对勾蓝瑶人的来历也有较详的叙述：

> 溯余兰溪……盖因宋末避寇难而侨居焉。元季各姓先后来此，遂致人烟稠密。原系民籍，明洪武二十九年，因埠陵徭离隘三十余里，不便把宁，奉上以斯地易之，号勾蓝瑶，以宁边粤石盘、斑鸡两隘。

明、清两朝的君主专制统治者把这些守边隘又"服王化、供租赋"的瑶人称为"熟瑶"，把"巢居深山、不隶版籍"、过着游耕生活的瑶人称为"生瑶"。② 对前者采取了"有司岁犒牛酒"和"岁科两考，额取新生三名。又于清溪、古调设立新学，给之廪饩，仰内地通达经术生员人等前往训诲"③ 的政策。由于统治者长期实施怀柔、羁縻、同化的政策，至 1949 年中华人民共和国成立时止，勾蓝瑶人社会的政治、经济、文化发展水平已与附近汉族农村大致相同，风俗习惯也大多趋于一致。

今天的勾蓝瑶青年尽管不敬盘瓠，不崇盘古，不过"盘王节"，不摆歌堂，也不行喝油茶的风俗，对本族来历和名称所知也不甚了了，但在民族认同和民族意识上，却是地地道道的瑶族人。他们的先祖从明代开始，在"勾蓝瑶"的名义下，为反抗地方各级封建统治者的压迫和剥削，抵御外界的侮辱和歧视，生死与共、休戚相关地奋斗了几百年，所形成的团体意识在当今青年身上仍有较强的反映。笔者1989 年 2 月在兰溪瑶族乡考察时，曾到宝庆

---

① 见清乾隆二十二年（1757）立《鼎建戏台题名碑记》，原碑存于兰溪瑶族乡上村旧戏台旁。

② 清道光丙午年（1846）重修《永明县志》卷三《风土志》。原文中的"猺"字在引用时按现在的通例均改为"瑶"。

③ 清道光丙午年（1846）重修《永明县志》卷三《风土志》。

瑶人村子里观看一对青年男女的结婚仪式。当有人议论邻村的勾蓝瑶人婚俗如何不合礼仪，青年女子未嫁先育又是如何不好看时，一位在乡政府当交通员（在乡政府工作随时往各村告知信息的年轻公务员）的勾蓝瑶青年当即涨红着脸站出来辩护，并对宝庆瑶人的风俗反唇相讥。还有件颇能反映勾蓝瑶人民族意识的事情：大多数勾蓝瑶青年并不了解"勾蓝瑶"名称的来历，向长辈询问，绝大多数长辈也说不出一个所以然来。一查《辞海》，词条里没有"勾蓝"，只有同音的"勾栏"，意思是妓院，便认定"勾蓝瑶"的名称是以前汉族封建统治者对他们祖先的侮辱和歧视性称呼，对"勾蓝瑶"三个字比较反感。20世纪80年代初，勾蓝瑶干部要求在兰溪成立瑶族乡时，就把"勾蓝瑶"这个名称作为中华人民共和国成立后他们还没有当家做主，还遭歧视和侮辱的证据写进了给上级部门的报告里。1988年10月，我们在当地老人的帮助下，搞清了"勾蓝瑶"名称的来历和含义后，碰到了那位当年打报告而现已调任其他瑶族乡当乡长的周姓干部，向他解释了"勾蓝瑶"名称的来历和含义，并提出碑刻的佐证。当他明白"勾蓝"是他们祖先自称的地名，含"山清水秀"的意思时，非常高兴，不但特地回了一趟兰溪，查看碑文，还把这一信息告诉了村里的老知识分子；在县里开会时，他逢人就说："我们勾蓝瑶是好名称哪！是山清水秀地方的瑶人。"民族意识的强烈和感情的浓厚由此可见一斑。

其实，勾蓝瑶人民族意识的培养在少儿阶段就已开始了。1989年11月笔者对兰溪瑶族乡中心小学122名10~16岁的勾蓝瑶学生进行问卷调查，94.3%的学生答在6~14岁或上学时就已知道自己的民族成分；84.5%的学生称这是父母、祖父母和老师给自己说的；有4.1%的学生说在他们3~5岁时，他们的父母就告诉他们自己是勾蓝瑶人了；47.5%的学生听过父母、祖父母或村里其他老人讲有关"盘王"和瑶族千家峒的故事；还有个别五年级学生在家看过其父珍藏的有关盘瓠（他们念作"盘瓢"）传说的书。长期的灌输和熏陶，加上现实生活中在社会地位、政策照顾、语言、风俗习惯等方面存在的一些差异性，是勾蓝瑶青年民族意识和民族自尊形成和巩固的基础。

二 独特的联姻习俗

婚姻，是指男女双方依照法律或习俗结为夫妻关系的一种社会制度。这种制度因各民族历史传统的差异而具有不同的形式。

勾蓝瑶人长期以来也是行男娶女嫁从夫居的一夫一妻制婚姻，但他们的婚姻缔结过程与周围汉族人不同，是保持本民族传统文化最多的一个领域。

在少年向青年阶段过渡的时期，父母对孩子生产、生活知识的教育就是按他们将来必须为人夫、为人父或为人妻、为人母的模式进行的。对青年男子来说，只有结了婚或成了家，社会习惯才默认你已成人，在讨论重大问题时，别人才尊重你的意见。否则，你虽年已30多岁，但光棍一条，别人是不太会理会你的。对青年女子来说，到了二十四五岁还没婆家，那是不可思议的怪现象。当地流行的俗谚是："只有讨不到老婆的秀才郎，没有嫁不出去的流鼻娘。"像城市里那种大龄未婚青年在勾蓝瑶青年中是找不到的。"男大当婚，女大当嫁"是勾蓝瑶人社会里最普通的生活准则。至于为什么"婚"，为什么"嫁"，青年们几乎没有自己独立的思考。

一般说来，勾蓝瑶青年男女在 17～20 岁就开始定亲谈恋爱，目标就是成家、生儿育女。勾蓝瑶青年男女的定亲形式和程序可分为两种。一是男女青年小时候青梅竹马，长大后彼此接触也多，胆子大的男青年就主动试探，女青年若也同意，双方便回去告诉自己的父母。男方家长若同意儿子的选择，就央求亲友到女方家提亲。二是男女青年长到一定年纪后，父母看中某家子女，经过各方面衡量后，征得子女的同意，央求亲友到对方家提亲。一般说来，前一种情况少一些，后一种情况占多数。

男方家请人向女家提亲，一般要带一两包鸡蛋——每包 4 个，表示四季如意。女方家若同意对亲就收下送来的鸡蛋，这个仪式叫"下定"；不同意则托故推辞，不收鸡蛋。"下定"后，男家过一段时间再选个吉日准备几桌丰盛的酒席，邀请女青年和女方至亲到家，让自己的亲友相陪，喝一顿酒，谓之"上门"。意思是告诉双方亲友两家正式攀亲，今后两家的亲友间可互相来往、互相帮助。"上门"仪式与汉族农村的订婚仪式性质是一样的，在当地社会习俗中算是一种没有文字的契约，受当地社会舆论和社会道德的监督与约束。一旦其中一方悔诺另攀，会受舆论的谴责，并要给予对方一定的经济赔偿。

与周围汉族农村习俗不同，"上门"仪式后男女青年互相来往时感情加深，社会习俗允许女青年在男家过性生活、怀孕、生小孩。不过，女青年临产时必须前往男家。生完小孩、坐完月子后，女青年仍回自己娘家生活。小孩通常由男方家母亲照顾，或女青年白天回娘家干活，晚上到男家过夜、给小孩喂奶，第二天吃过早饭再回娘家。这种暮宿昼归的婚姻状况一直要等男家筹钱过了彩礼，办了迎娶酒，把女青年接到男方家才结束。

男女青年定亲谈恋爱，都要经过父母和青年本人同意才行。买卖婚姻前些年有一些，现在没有了。不过，遭父母强烈反对，儿女却要自主婚姻的现象也没有发生过。一般而言，女青年婚恋选对象的标准是：①老实忠厚；②聪明能干，即对各种农活都熟练在行；③脾气好，长得不难看；④家庭经济条件好一些。男青年婚恋选对象的标准是：①老实、本分；②长得不丑；③会持家，懂礼貌，能体贴和尊敬老人。男女青年自身素质方面是不讲究受教育程度的，因为一般勾蓝瑶男青年都只有小学受教育程度，女青年则更低，有的甚至是文盲、半文盲。当代汉族城镇青年选对象须有多少身高的择偶标准在勾蓝瑶青年中是被视作笑料传播的。他们认为人长得高点矮点无所谓，"石山再高也没得吃，泥山再矮也有收"。只要良心好、能干、会生活就行。

以前勾蓝瑶青年是不与周围地区的汉人、宝庆瑶人联姻的，只通行族内婚，有"好女不出石墙门"的说法。外族的年轻姑娘嫌勾蓝瑶人穷，也没有嫁进来的，民间认为"吃不得三寸毛，进不得勾蓝瑶"，"生不进勾蓝，死不进地狱"。近两年来，勾蓝瑶人地区的社会生产有所发展，生活水平与周围汉人的差距大大缩小，已有少部分青年越出本族范围，到周围汉人、宝庆瑶人村子里选择婚配对象。但绝大多数青年仍愿意在黄家、上村、大兴、新桥四个勾蓝瑶人聚居的行政村内通婚。一般而言，勾蓝瑶男青年娶汉人、宝庆瑶人姑娘为妻的，婚配程序按女方的习俗办；汉人、宝庆瑶人娶勾蓝瑶女青年为妻的，则按勾蓝瑶人传统婚俗办。

对勾蓝瑶人未嫁先育的习俗，周围的宝庆瑶人和汉人颇有非议。他们认为没有出嫁就生小孩不合礼俗，是丢人现眼、伤风败俗的行为。个别勾蓝瑶小伙子近年与宝庆瑶人的女青年谈恋爱，女方父母就当着女儿的面警告未来的女婿："你们要好得慢一点，不要太快了。你那儿的规矩我们是知道的。要是没结婚就做出什么事情来，我们是不饶的，一分钱嫁妆也不给！"而大多数勾蓝瑶青年并没有觉得本民族这种代代相传的传统婚俗有什么不好。不少男青年和家长认为这样的婚俗有两大好处：一是女青年有了小孩，心理稳定了，亲事不易变卦，娶不娶只是迟早的问题；二是勾蓝瑶人普遍比较穷，许多家庭拿不出较大的一笔钱给女方家过彩礼和办迎娶酒。生了小孩后，男方家可与女方家商量，给女方家送点钱，趁小孩办"三朝"酒时，把女青年的衣物铺盖搬过来就算完婚了，这样可省不少钱。有的女方家长认为这样的婚俗对女方家也有好处："女儿养到十七八岁才能独立养活自己，十八九岁又许配给人家。要是像宝庆瑶人和汉人那样一结婚就出嫁，等于替人家养了一个劳动力。我们这边的风俗是定亲找婆家可以，生小孩也可以，但女青年要留在家帮着干几年活。这对女方家不是有好处？"一些勾蓝瑶女青年则认为："未婚先孕汉人现在也有，我们与她们不同的是她们不生，我们可以生，可以养。"

鉴于勾蓝瑶青年男女未到法定结婚年龄就同居生小孩，给《婚姻法》的贯彻和计划生育工作带来很大影响，兰溪瑶族乡乡政府于1988年年底采取措施，试图改革这个旧风俗，规定：若青年男女未到乡政府领结婚证就生小孩，生一个罚100元，生两个罚300元，生三个罚500元，并强制实行绝育手术。但这种强制性措施并没有收到预期效果。有的青年虽被罚了款，但心里并不服气，大多数青年的婚嫁过程依然故我。

　　勾蓝瑶人未嫁先育的婚俗，在江永县瑶族人中是独特的，但在湘南桂北地区的平地瑶人中不是孤立现象，广西壮族自治区富川瑶族自治县新华乡的瑶族人也有此风俗。笔者认为这种婚俗的流行，是有其历史原因的。在明代以前的君主专制社会，瑶族人最先流行的是"不嫁不娶"或"招郎"的婚姻形式，后来统治阶级竭力在平地瑶人中推行汉化政策，受汉文化长期熏陶，君主专制统治者极力倡导的符合礼教的"男娶女嫁"婚自然而然地为平地瑶人所接受，并成为婚姻的主要形式。但男娶女嫁的重要条件就是男方家必须以聘礼或彩礼方式付给女方家一笔数量可观的钱财作为新娘的身价。平地瑶人多生活在山脚边，自然条件恶劣，社会生产力发展水平很低，凑一笔彩礼需花好几年的时间。既然付出了身价钱就必须要求新娘既能为男方家传宗接代，本身又是一个壮劳动力，这样男方家不至于"吃亏"。而中华人民共和国成立以前，瑶族人生活区域的交通极闭塞，几乎没有医疗卫生条件可言，因而生育对妇女来说是一件危险的事，尤其是生第一胎，婴儿、产妇的死亡率都很高。为了避免男方家娶媳妇后落得人财两空，第一胎的生育最好是在迎娶前进行。同时，在瑶族人自身传统文化中，对男女青年婚前贞操的要求并不如汉文化那样严格，因而未嫁先育就成为一种社会习惯流传下来，至今变化甚微。笔者询问一些勾蓝瑶青年和老人："要是你们的男女青年订了婚有了小孩，最后又没成为一家子，和别人结婚去了，这怎么处理？"回答是："如果男方不要女方，男家赔偿损失；女方不要男方，女家赔偿损失。小孩一边一个，男家不要就女家要，女家不要就男家要。不过，这种事我们这里从来没有发生过。互相定亲的都是自己四个村子里的勾蓝瑶人，大家都很了解、很熟，不会发生这种害人的事情的。"

　　不过，传统的婚俗在一小部分受教育程度较高的勾蓝瑶男女青年中已遇到一些反抗。两位在乡政府做临时工的勾蓝瑶初中毕业生（其中一位就是前文提到的在宝庆瑶人婚礼上为本族婚俗辩护的乡政府交通员），都表示自己结婚时决不像一般勾蓝瑶青年那样做，因为"走到外面去脸上不好看"。26岁、高中毕业后在上村担任文书的周姓男青年也对笔者说："我们这边的婚俗，我看一点也不好。当然我也是这么过来的。女的生了小孩后仍回自己娘家生活，我们这里的田地都离家很远，干活都要带上中饭，傍晚才回家，这样小孩白天就没奶吃，营养跟不上。一旦生病，也没法得到小孩母亲的照看，对孩子很不好。再说小孩喂奶，要男家母亲将小孩抱到女家去，吃完奶再抱回来。抱来抱去，既麻烦又浪费时间，日子一长容易引起两家老人和婆媳之间的不和。"个别从零陵地区中等师范学校毕业回乡工作的勾蓝瑶青年，结婚时则是先到乡政府登记，领取结婚证后再办酒。他们认为自己是干部，当然得按《婚姻法》办事。

三　家庭与生育

家庭是由婚姻关系、血缘关系或收养关系组成的社会生活基本单位。1981年农村实行家庭联产承包责任制以后，勾蓝瑶人的家庭与我国大多数农村地区的家庭一样，还是基本的生产单位。

与周围汉人、宝庆瑶人一样，勾蓝瑶人的新媳妇进门时，也是与公婆生活在一起的。家政一般由公婆掌握，小夫妻的收入要上交给公婆，消费由公婆统一安排。由于勾蓝瑶人现在人均只有1.3亩的责任田，夫妻俩耕种自己的责任田很容易，空闲时可搞些家庭副业，故两代人之间，尤其是媳妇与婆婆之间常会因家庭收入、消费支出的安排、教育下一代等问题发生争执。同时，按照勾蓝瑶人的传统婚俗，男方家过了彩礼、办了迎娶酒把女青年接过来时，青年夫妇一般已有1~3个孩子，有的孩子已到了可以上小学的年龄。那种小夫妻期望公婆对婴幼儿进行照顾的依赖已大大减少，因而新媳妇进门，要不了一两年，有的甚至还不到半年，小夫妻就会带着自己的孩子从大家庭中分出去另立门户。

小夫妻独立出来后，家政就由夫妻俩共同掌管，最普遍的方式就是男主外、女主内；或碰到事情两人商量，最后由男的做主。公婆年纪大了需要儿子媳妇赡养时，公公或婆婆就会到儿子家中，与原来的小家庭组成一个主干家庭。这时的老人只处于依附地位，不掌握家政大权，生活、消费全由儿子媳妇安排。老人只为儿子媳妇干些力所能及的家务活，如煮饭、带小孩、喂牲畜、放牛等。

据笔者从村干部中了解，勾蓝瑶已婚青年中，带着自己的孩子独立出来的核心家庭占 60% 左右；与已丧失劳动能力的父或母一起组成主干家庭的约占 30%；与父母家庭一起组成大家庭的占 10% 强。据 1988 年 12 月底的统计，勾蓝瑶人口有 2381 人，分属于 481 户人家，平均每户人口不足 5 人，这也说明整个勾蓝瑶人的家庭自然结构也是以小家庭为主。

组成家庭，是勾蓝瑶青年农民最大的人生目标。身为父母无论如何也要帮子女完成这项历史使命，否则就是死了进棺材心也不安。与该目标背道而驰的事件——离婚，在所有勾蓝瑶人的思想观念里都是十分不幸的事。不过，这种事在勾蓝瑶人的实际生活中绝少发生，至少兰溪瑶族乡政府自 1984 年成立以来至今，还没有处理过一桩离婚案。

大多数勾蓝瑶青年对夫妻关系的看法与他们的父辈没有什么变化。他们认为夫妻关系最终是由命里注定或生辰八字安排的，既然已做了夫妻，那是自己不能轻易更改的。在生了小孩或成了家以后，只要男的老实、勤快，女的安分守己，家庭物质生活基本上过得去，就没有离异的理由。平时青年夫妻间为日常琐事发生口角或争执，都会在邻里、亲友或双方父母的劝解下迅速平息，最多不过是女青年跑回娘家住几天，回来时又和好如初，风平浪静。

促使勾蓝瑶青年婚姻、家庭关系十分稳定的另一个决定性因素是男女结婚成家，基于合理生存的因素大于情感因素，即他们的婚姻多属于生存型婚姻，少有爱情型婚姻。

勾蓝瑶人居住的地区，自然环境差，社会生产力发展水平较低，劳动强度大。夫妻俩必须全身心地投入生产劳动之中才能解决一家老小的基本生计和温饱问题，因而没有谁有心思和能力去追求什么浪漫的情感和丰富多彩的爱情生活。"长得漂亮也好，长得不漂亮也好，不会劳动就没得吃，一切都是空的。"这是他们从现实生活中得出的真实结论。再者，勾蓝瑶青年至今仍生活在一个较为封闭的传统农业社会里，文化生活贫乏，城市青年生活方式对他们的影响还不大。传统的道德、伦理观念在所有勾蓝瑶人思想中还占据绝对的支配地位。一旦有人做出什么"越轨"行为，破坏了几代甚至几十代人所恪守的传统婚姻道德，便会遭到众乡亲、邻里和亲友的指责或抛弃。对一个本来生活圈子就很狭窄的青年来说，这样的打击无疑是不堪设想的。因而几乎没人敢冒这天下之大不韪。笔者在实地考察中了解到，现今仅有的已濒于破裂的两三对夫妻关系，其原因不是其中一方移情别恋或"第三者插足"这类风流韵事，而是做丈夫的太懒或不会生活，搞得全家连最基本的生存都无法维持，自己却经常喝酒，对妻子儿女暴跳如雷、拳脚相向。女青年无法忍受，最后便带着小儿女逃向外地，至今下落不明。她们结婚成家时，不懂《婚姻法》，只按社会传统规矩办事；受迫害时也不懂利用《婚姻法》来保护自己和儿女的权益，只会想出最原始的抗争办法——一走了之。

生儿育女，是勾蓝瑶青年继结婚成家之后最重要的人生大事。对一般勾蓝瑶青年农民来说，"早做父母早生儿"的思想观念十分普遍。他们认为趁自己年轻时早生孩子，等自己年纪稍大，体力下降，儿女也已长大成人，就可以帮自己干活了。因此，男女青年在过性生活时是不主动采取措施避孕的，生育也从不讲究计划和安排。避孕药和避孕套在桃川镇汉族青年农民中的应用已十分普遍，并成为避孕和计划生育的主要工具。但在勾蓝瑶人村子里，除了极个别的教师和干部外，青年农民一般都不用这些东西。避孕药有一定的生理反应，用后不太舒服；避孕套则不太方便。何况在一般勾蓝瑶青年男女的观念中，生殖器是最脏的，除了骂人和讲下流话时偶尔提及外，平时都不好意思吐出口，怎么能向别人要避孕工具呢！自勾蓝瑶人地区的基层人民政府采取行政和经济相结合的强制措施贯彻上级安排的计划生育工作以后，一般勾蓝瑶人夫妇——不管有没有领结婚证或办过迎娶仪式，生了第二胎后就必须到乡卫生院给妻子安节育环；生了第三胎，除罚款外，夫妻俩中的一个必须做结扎的绝育手术。目前，安节育环和结扎是勾蓝瑶青年夫妇节育的主要手段。但令人惊奇的是勾蓝瑶青年做结扎手术时，不像一般汉人那样"重女轻男"。到1988年年底止，兰溪瑶族乡行结扎手术者 380 人，其中男性 166 人，占结扎总人数的 43.7%；桃川镇行结扎手术者 1398 人，其中男性只有 78 人（大多数还不是农民），占结扎总人数的 5.6%。①

与我国大多数农村地区一样，勾蓝瑶农民几乎没有社会生活福利可享受，现实生活中的生老病死、吃穿住用全要自己负担，因而"养儿防老"的传统生育观念在青年农民中依然没有改变。长养幼、少赡老仍是勾蓝瑶人最推崇的道德品质之一。然而，在生育多少子女为宜这个问题上，与他们的父辈相比，勾蓝瑶青年的看法已发生了较明显的变化。

就他们的父辈而言，子女是多多益善。尽管自己辛苦一辈子，到老了也无法过上那种他们向往的"光坐着享清福"的日子，但子孙满堂毕竟是有福气的象征，是一件值得向外人夸耀的事。"您老人家好福气啊，有这么多子孙围着您！"这是社会交往时，一般人见老人时说得最多，而老人们也最爱听的一句奉承话。20 世纪 80 年代中期，勾蓝瑶人地区乡政府采取宣传、鼓励与行政、经济制裁相结合的手段落实计划生育政策，这对勾蓝瑶青年的生育观念影响很大。许多青年夫妇也从现实生活中抚育、培养一个孩子所必须消耗的经济开支里感受到较大压力，认为有两三个小孩也就够了。"小孩生下来要给他吃，给他穿。生病要看医生，打针吃药蛮花钱。长到一定年纪要送他们上学，一个孩子半年就要交学杂费 20 多元，这对我们这种地方的农民是不小的负担哪！"要是不送小孩读书，别人会说："哟，看这户人家，年纪轻轻，有两三个小孩也不送去读书，真没意思！我们做父母的脸上也不光彩哪！""小孩生多了，生活搞不上去，还要给乡政府罚款，大人小孩都受苦，有什么意思？穷了，别人也瞧不起呀！""养老送终，好男有一个就够了，不是好男生 10 个也没用。"这些从部分勾蓝瑶青年口中讲出来的真言，确实反映了他们的生育观念开始发生变化，比桃川镇的一些汉族青年还要开通一些。笔者在桃川镇上

① 江永县统计局编《江永县统计年鉴（1988 年）》，铅印稿，1989 年 3 月 31 日编印。

好村调查时，其村主任（30 岁）在生有一男一女的情况下，宁愿多交 500 元罚款也要再生一胎男孩。这种情况在桃川镇汉族农民中不是少数。

至于生育子女的性别偏好，勾蓝瑶青年与汉人一样，都希望儿女双全。无法双全时则希望生男孩。这种观念是由他们的社会生产力发展水平决定的。勾蓝瑶人现在还没有摆脱小农经济的生产方式，农活全是手工操作，劳动强度很大，不少活计是女子体力胜任不了的。要想把以种植责任田、责任山（地）为中心的家庭生产搞好，提高经济收入进而改善生活条件，家中有男劳动力及男劳动力充足就成为关键。还有，勾蓝瑶人的传统习惯是女嫁男娶，出嫁的女儿一般没有赡养父母的义务。父母年纪大了，无法劳动，就得依靠儿子而生存。没有儿子，当然也可招女婿入赘，赘婿的权利和义务也与儿子一样。但在勾蓝瑶人的观念中，女婿毕竟是外姓人，靠女儿女婿赡养自己，总没有靠儿子赡养心里踏实。因此，也有个别勾蓝瑶青年已生有两三个女儿，还想再生个儿子的现象存在。

四　劳动生活与职业选择

勾蓝瑶青年从事的职业和劳动生活已与周围汉族农村青年没有大的差别；与社区中心的桃川镇汉族青年农民相比，他们的劳动观念显得单纯、保守、封闭一些。

勾蓝瑶人的职业结构很简单，除了个别人出去当干部和小学教师外，98％以上的人种田务农。在勾蓝瑶青年中，赖以为生的职业劳动就是种植和畜养。种植的农作物大致有：水稻、红薯、玉米、大豆、花生、油菜、甘蔗、烤烟、蔬菜和水果。畜养的牲畜主要是牛、猪、鸡，个别人家养有几只鸭。农作物的耕作方法仍然是几百年来一直沿用的牛拉人犁的手工操作方式，锄头、犁耙、铲子、镰刀、谷桶、扁担、箩筐、簸箕、水桶仍然是他们的主要生产工具。畜养主要是以家庭副业的形式进行的，没有养殖专业户。前几年有个别青年看了报纸和杂志介绍的致富事迹，也想学着当个养猪、养鸡专业户。但因不懂科学养殖方法，不会配饲料，猪和鸡都长不大，病又多，加上交通不便，市场信息不灵，最后都亏了本。有个别家庭的经济至今还没缓过来。

大多数勾蓝瑶青年从十四五岁小学一毕业，有些甚至还等不到这个年龄，就已成为农业生产者。实际上，勾蓝瑶青年男女开始接触农活的时间都很早。在对兰溪瑶族乡中心小学180名瑶族学生的调查中我们发现，他们中90.5%的人在5～10岁时就已开始帮父母干些力所能及的农活。到十八九岁时，一般青年对日常的农事知识和生产技巧都已掌握得十分娴熟，传统的手工体力劳动方式已成为他们谋生和成家立业的基本手段。

与我国所有农村一样，勾蓝瑶青年的农事活动也是按季节进行的。春、夏、秋三季是农忙季节，天一亮，青年男子起床后就扛上锄头或挑着粪桶到附近地里干早活去了。收割季节，则带上镰刀到附近的田里去割早禾。八九点钟时再回家刷牙、洗脸、吃早饭。早饭后，他们把中饭往饭盒或大搪瓷杯里一装，带上生产工具，赶上耕牛，到离家几里乃至十几里远的田地里干活，直到天黑才回家。女青年起床后除了自己梳洗外，要挑水、煮早饭、煮猪食、喂牲畜、洗衣服，家有婴幼儿而老人又不在身边的，还要帮小孩梳洗、穿衣、喂饭等。吃过早饭后，女青年也和男青年一样，带上中饭到田间干活，傍晚才回家。农活中除犁田、耙田是男子的活计外，其余的男女之间没有明确的分工。冬季农闲，青年男子会利用这个机会到附近的田地里挖土制砖瓦，为今后起新房做些准备；或到一二十里外的大山上砍柴烧炭，赚点零用钱。会做木匠、泥水匠的青年，也会应邀到邻村干几天手艺活。家有拖拉机的青年，外面有熟人帮忙，也会到某个施工场所去拉几趟沙石，赚点零用钱。青年女子农闲时则上山割猪草、砍柴、放牛、照料地里的蔬菜或在家干家务。

与普通农家一样，勾蓝瑶人的家务劳动十分繁杂。洗衣服、弄饭菜、带小孩、喂牲畜、挑水、劈柴、剁猪草、煮猪食牛食、洗碗、缝衣服、做鞋子、打毛衣、扫地等，数不胜数。一般青年男子回到家后，也会帮着做些挑水、劈柴、抱小孩的活，但大部分家务由妇女，尤其是青年妇女承担。农忙时，青年男女干完了田里的活，到家又忙着干家务，每天常是"两眼一睁，忙到熄灯"，十分辛苦。

对这么艰苦的劳动生活，勾蓝瑶青年的观点是："人生来就要劳动，不劳动没得吃！""只有多劳动日子才能过得好点嘛！"确实，在勾蓝瑶农民的眼里，只有土地才是财富之母，劳动则是财富之父。唯有将这一对"父母"紧紧结合在一起，生活才能有所保障。劳动是立身之本，"人生天地间，劳动最为先"是包括青年男女在内的所有勾蓝瑶人的生活信念。勤劳刻苦也自然而然地成为勾蓝瑶青年的生活习惯和美德。

但是，与周围汉族青年相比，勾蓝瑶青年的职业观念十分狭隘、保守。他们认为除了能考出去当干部、教师外，种植和畜养才是农民的正经行业。利用空房开代销店向村民转售一些日常生活小用品；搞一台简易打米机帮别人加工谷子和饲料；到村内外做几天手艺活；或开手扶拖拉机跑几趟运输，都是农闲有空、有精力时才干的非正经活。至于到外地去做买卖或主动觅活计，那是想都不会去想的。如果哪个青年用较长时间从事非种养业的劳动活动，则不为一般人所尊重。有的父母思想里还是以前那种"正派人不出去，出去都不干正事"的老观念，教育青年子女时总是说："你不好好在田地里下功夫，到外面能有吃的？××家的儿子，想在外面做生意，最后还不是亏了本、赔了钱仍回家向田地讨生活？"绝大多数勾蓝瑶青年也因自己见识少、文化水平低，不敢到外面去，怕被外人欺负，认为"我们山里人只会种田，干不了别的；只要有田种，不会去想别的"。偶尔有个别男青年农闲时会应外村青年的邀请，帮别人打砖、挖山。但大多数青年对此不以为然："那是卖苦力，赚不到几个钱的。"这种思想观念和精神状态严重束缚了勾蓝瑶青年的开拓和进取精神，使他们不会去想如何利用外部环境为改善自己的艰苦生活而奋斗，其中最典型的例子就是拖拉机的使用问题。

勾蓝瑶人的四个行政村中，至 1989 年 10 月止，私人拥有 10 辆手扶拖拉机和 1 辆小四轮，却只有 1 辆小四轮和 1 辆拖拉机在外跑一段时间的运输活儿，其余的全在家"睡大觉"。笔者问那些青年车主为什么不出去搞运输，他们说一是外面没有后门找不到活儿，二是多数拖拉机没办驾驶执照或没交养路费。原来他们花几千元钱买拖拉机主要是自家农忙时运谷子、稻草、肥料时用的，没想用它去发财致富。平时村内乡亲有请求，也帮着运一下肥料、谷子、稻草、砖瓦、石头和沙子等，运一次赚 10～30 元辛苦费。他们认为反正拖拉机是在自己乡内跑，花 200 多元钱去办执照划不来。在乡内帮乡亲们运一下农副产品、肥料和起房子的原料，日积月累，时间一长能把买拖拉机的本钱赚回来就心满意足了。因此，拖拉机的利用率很低，一年四季中多数时间是做资产摆设的。

离勾蓝瑶人村子 20 多里远的桃川镇青年农民则与他们明显不同。以镇政府所在地附近的上圩村汉族青年农民为例，农忙时他们集中力量忙农田里的活，农闲时则千方百计到附近的砖瓦厂、水泥厂、松脂厂、糖厂、自来水公司、矿场、林场等地找临时工的活干。一年干四个月左右，也可赚五六百元钱。上圩村汉族青年中也有十一二辆手扶拖拉机，全办有驾驶执照，付清了养路费。农闲时主动觅活，只要有一个机手觅到活，则相邀结伴去搞承包。他们认为"人多好说话，有伴好干事"。1989 年 11 月，笔者还听说他们村 30 多个男青年已向附近林场承包了 2000 多亩柑橘园的植树造林项目。他们的女青年农闲时除干家务外，大都利用每隔三天一墟市的有利条件，在广西和本地之间利用市场差价贩东西卖。会裁缝的年轻女子还常常主动出去，到附近乡村（包括到勾蓝瑶人的村子里）帮人家做衣服或办短期裁缝培训班授徒赚钱。1988 年有些青年农闲时还结伙到广东找活干，虽最后都空手而归，但他们并不后悔，认为到广东见了世面，值得！

除了做临时工、贩运、干手艺活外，上圩村汉族青年中还有不少养猪、养鸡、养鱼、做豆腐和腐竹、种香菌木耳的专业户。也有一些青年农闲时专门上街摆摊、开餐馆、搞电器修理和机械加工等。他们认为干活没有正经与非正经的区别，只要是通过劳动挣到钱，过上较好的生活，不管干什么活，都是正经、光荣的。

由于勾蓝瑶人的劳动活动仅是单纯的种植和畜养，劳动方式又是单家独户孤立地进行，劳动手段又完全是出大力、流大汗的手工操作，因而劳动在勾蓝瑶青年中不能不算是一个沉重的负担。一些勾蓝瑶青年刚从初中、高中毕业时，也不甘心像他们的父兄一样过着这样单调、沉重、贫乏的农耕生活。他们参加高校、中专的招生考试，有机会也参加地方上招收合同制干部和民办教师的资格考试。在这些可改变自身命运的努力都失败以后，他们认为自己确实没有本事，便一心一意地接受父兄们的思想观念和生产、生活方式，适应代代相袭的繁重的体力劳动，安心种田务农。过一两年之后就定亲、生小孩、成家，对生活前途不再抱有什么别的想法了。

五　消费生活模式与消费观念

消费，指的是人们在生活活动中对各种物质产品和精神产品的花费消耗，简单地说就是怎么花钱买东西。消费生活模式就是指人们在消耗物质和精神产品，享受服务，满足物质和精神文化需要方面的总体性特征。消费生活是人的生活活动中不可缺少的重要内容。

与我国南方大多数汉族农村一样，勾蓝瑶青年农民没有自己个人独立的消费模式。他们的日常消费完全融于家庭消费之中。成立自己的小家庭以前，青年男女都与自己的父母和兄弟姐妹在一起劳动、生活。收入所得须交父母掌管，消费支出得由父母统一安排。成家独立门户后，消费活动虽可由青年夫妇自己安排和支配了，但上要赡养老人，下要抚育儿女，消费活动必须按整个家庭需要来安排，因而也没有个人的消费自由。下面笔者从吃、穿、住、用和文化生活支出几个方面叙述一下勾蓝瑶青年的消费生活特点及与他们的父辈相比所发生的变化。

在吃的方面，勾蓝瑶青年十分节俭。粮食和蔬菜都是自给自足，不到过年过节不会到墟市买荤菜以改善生活。这种艰苦、节俭的生活习惯是该地区社会生产力长期得不到发展造成的。表1是笔者根据江永县民族事务委员会保存的数字制作的勾蓝瑶人30多年来人均年纯收入情况对照表。

表1　1956～1988 年兰溪瑶族乡人均年纯收入情况

单位：元

年份	1956 年	1966 年	1976 年	1986 年	1987 年	1988 年
人均年纯收入	42.6	48.4	56.2	140	388	426

1986 年以前，勾蓝瑶人连最基本的温饱问题都没解决，自己养的猪、鸡和鸡蛋自家舍不得消费，须拿到市场上去换其他日常生活用品。1987 年以后，温饱问题基本解决，一些家庭条件好一点的人家也开始享受自家的猪、鸡和鸡蛋了。现在，烟和酒在勾蓝瑶青壮年男子的日常生活中消费量很大。

在勾蓝瑶青壮年男子中不抽烟的很少。绝大多数衣兜里都装有从村代销店或乡供销社买的几角到一元多钱一包的低档烟，有的甚至一天要消费两包。据一些青年烟民自己反映：在读书时不抽烟，否则会挨老师的批评。毕业参加劳动后，同伴间在一起玩时都互相敬烟。不抽显得不友好，抽了人家的烟不回敬别人也不好，这样一来一往就抽上了。现在外面汉族青年那种一见面就递烟的风气也传到了这里，勾蓝瑶男青年跟着仿效。买烟的钱大多数是从家庭种养业收入中开支；个别人在外面搞点副业或砍柴卖赚了钱，则留下一部分烟钱。

男青年到十七八岁时学抽烟，父母都不阻止，认为这不是坏事。有个别父母甚至认为自己的儿子不会抽烟，是不活跃、不会交朋友的表现，反而鼓励他去学。

酒，在勾蓝瑶男子日常饮食中占有重要地位。不过他们消费的都是自己家拿粮食酿制的米酒。有的勾蓝瑶青年男子向笔者反映，大多数男子一年要消费 300～400 斤酒，个别甚至达 600 多斤。自己家来不及酿就拿米去换，一斤米换一斤半酒。只要不喝醉闹事，父母对青年人喝酒也不反对，认为干活辛苦，喝点酒对身体有好处。也有一些男青年以自己酒量大为荣。

但是，勾蓝瑶妇女，包括青年女子，从不抽烟喝酒——勾蓝瑶人的传统是除至亲外，男女一般不同桌吃饭，因而做客时出于主人的殷勤象征性地呷一两口酒以示领情的机会都很少。不管是否结婚，他们对男人抽烟喝酒从不加管束。当地社会的传统观念是："男人抽烟有吃有穿，女人抽烟生活难办。"不管这个观念是多么荒唐和不公，但温良贤惠、勤劳刻苦的勾蓝瑶女子没有一个人表示反对。她们自己也认为女人抽烟是坏女人、败家婆的作风，从小就自觉接受社会传统的规范，没人敢为，也没人去为。

穿的方面，勾蓝瑶青年已从他们父辈那种以棉布和棉纺织品为主的着装，向布料多样化、服饰城镇化的方向发展。以前自家手工纺的粗布除了做床单、被面外，不要说青年人，就是四五十岁的中年人也不穿了。日常生活中，直筒裤、牛仔裤、中山装、西装、夹克衫、军装上衣、运动服和款式新颖的春秋两用衫都是青年男女的日常服装，而且大多是从市场上买的成衣；里面穿的尖领白底小碎花衬衫、汗衫、背心、腈纶运动衣裤、毛衣等都是从乡供销社或镇百货公司买的。十五六岁参加生产劳动的男女青年都不愿穿父母做的外套，认为不好看，要父母给钱，自己到集镇上去买成衣成裤，或在集市上挑选自己喜爱的布料请裁缝店的师傅做。草鞋在勾蓝瑶人中已淘汰，他们天寒时劳动，都穿帆布胶底的"解放鞋"、雨鞋；天气暖和就打赤脚。农闲串门或出外逛集、做客，勾蓝瑶青年男女把丝袜、尼龙袜一套，配上白色运动鞋、旅游鞋，显得十分精神。现在不要说从外表上无法判别他们是瑶人还是汉人，就是要把他们与附近桃川镇上的汉族青年农民区分开来都很困难。

基本解决了吃和穿后，勾蓝瑶青年最大的愿望就是能住上宽敞的新房。前些年，有些青年长到20多岁，原来的老房子挤不下，就用泥坯和杉树皮搭一些简易房屋以解决居住困难。近两三年来，勾蓝瑶人经济收入有所提高，便把每年积攒的钱凑起来，并向亲友借一些，全力为青年子女改善住房。光1988年一年中，勾蓝瑶人聚居的四个行政村就新建住房83间，价值人民币111500元。上村第四村民小组一共只有22户人家，到1989年上半年止，只有2户人家没建新房，建新房者约占91%。现在那种泥坯垒墙、杉树皮为瓦的简易房屋基本上被砖瓦木结构住宅所取代。年轻人都以住新房为荣，以示自己能干、生活富裕。笔者在勾蓝瑶人村子里考察时，热情的青年不管是否熟识，都这样邀请笔者："到我家去玩吧！到我家来吃饭吧！村里某条路旁那座三间堂（或五间堂）的新屋就是我的家。"语气中无不透着自豪与满足。

用的方面，当代勾蓝瑶青年农民比他们的长辈变化更大。日常生活中，牙膏、牙刷、毛巾是人人必备的了。以前只为城镇青年所用的香皂、洗发精、护肤脂（霜）也走进了绝大多数勾蓝瑶青年的日常生活。有些青年甚至还使用香水、花露水。尤其让当地老年人慨叹的是以前他们连想都不太敢想的奢侈品——手表和自行车，在青年中已十分普及。年轻人不但赶集、出外办事或走亲戚时戴着手表、骑着自行车，就是到离家稍远一点的田地里劳动，手表和自行车也不离身。据笔者对几样耐用消费品拥有情况的调查，勾蓝瑶人80%以上的家庭拥有一辆自行车，个别家庭甚至有两三辆；20%多的家庭买有缝纫机；4%的家庭由于青年人农副业和家庭手工业经营得好，买有样式美观的双卡收录机；个别家庭还有黑白电视机。不过，到1989年10月，勾蓝瑶人村子里还没通高压电，家里晚上还是点煤油灯；娱乐性的收录机和电视机是靠电瓶和蓄电池做动力，因而没有人去买洗衣机和电冰箱。

除吃穿住用外，勾蓝瑶青年也有了一定的文化生活消费。不仅有收录机的年轻人都备有十几二十盒的音乐原声磁带，买小说、杂志、连环画看的青年也较多见。一些家庭还分别订有《湖南科技报》《健康报》《湖南农民》《湖南日报》《中国青年报》《妇女报》《大众电影》《半月谈》等报刊。由于实行了家庭联产承包责任制，生产和经营全成了自己的事；加上勾蓝瑶人家家都种杂交水稻，杂交水稻的浸种、栽培、施肥、用药等都超出了传统农民的经验和知识范围，《湖南科技报》和《湖南农民》就成了勾蓝瑶青年农民的好参谋，因而订阅面较广。青年人办迎娶酒、起新房和帮老人祝寿时，会出钱邀放映队到村子里放电影。一些青年农闲时赶集，也会到桃川镇电影院看场电影。同时，勾蓝瑶青年也参加一些社会生活服务项目的消费，如有兴致时会到集镇照相馆留个影，头发长了也会到集镇理发摊点上去理等。不过，他们从不烫发、卷发，认为"那是飞机头，妖里妖气的不好看"。当然，文化生活和社会服务方面的消费在勾蓝瑶青年日常生活消费中所占的比例还十分小，内容也很贫乏、单调。

从以上叙述中，我们可以看出勾蓝瑶青年的消费生活已脱离了那种极度贫困的简单消费模式，开始逐步走上向城镇青年看齐的消费阶段。有个别青年家庭的消费，甚至已迈入使用娱乐、享受、发展性用品的新阶段。

不过，尽管经济条件有了一些改善，消费生活比中老年人丰富一些，但总体上说，绝大多数勾蓝瑶青年的消费观念与他们的父辈相比没有大的差别。"家有一双勤俭手，吃穿二字不用愁。"这句历代传颂的古训依然是勾蓝瑶青年的生活座右铭。"家有粮食万担，也要粗茶淡饭"仍是勾蓝瑶青年的消费准则。这种节俭克制、压抑消费欲望的储备式消费观念，完全是由勾蓝瑶人地区社会生产力不发达，必须靠天吃饭的小农经济状况所决定的。丰年不做积存储备，一遇天灾人祸，生活就无着落了。因此，今天勾蓝瑶青年的家庭消费，仍然只有精打细算的理智型模式，社会学工作者所划分的其他模式，如习惯型、冲动型、想象型、不定型等消费模式，[1] 在这里还没有诞生的基础。

六　闲暇活动与社会交往

人们的社会生活从时间上看，一般由两大部分构成，即劳动生活时间和消费生活时间。在消费生活时间里，又可分为三个方面：①生理性生活时间，如吃饭、睡觉等；②家务劳动时间，如煮饭、洗衣等；③精神文化生活时间，如读书学习、体育锻炼、文化娱乐和社会交往等。这最后一部分的精神文化生活时间是人们可以自由支配的时间，社会学界称之为"闲暇时间"，[2] 闲暇时间内的活动方式就是闲暇生活方式。

---

[1]　于真、许德琦主编《调查研究知识手册》，工人出版社，1986，第411页。
[2]　袁亚愚、詹一之主编《社会学——历史理论方法》，四川大学出版社，1986，第201页。

作为农民，勾蓝瑶青年的生活时间是受自然季节支配的，没有确定的日常性闲暇时间。农忙季节，基本上是"两眼一睁，忙到熄灯"；农闲季节才有一些可自由打发的闲暇时间。

与他们的长辈年轻时不同，勾蓝瑶青年农民不需要利用有限的闲暇时间起早贪黑地打草鞋、纺棉纱、织布、舂米。实行家庭联产承包责任制以后，劳动效率大大提高，农田作息时间可自由安排，用不着像公社化时期那样整天泡在田里磨工分。还因经济收入有了较大幅度的增加，青年们改善闲暇生活的内容有了一些物质条件。因此，逛集镇、打篮球、下棋、打扑克、打毛衣、打乒乓球、打羽毛球、看电影、看小说、看书报杂志、听收录机、串门、走亲戚等相对多样的活动方式代替了他们的父辈基本上只走亲戚、串门聊天、带孩子或睡大觉的单调、乏味的闲暇生活模式。

尤其值得注意的是，近两年来，打篮球这种闲暇活动方式在勾蓝瑶青年中比较普及，黄家、新桥两个行政村都有自己的篮球场。特别是新桥行政村，一共只有 5 个村民小组，114 户人家，却建有 5 个篮球场。农闲时每到下午三四点钟，就有数目不等的男青年在打篮球。为什么篮球运动会在勾蓝瑶青年中这么普及？原来，近两年来随着小学、中学毕业后回乡务农的知识青年的增多，会打篮球（当地学校里最主要的体育活动就是打篮球）的人也多了起来。农闲时青年们要求摆脱传统的那种串门聊天、耍扑克或闷头干家务的闲暇生活方式，像乡政府青年干部和小学教师那样打打球的呼声逐渐增高；近两年的经济发展，使他们修两个简易球架、腾出一块晒谷场有了可能。这样，有的组就率先搞起了篮球场。同一行政村的几个组一看，别人的生产和经济并不比自己搞得好却能搞得起篮球场，我们为什么不能？于是也纷纷建起了篮球场。农闲时，青年们不但把打篮球作为玩耍的手段，而且还常常进行组与组、组与乡政府干部、组与乡中心小学教师之间的比赛。比赛赢了则津津乐道，颇为自豪，认为替本村、本组争了光；输了，回去必定下功夫苦练，以期下次翻身雪"耻"。

由于文化知识水平的提高、周围汉族青年生活方式的影响和闲暇活动的多样化，原先落后的、传统的封建意识在勾蓝瑶青年的生活中得到了一定程度的克服。前几年，未婚男女青年在村外路途上单独相遇，尽管大家彼此都熟识，但都不打招呼，生怕被人误以为在谈恋爱，即使是同一村民小组的男女青年相遇也不例外。现在男女青年在闲暇时间里互相围着桌子打扑克、说笑聊天或相互借书和杂志看的行为都很平常了；有的女青年甚至还与男青年一起玩篮球。到每隔三天一次的墟市日，一些女青年也会伙同男青年去桃川镇赶集（当地话叫"赶闹子"）、买东西或看电影。父母们对年轻人的这些举动现在也逐步习以为常，思想也开了一点窍，认为现在的青年都是如此，管也管不了，也没有必要管得太多。

当然，从客观上说，勾蓝瑶青年的闲暇生活内容还较贫乏，质量还很低。从内容上说，买书报杂志看的青年还不多，看电影、电视也较少。农闲时，只有在有人家办结婚酒、盖新屋、做生日或有人犯村规民约被重罚的情况下才能在村内看到电影。除打篮球、下象棋、打扑克外，其他体育活动和娱乐形式十分少见。中华人民共和国成立前勾蓝瑶人在宗教节日搞的歌舞和妇女们在家纺纱时唱的传统歌，在现今的勾蓝瑶青年中早已失传。桃川镇青年农民中开展得较多的象棋比赛、围棋比赛、桥牌赛、乒乓球赛、篮球联赛等活动在勾蓝瑶青年中还没开展过。看录像、玩桌球、打麻将也都还没传到勾蓝瑶人地区。乡村文化站、读报室、娱乐活动室之类的文化娱乐场所，他们也还没意识到有建设的必要。从质量上说，勾蓝瑶青年农民的闲暇活动大多是大家凑在一起图个热闹。那种注重提高自身素质的娱乐活动和倾向于表达个性、发展个性的项目，如歌舞、书法、绘画、诗歌、摄影、农业科技实验、旅游等，都还没有人想过。"那是人家城市青年的事，哪里是我们山里人能做的？我们只要能保证把饭吃饱就不错了。"这是大多数勾蓝瑶青年对闲暇生活的基本态度。

在勾蓝瑶青年的闲暇时间内，一项很重要的活动是社会交往，但社会交往活动的意义又远远超出了闲暇活动本身。

社会学家以人与人之间所形成的直接关系为基础，把人际关系分成三大类：一种是以血缘、姻缘关系为基础的亲戚关系；另一种是以地缘为基础的人际关系，由居住在同一地域而形成；还有一种是以业缘为基础的人际关系，由从事共同的或有关联的工作职业而形成。① 在现代社会中，人际关系以业缘交往为主，但在当今勾蓝瑶人地区，社会生产力发展水平很低，生产、生活大都在以家庭为单位的圈子里进行，因而人际交往还是以血缘、姻缘、地缘关系为主，业缘关系很少。下面笔者按交往对象的不同，把勾蓝瑶当代青年的社会交往活动做一个简单的叙述。

1. 亲戚交往

亲戚，包括血亲和姻亲。农忙季节，田地里劳作比较紧张，除了至亲间相互搞一些劳作互助外，来往较少。互助时一般都不计较得与失。他们认为互相帮助是亲戚间应有的本分事。亲戚中遇有人婚嫁、生小孩、做生日、起新房、生重病、死亡或其他重大意外事故，他们都会携带一些礼品、礼金前去祝贺、看望、安慰或给予一定的帮助。农历大年初一至正月十五这段时间内，未婚青年会随父母到各亲戚家向长辈拜年，已婚青年也会带着子女向长辈亲戚恭贺新春，然后大家热热闹闹地凑在一起吃一顿，以巩固和加强亲戚间的特殊关系。

2. 邻里交往

农闲时夜晚有空，勾蓝瑶青年会到同村或邻村几个要好伙伴家去串门聊天，或围上一桌打打扑克、下下棋；青年女子则会带上正在织的毛衣或正在做的鞋子到邻近的几家要好姑娘家串串门，一边干着手中的活，一边聊着同辈间的悄悄话或互相学习对方的手艺活。农忙抢收抢种和甘蔗收割季节，关系特别好的几家邻里生产上会互助，主家只需招待饭菜就行。同村有人盖新房，不管自己家多忙，都会丢下活去帮三四天工。如果因什么事没帮上忙，心里就会像压着一块石头一样感到很沉重。见到对方时，总感觉好像欠了他们一笔账似的，非常内疚。要是同村有人家死了人，

---

① 李星万、叶丽璇编著《社会学基础》，湖南人民出版社，1987，第135～136页。

大家都会去帮忙。即使平时两家因某些小事发生过矛盾或闹过不愉快，这时也会尽释前嫌，主动示诚。笔者曾问一些勾蓝瑶青年对此有何看法，他们的回答是："这种风俗是从上辈人那里传下来的。每个人都有要人帮忙的时候，如家里老人家过世总不能自己抬出去吧？我帮了别人，到时候别人也会帮我的。"这种"我帮别人，别人帮我"的风气比桃川镇汉族农民要淳朴得多。

3. 朋友交往

外地或外族青年手艺人到勾蓝瑶人地区干活，时间长了若和青年主人很合得来，也可互相结为"同年"——就像同年生的同胞兄弟一样，简称"老同"。他们彼此都像亲戚一样来往，有时关系甚至超过一般亲戚。在桃川镇或外地汉族地区读过初中的青年，也有一些与原来的同学发展成朋友关系的。但这种"老同"和朋友关系在勾蓝瑶青年中不普遍。由于经济、文化落后，见的世面少一些，大多数勾蓝瑶青年在对外交往中有一定的自卑感。笔者曾问几个常到桃川镇集市上去出售农副产品的勾蓝瑶青年："你们常到桃川去赶闹子，有没有与那里的人交朋友？""人家一听我们说话有兰溪口音，不骂我们是'死瑶古佬'就不错了，哪里还会与我们交朋友！"笔者到桃川镇后曾问几个在集市上常卖东西的汉族青年对勾蓝瑶人的印象如何。他们的回答是："没什么特别的印象，只知道他们那里交通不方便，是瑶山，生活很苦。"

4. 同事交往

这种同事交往的关系很少，一般只发生在乡干部与村干部、教师与教师之间。有的教师因共事久了也有发展成朋友关系的。不过，不管是同事、邻里，还是"同年"，异性之间结成朋友关系的在勾蓝瑶青年中还没有过。

与人交往时，讲究诚而守信、礼尚往来是勾蓝瑶青年乃至全体勾蓝瑶人的为人准则。勾蓝瑶人内部自不必说，就是陌生的外地人到兰溪，只要尊重他们，他们都会热情地邀你到家中去玩、吃饭，并倾家中所有的好菜好饭招待。有事请他们帮忙，他们都乐而为之，从不计较。当然诚而守信的最典型代表是婚姻大事一诺千金。谈恋爱时只要男女青年自己没意见，双方父母也同意，就算是吃了秤砣——铁了心，在既没领结婚证，又没办"迎亲"仪式前，就可同居生儿育女。这种婚姻完全是靠两家人的诚意和信赖得以维持。

勾蓝瑶青年诚而守信、礼尚往来的另一个突出表现是不轻易受人恩惠，一旦受之，必加倍回报。平时亲友邻里交往时，一般是互通有无，馈赠则投桃报李。如遇婚丧嫁娶、盖新房、做生日、生小孩等大事时，所受人家礼品都会一一记在小本子上，到适当时机回报别人。"来而不往非礼也"这种传统的思想在勾蓝瑶青年农民中扎根很深。"非礼"就得不到别人的信任和尊重，这是勾蓝瑶人少儿时代起就从家庭和社会中所接受的最深刻的教育内容之一。

七 对宗教信仰和迷信、巫术的态度

自明朝以降到中华人民共和国成立前，儒、道、佛三家的宗教势力曾深入勾蓝瑶人居住的山窝窝里传播各自的宗教思想和信仰，先后让勾蓝瑶人捐资、捐物修建了名目繁多的寺、庙、观、庵、宫等敬神、礼佛、祈愿的宗教建筑。1950 年以前，勾蓝瑶人常引以为豪的东西就是："桃川有 53 个村子，兰溪就有 54 座庙！"直到今天仍能找到数量相当可观的残碑旧迹。

从理论上说，宗教是人们感到不能掌握自己的命运时而对自然、社会与人生所产生的一种自我感觉。他们祈求某种超越的力量做自身命运的依托和精神的归宿。从严格的意义上说，宗教须由共同的信仰、共同的道德规范、统一的礼仪和严密的教团组织等要素所构成。但是，勾蓝瑶人传统的宗教信仰历来就是没有完整思想体系的杂神崇拜。他们既信奉如来、观音、弥勒、韦驮，也尊崇玉皇、雷公、电母、雨师、风伯，还供奉三皇五帝、盘古、盘瓠、关帝、李世民、门神、灶神、土地、五谷婆婆、祖先亡灵，还崇拜据说为勾蓝瑶人立有大功的吴将军、黄将军、李将军和李三娘（女）。对上述信仰偶像，他们也与周围普通汉族农民一样，采取有事则敬之、祈之，没事就闲置的实用主义态度。而且，在中华人民共和国成立前，勾蓝瑶人常利用宗教节日在寺、庙举行全族性的歌舞、娱乐活动，既感谢神灵所赐的丰收，也表达自己欢愉的心情。

今天的勾蓝瑶青年对这些传统的偶像是不敬奉了。对一些尚能挡风遮雨的破旧寺庙，青年人也多把它们用作堆放柴草、农家肥、砖瓦和其他杂物的场所。至于里面原先敬奉的是哪一路神仙、哪一方菩萨，今天已没一个人能说得清，也没有哪一个青年想去搞清。"哪里有什么神仙呀，那是老人家的迷信！"这是当今勾蓝瑶青年对宗教信仰的最基本态度。以前宗教节日里在寺庙举行的歌舞、吃喝、娱乐活动在 1950 年以后也已销声匿迹，以至今天的青年听起来就像是天方夜谭。

在今天勾蓝瑶人家庭内部，"天地君亲师"五位一体的封建宗法思想和祖先亡灵崇拜仍然存在。一般家庭房屋厅堂正中的墙上都挂有一张红纸黑字的"神榜"，两边配有一副对联，其形式和内容大致如图 1 所示。

祖德流芳①

一家世代源流

敬诸神祀典

奉天地君亲师之神位某氏宗亲

万古圣贤礼乐

图1　勾蓝瑶人房屋厅堂正中悬挂的"神榜"

神榜前置有一张十分简易的香案，上搁一只香炉、两只酒杯和一把酒壶。每逢过年过节，老人总要在神榜前烧几炷香，敬两杯酒，口中喃喃地吁请祖先亡灵在冥冥之中保佑子孙后人家业兴旺、

---

① 横批应从左到右写作"芳流德祖"，但大多数勾蓝瑶人家庭都按习惯写成"祖德流芳"，为反映现状，原样抄录。

无病无灾。年轻人一般觉得老人的这些举动很滑稽。个别老实、温顺的儿女不违逆老人的意愿也会上前象征性地叩一下头，但大多数青年都认为是"大白天说鬼话"，常常借故溜到外面去转一转，等这个仪式过了再回来。

对于某些传统禁忌，勾蓝瑶青年，尤其是男青年，大胆地破了戒。譬如，以前勾蓝瑶人是不吃狗肉的，传说吃了狗肉会破相，不是瞎眼就是跛脚或断胳膊。现在没人相信这一套了。除了妇女和一部分老人外，大多数青壮年男子都吃狗肉，而且认为味道很不错。以前还有好多"忌日"，如忌风、忌水、忌野猪、忌老鼠、忌老虎、忌鸟、忌雷公等。在逢忌的日子里，不搞农事不动土，怕犯了忌对生产不利，对本人和全家身体有害。现在这些禁忌也被青年们破得一干二净了。然而，还有一些传统的和从附近汉人那里接受过来的禁忌、符咒、巫蛊、命相、风水等迷信习俗，在今天许多勾蓝瑶青年的思想意识深处仍有一定的地位，主要表现在这样一些事象里。

（1）在起新房定地基、起新灶时，要请风水先生看方向，动工要选吉日；起新房立门和墙基时要杀公鸡镇煞。老人家过世时，坟地要请风水先生勘察。这些事情，青年人都比较自觉地按传统规矩办，很少有异议。

（2）勾蓝瑶人地区残破的庙宇较多，里面的木料、柱子和砖头质量都非常好，又无人管理。村子里的青年农户起房子时常缺东短西，却没有一个人敢到破庙里顺手牵羊拿点材料用一用。除了这种行为不符合当地社会道德外，惧怕是更重要的原因。要是谁在装运砖瓦时不慎带了一两块可能是庙宇里散落出来的砖头，那是无论费多大劲也要把它们找出来放回去的，唯恐会因它而使自己或家人遭受不幸。1988 年，上村有位蒋姓小学教师盖新房时到市场上买了一些木头。回家后当他发现其中有两根质量特别好的木料涂有一些油漆时，他认为这是别人从寺庙里拆来卖而自己误买了，于是恭恭敬敬地将它们置于阁楼上，至今不敢动用。笔者问他："你是从中等专科师范学校毕业的知识分子，难道也信鬼神？"他一本正经地回答："我是不信的，但要是动用了它们，万一发生了什么事情，我怕对一家老小不好交代。"这种潜意识中的惧怕心理在勾蓝瑶青年中是很有代表性的。

（3）婴幼儿夜间长期好哭，年轻的父母也会按别人的指教，在纸上写着"天皇皇地皇皇，我家有个哭来王。过路君子看一遍，一觉睡到大天光"的祈语，在夜间贴到村边人所必经之处的树或墙上，以期小宝宝能从此安然入睡。如小孩受了惊吓后闹病，年轻的妈妈会请年纪大懂巫术的妇女来，用小孩的内衣裹住一小盅米，趁小孩睡着时，在他（她）头上摇晃，边摇边口中念念有词。摇完后等老年妇女揭开衣物，弄清酒盅内米松动后所呈的兆相，说出小孩是在何地被何物所吓后，年轻的妈妈便会在傍晚饭做好后，抱着孩子到巫婆所指的地方为孩子叫魂："××，我的小宝贝，快跟妈妈回家吃饭！"一连叫三遍才罢休。这些明显是从附近汉族地区传来的符咒和巫蛊（桃川地区的汉人也喜欢搞这些东西），灵不灵连他们自己也不清楚，但都愿意试一试。

（4）婴幼儿长期体弱多病，经八字先生（多是汉人）算定该孩子多病原因是他（她）命里犯有"将军箭"，如不采取相应措施，孩子就会命归黄泉的话，年轻的父母也会依八字先生所嘱，到三岔路口用木板或石碑立一块"挡箭碑"（也叫指路牌）。现笔者将1988年10月考察时发现于黄家村培元桥旁三岔路口上的一块很新的石制"挡箭碑"抄录如下（见图2）。

```
      贵 富 命 长
  左   记 断 命   右
  走   在 弦 带   走
  朝   石 请 将   桃
  东   头 军 川
      面 群 箭
        念 弓
        一 开
        遍 一
```

图2 "挡箭碑"碑文

碑上的言辞意思是该孩子命中犯有"将军箭"的难关，在他（她）生下来后，冥冥之中有个鬼神正拿着一支将军箭瞄着他（她）。如今其父母在三岔路口立了这块指路碑，帮过往行人做了一件好事，积了功德。只要过往的行人念一遍石头上刻的字，就帮该孩子解了这个厄：鬼神的弓弦断了，箭再也射不出来了，孩子也能长命富贵了。笔者在勾蓝瑶人地区发现这种碑或牌还不少，奇怪的是竟有许多年轻妇女相信这种巫术。她们从来不看这种碑，认为看了会对自己的孩子不利。

如果孩子久病不愈，请当地专搞迷信活动的师公诊病的结果是小孩子的魂掉在鬼的那边，无法回来而致病，其父母也会请师公用竹片编成一架小桥，上缝以剪成圆形叠在一起的红白蓝黑花五种颜色的布，置放在住宅附近的水沟上，称为"架花桥"（见图3），意思是架了花桥，把小孩的魂引渡过来，病就会好了。师公、巫婆给人治病的报酬是钱几元、鸡一只、米几升。

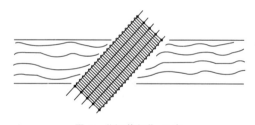

图3 "架花桥"示意

不过，大多数勾蓝瑶年轻父母对这些符咒和巫术将信将疑，将疑又将信。搞了，又不能让人信服；不搞，又怕万一真的错过机会造成无法挽回的损失。于是他们多采用先到乡卫生院找医生看病、吃药、打针，回到家后再行巫术和符咒。正道邪道双管齐下，孩子健康了，目的就达到了。家里人没病没灾时，没有一个年轻人会去理会上述巫术和符咒，也没有谁愿意向别人学搞这些迷信的技术。

与周围汉族农村一样，勾蓝瑶人社会对妇女也有不少禁忌，其中最突出的是两条：其一，青年女子生小孩的一个月内，不准串别人家的门。要是这期间到别人家去，不管她与这家人平时关

系多么好，他们都会拿竹竿像赶鸡鸭似的赶她。否则，据说该户
人家这一年内的牲畜就很难养了。其二，不管女儿是否出嫁，生
小孩一定要到男方家去生——招赘者例外。万一来不及赶到男方
家，宁可生在路上也不能生在娘家，据说生在娘家对整个村子将
不利。这些专门针对女子的禁忌，勾蓝瑶女青年从小就从家长的
教诲和其他社会交往中了解得一清二楚，长大后都恪守无误，没
人去违反它，也没有哪个妇女对此提出异议。据笔者考察后所得
印象，勾蓝瑶青年对迷信和传统信仰、禁忌的态度比桃川汉族青
年要保守一些；而勾蓝瑶女青年与男青年相比，保守性、虔诚性
要强得多，反抗性则差得多。

八　政治组织和政治生活

与我国大多数农村地区一样，勾蓝瑶人地区的政治组织包括
党派组织和政权组织两类。党派组织只有中国共产党和中国共产
主义青年团；政权组织则处于中国共产党组织的领导之下。按大
多数勾蓝瑶青年的理解，政治就是入党当干部。

在人民公社化时期，党团员在社会生活中所处的地位比非党
团员要优越得多，提干、升学、参军、招工，党团员优先，因而
参加的人较多，组织也比较活跃。实行家庭联产承包责任制以后，
生产、生活全以个体家庭为单位进行，人民公社化的"大锅饭"
体制被打破了，党团员在社会生活中的优越地位减弱了，招干、
升学、招民办教师全以自己能不能通过考试或有没有社会关系为
基准，所以绝大多数青年对入党入团兴趣减弱。据笔者调查，到
1989 年 11 月止，勾蓝瑶人中有党员 63 名，其中 30 岁以下的党员
只有 2 人，占党员总数的 3%。共青团则几乎没人入了——上学时
入的除外。有的村要找个团员担任团支书都找不到，只好让既不
是党员也不是团员的村文书兼着。一般的党团员现在也只顾自家
的生产、生活，对集体公益事业漠不关心，形象也和一般群众差
不多。个别党员自己也认为"什么党不党的"，还不都是向田地讨
生活的人？故党员的思想比较涣散，村组党团组织基本上处于瘫

痪状态。1989 年 10 月，有个乡干部向笔者透露这样一件事：有一次，兰溪瑶族乡党委要召集各村组党员到乡政府办公室集体过一次组织生活，大多数党员以为是乡党委要请他们吃喝一顿。等了解明白是学习文件，没吃的招待时，就都溜到责任田里干自己的活去了。

现在的勾蓝瑶人地区，管理集体和公共事务的是乡、村、组三级基层行政及准行政组织的干部和村党支部书记。乡干部都是拿工资的，由县党委、县人民政府通过县人事局调派；乡党委书记由县党委任命，乡长由乡人大代表在乡干部中选举产生后报县政府批准，或由县政府直接委派。村民委员会管辖地也叫行政村，该委员会名义上是自治组织，实际上成了乡政府的下属机构，干部都是当地的农民。村党支部书记由乡党委任命或由乡党委内定好候选人，再让全村党员开会表决后产生。村主任和文书则由村党支部书记提名，由群众代表开会表决后上报乡政府批准。村民委员会下属的是村民小组，简称组，是勾蓝瑶人地区最小的组织形式。组长由本组内各农户选举产生。村组干部的职责是协助乡干部落实县委、县政府下达的生产指标、计划生育工作指标，催交公粮公款，负责统筹安排和照顾五保户、烈军属家庭的生产、生活问题，向本村本组各户村民分派如修水库、筑路、建校舍等集体公益事业任务，还要按村规民约调解和处理村民间的日常矛盾和纠纷。乡政府则从群众中征收一定的村组干部补助费，按各村组干部的实际工作情况和成绩，每年给每人发 200～1000 元的酬劳费。

在勾蓝瑶青年的观念中，最有出息的是能出去当脱产干部的人，如乡级以上干部。村主任和文书，如果上级任命了自己，或群众选中自己乡政府也批准了，也可干一干，但没有一个是自己到上级政府或群众面前毛遂自荐的。组长没人想当，认为一年忙到头，补贴少还常受气，划不来。一些组的组长是由各户轮流或以抓阄方式确定的。不过，勾蓝瑶青年在当地行政组织中已占据了重要的地位。表 2 是 1989 年 11 月调查所得的勾蓝瑶人担任干部的情况。

表2 勾蓝瑶人干部担任情况

单位：人，%

项目	乡干部	村干部	组干部	合计
总人数	15	19	27	61
30岁以下的人数	6	8	18	32
青年干部所占比例	40.0	42.1	66.7	52.5

然而，大多数勾蓝瑶青年对当村组干部热情不高，认为村组干部是上意下达的传递工具，自己没发言权，容易被乡亲误解，弄不好会成"猪八戒照镜子——里外不是人"。县政府常以文件形式给各乡下达生产指标和项目，并以行政手段强行贯彻。有些生产指标和生产项目不适合勾蓝瑶人山区的实际，乡干部也必须坚决执行，于是乡干部便把分派下来的生产指标和生产项目交给各村组干部去安排，并规定任务完成的好坏与他们年终所得的补助费挂钩。各村组干部自己也是种责任田的农民，其根本利益与村民是一致的，但除了自己必须带头执行外，还要协助乡干部挨家挨户去落实这些生产指标，所以在工作中颇感为难。不干吧，则受上级的批评；干吧，又不符合自己和村民的利益。一些群众便说他们不是为村民群众谋利益，而是为自己年终时可从乡政府多得补助费而工作。"白拿我们群众的血汗钱，不要脸！"不少村组干部受不了这种气，认为横竖还不都是挣口饭吃，不如当个普通群众，在家静静地种田务农，这口饭还吃得心安理得一些。1981年，勾蓝瑶人地区实行家庭联产承包责任制以后，生产、生活都以家庭为单位进行，各村都定有村规民约来协调村民之间的行为和关系。笔者现将黄家行政村的村规民约抄录如下。

兰溪瑶族乡黄家村村规民约

为开发山区、建设山区，加强社会治安，确保人民生命财产安全，改善人民生活，在党的领导下搞活我村经济，特作如下村规民约：

一、积极响应党的号召，执行党的各项方针、政策，深入开展五讲四美三热爱活动，克己奉公，不以强欺弱，不搞宗派迷信。

二、维护《婚姻法》，实行男女婚姻自由，禁止买卖包办婚姻；男女平等，夫妻互爱；父母应加强对子女的教养，子女应负赡养老人的义务。

三、严禁赌博，人人有责检举，个个有权没收赌具、赌款；赌款一半归检举人和破获者。对屡教不改的赌头、赌棍交游乡示众，并罚款 20~25 元。

四、严禁偷摸盗窃。如有偷盗行为，坚决罚款处理。凡偷蔬菜、饲料，每斤罚款 1 元；偷一斤水果、一根甘蔗、一把稻草各罚款 2 元；偷鸡鸭者，每只罚款 10 元；盗窃私人财产、耕牛、生猪者，除追回赃物外，罚款 20~500 元，情节严重者还须游乡示众，并送公安部门绳之以法。

五、发展生产，保护劳动果实。一切农作物在收获前，严禁禽畜上峒放养，违者除赔偿外，家禽每只罚款 1 元，家畜每头罚款 2 元。

六、严禁偷盗山塘、水库鱼类和河坝之鱼虾，违者除赔偿损失外，罚款 5~100 元。

七、积极开展植树造林活动。凡在自己所管辖的范围内，如房前屋后、自留山、自留地上种植的竹木、果树，谁种归谁所有，任何人不得侵犯。

八、严禁乱砍滥伐林木。成林之内封山区域，村前宅后以及后龙的风景林，一律禁止砍伐和挖树苑，违者按如下方法处理：

1. 一尺围以上的，除追回赃物外，每苑罚款 10 元，枫树苗、枞树苗每株罚款 5 元。

2. 偷砍茶子树、桐子树、小杉树、小樟树，每株罚款 10 元。

3. 凡属我村所管辖的茶子树林、枞树林以及灰草区域内，一律禁止外村人砍茅草、挖树苑子，违者除追回原物外，树苑每苑罚款 2 元，茅草每把罚款 5 角。态度恶劣者加倍处罚。

九、维护原有水利设施以及公共福利事业，所有山塘、水库、渠道每年定期维修。凡属受益农户应积极参加维修工作，不得无故误工，违者每人罚款 5 元。凡属石板路的石块，任何人不得撬用，违者每撬石板一块，罚款 5 元。

十、尊师爱校，保护学校环境，爱护学校财产；任何人不得损害学校利益，偷盗学校财产和学校花草树木、农作物，违者除赔偿损失外，还须严肃处理。情节严重者扭送公安部门处理。

十一、加强民族团结，维护民族尊严；反对地方民族主义和种族歧视；保护民族特点，尊重民族风俗习惯。

以上村规民约自公布之日起执行。

党支部

黄家村

村委会

1985 年 1 月 24 日

村规民约一般由村民委员会制定，交村民家长会议讨论通过后张榜公布。村规民约的执行者是党支部书记、村主任和文书。其实，绝大多数勾蓝瑶人，无论是中老年人还是青少年，人都很忠厚、老实，民风比较淳朴。除了偶尔有禽畜上地吃了庄稼，个别人偷砍了一些树木、茅草外，打架斗殴、赌博、弃老不养、丢小不顾等违反村规民约的事没有发生过。包括青年男女在内的所有勾蓝瑶人都自觉地在"讲良心""讲道理"的范围内行事。所谓"讲良心""讲道理"就是在当地社会的传统道德规范和公理范围内行事。一般两家发生争执，邻里和村组干部劝解一番也就完了。村组干部解决不了的，则交乡干部解决。不过，一般人都不愿把事情闹到乡政府和派出所去，认为这样做并不光彩。青年人中如有违反村规民约者，一般由村主任、支书批评一顿就完了，并不严格按村规民约的条例办事。有个别情节严重的，如偷盗树木被抓，则罚他给全村人放场电影，并在放电影前做自我检讨，向全村人悔过。勾蓝瑶青年不会打麻将和桌球，故没有赌博的。到勾蓝瑶人地区干手艺活的外地人赌博则由村干部出面禁止，不听劝告则全村人把他们赶走。"游乡示众"的处罚方式仅是条文，实际上没施行过。如果一般群众与村组干部发生矛盾或认为村组干部办事不公平，一般吵骂一顿就算了，很少有上告到乡政府去的。多数群众认为村组干部与乡干部熟识，干部护干部，告了也没用。尽管勾蓝瑶当代青年参与管理当地集体和公共事务的观念不强，但若有外村、外族人侵犯了本村、本族的集体利益，青年男子都会群起保护。有些青年男子对与自己生活有关的国家时事和中国共产党的农村政策比较关心，订阅了《湖南日报》《中国青年报》和《半月谈》，想通过它们了解国家政策的变化情况。他们认为家庭联产承包责任制使生活比人民公社时期好过多了，口粮增加了，经济收入提高一些了，人也自由了，不希望国家政策有大的反复。

九　几点思考

从以上各方面的描述中，我们不难看出这样一个事实：除了在婚姻、宗教等方面还继承着一些本民族的传统习惯外，勾蓝瑶青年的社会生活方式大多已与同社区的汉族青年没什么显著差别，他们已成为我国南方山区普通农村青年的一部分。但是，在劳动、生活、道德行为和审美等方面的思想观念深处，勾蓝瑶青年比同社区汉族青年显得保守、落后一些。

研究勾蓝瑶青年的社会生活方式，目的是使勾蓝瑶青年逐步成为富有创造精神、善于思考、敢于革新、锐意进取、面向未来的一代；使他们成为掌握现代科技、管理知识，为国家、集体做贡献和创造财富的新人；使他们成为推动当地社会经济、文化迅速发展的主要动力。要达到这种目标，笔者认为勾蓝瑶青年必须克服现存生活方式中的这样几个问题。

1. 破除温饱即止的低标准生活观念

由于自然条件差、交通闭塞、经济落后，勾蓝瑶青年对生活的要求普遍很低。大多数青年认为好生活或幸福生活的内容就是："农业丰收，有新房子住，家人身体健康，再加上一年有两三头大猪或一两头小牛犊出售。"少数青年认为还要有收录机和电视机。近几年实行家庭联产承包责任制后，勾蓝瑶人基本脱离了贫困状态，普遍对生活比较满足。一些家里开有一小间代销店或有部打米机的青年，手头零用钱较宽裕一些，他们对笔者反映："像我们这样的生活，比外面的人不足，跟村里一般的人比又好些，所以还是满意的。以后嘛，只要把几个孩子带大就行啦！"这种温饱即止、缺乏更大进取精神的小生产者生活观念，在大多数勾蓝瑶青年的思想中根基很深。

符合我国实际的，文明、健康、科学的生活方式，其基本特征之一是消费水平达到宽裕小康、闲暇生活丰富多彩。按我国社会学界的估算，一般地区一个农民要维护自己最低生活水平和实行简单再生产，需要200元左右。年人均纯收入低于200元的是"贫困型"生活方式；处于200～500元的是"温饱型"生活方式；500～1000元的为"宽裕型"生活方式；1000元以上的是"小康型"生活方式。① 按这个标准类比，勾蓝瑶人这两年才进入口粮基本满足需要，开始注意副食品消费，衣着消费超过基本定量供应水平，有一定余力改善居住条件和某些生活设施的温饱阶段，离宽裕小康还有较大的距离。至于闲暇生活，正如前文所述还停留在单调、凑热闹的阶段。那种开展形式多样的娱乐活动、业余学习多样化、充分发挥个人才智、发展个性及提高自身素质的闲暇生活方式基本上还没建立。

2. 陈旧的消费模式

在现阶段的我国农村地区，消费和生产都以家庭为单位开展，处于一体化状态，因此我国的农民在消费上先要用以扩大再生产，尔后再达到扩大再消费。但勾蓝瑶青年的消费模式基本上是从前辈那里继承下来的陈旧模式，在获得收入后大都倾其所有用于生活消费。尽管他们平时也克勤克俭、节衣缩食，但在办结婚酒、小孩"做三朝"、老人祝寿等仪式时花费较大。往往数桌、十数桌的酒席一摆，以显示自己家兴旺发达，特别是盖新房花费巨大。据笔者调查，勾蓝瑶人起房子的砖瓦大多是农闲时请人帮忙烧制的。起一座三间堂（一进三间）的砖瓦房，从挖泥制砖的那一天算起，光烧砖瓦的人的吃喝招待费就达1400多元——农村的习惯，

---

① 参见徐勇编著《走向现代文明——大变革中的中国社会生活方式》，华夏出版社，1987，第26～27页。

粮食是自家田里产的，不计算在内。如果加木料钱两三千元，师傅们的工钱，盖房期间帮工们的招待费用，以及最后新房落成仪式所办的十几乃至几十桌酒席的花费和一场电影放映费，一座三间堂砖瓦房要花费七八千元。刚脱离贫困状态才两三年的勾蓝瑶人，要完全依靠自己的农副产品收入起新居是很难的，于是只好一面把生产成本贴进去，一面向亲友们告借。兰溪瑶族乡信用社的负责人告诉笔者："每年春天有 80% 左右的勾蓝瑶人家庭要到我们这儿贷款买化肥、农药和种子。"既然收入所得几乎全用于生活消费，生产最多只能在原有的规模和水平上重复，社会经济的发展自然十分缓慢。

笔者曾问一些勾蓝瑶男青年，如果他们有了钱，最想干的是什么事？个别的答"做生意"，大多数则答"起房子，买单车、收录机、电视机，再就是吃好、穿好"。没有人考虑学习技术搞好农林副业的扩大再生产问题。桃川镇农民那种花钱让青年男女学习裁缝、理发、烹饪、机械和电子修理，或送青年到县农校学习种香菌、木耳，学习果树栽培、管理的，在勾蓝瑶青年中，笔者所见到的只有一个（学种香菌）。大多数家长和青年本人都认为"学也学不到东西，学得槽槽懂懂的，还不是搞不成？不如不学，还花了钱！"更严重的是，在勾蓝瑶人和附近宝庆瑶人中有这样一种观念，即家里只要有儿子，哪怕他只有十一二岁，做父母的都要筹钱给他准备一座三间堂的房屋，以便他到 17 岁左右能说上媳妇。有的年轻夫妇，家里的儿子才四五岁也按这个习惯在存钱。这种观念严重阻碍了资金往扩大再生产方面的投入，不利于当地社会经济的发展。

3. 落后于时代的价值观

能干、有本事是桃川镇农民对好青年的最高评价。勾蓝瑶人对好青年的最高评价标准是老实忠厚。父母考虑儿女婚姻时，首先要看对方是不是老实人；男女青年选择婚配对象最主要的条件是看对方是不是老实人；村里人选干部也主要是看他是不是老实人；长辈人看这个青年是不是好青年，也是看他是不是老实人。

"老实"是跟"滑头""不安分"相对应的。在普通勾蓝瑶人看来，老实人就是那些安分守己、勤勤恳恳、任劳任怨、礼敬和顺从亲长的人。作为一种价值取向，它反映的是生于斯、长于斯、死于斯这种封闭型小农经济社会中的人格标准和道德要求。在自给自足的小农经济社会里，几代人、十几代人乃至几十代人都生活在同一个小圈子里，大家非亲即故，守望相助是应该的；要"滑头"是不必要也不道德的行为，而老实、本分、顺从、礼敬所有亲长才符合社会规范的要求。这种对人的价值取向是与传统封闭的农业社会生产方式相适应的。现在的勾蓝瑶人地区，尽管还是实行单家独户手工操作的生产方式，但已打破了自给自足的封闭状态，进入了生产分工化、商业化的阶段，社会也已进入了社会主义发展的新时期。文明、健康、科学的社会主义生活方式的基本特征之一就是人与人之间必须具备开放、平等互助、团结尊重的关系。这就要求人们必须发展自己、尊重他人，开展互惠互利的社会活动，发展团结合作的同志关系、融洽亲密的家庭关系、和睦的邻里关系等。勾蓝瑶青年忠厚老实、诚以待人固然是值得发扬的优秀品质，但一味要求青年朝传统的"老实人"看齐，虽使勾蓝瑶人淳朴的民风得以传承，但也使他们的青年缺少一种敢想敢干、勇于开拓和进取的精神，两只眼睛只看见自己脚板下的土疙瘩，不敢看外面的世界。"我们山里人只会种田种地，不会别的；只要有田地种，我们不会去想别的。"这种闭关自守、因循守旧的思想观念给勾蓝瑶人社会的经济文化快速发展带来很大困难。

4. 落后的文化教育和人才培养

勾蓝瑶青年所受文化教育程度普遍很低，除个别从地区中等师范专科学校毕业或进修后回乡执教的小学教师，以及近几年从桃川镇或其他乡中学念完初中、高中的少部分青年外，大多数青年只有初小、高小文化程度，甚至不少女青年是文盲、半文盲。据 1989 年的统计，15 ~ 40 岁的勾蓝瑶人有 773 人，其中文盲、半文盲有 304 人，占 39.3%；15 ~ 40 岁的女子有 359 人，其中文盲、半文盲达 221 人，占 61.6%。由于当地生产方式落后，农业活动完全依靠手工操作，身体壮、力气大就成了"有饭吃"的象征，文化教育得不到重视。谈恋爱、找配偶自然不会对对方的受教育程度提出什么要求；就是年轻父母送自己的孩子上学，心里的想法大多也是："小孩子年纪小干不了活，到学校待几年后长大了再下田地吧！"桃川镇农民那种把四五岁的孩子拼命往学校送，子女初高中毕业后鼓励他们考大学、考中专，只要子女不泄气，考不上再花钱补习几年都愿意的现象在勾蓝瑶人中极少——只限于个别教师和干部家庭。

对女孩子的上学问题，家长就更为勉强。他们认为女儿迟早是要嫁人的，多读点书或少读点书没什么关系，因而进入高小阶段后女生流失的现象特别严重。下面是笔者于1989年11月在桃川镇中心小学和兰溪瑶族乡中心小学男女生就学情况考察后所绘制的两地情况对照图表（见表3、图4）。

表3　桃川镇与兰溪瑶族乡两地中心小学各年级女生人数及比例对照

单位：人，%

年级	学生总数		其中女生数		女生所占比例	
	桃川	兰溪	桃川	兰溪	桃川	兰溪
一	98	25	51	13	52	52
二	136	27	60	15	44.1	55.6
三	97	84	46	34	47.4	40.5
四	135	81	63	37	46.7	45.7
五	140	99	66	25	47.1	25.3

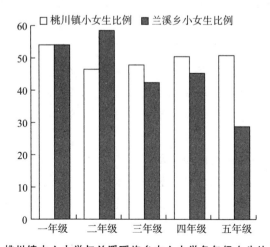

图4　桃川镇中心小学与兰溪瑶族乡中心小学各年级女生比例对照

由于受教育水平低，迷信思想在勾蓝瑶青年的生产、生活中具有一定的影响。尤其是在生产方面，他们认为农作物丰收、家畜兴旺，是运气好，老天爷、祖宗暗中帮了忙；农作物歉收、家畜养不好，则是运气不佳，无法挽救。家禽、牲畜接连死亡，大多数青年不是从细菌、病毒感染上找原因，加强医疗和卫生预防，而是认为自己不知什么时候得罪了哪位鬼神，以至于运气不佳所致，祈望下一年能时来运转。由于这种思想观念占主导地位，青年进县农业学校学习农业、畜牧业技术和果树栽培技术的极少。受教育少，见识浅，使勾蓝瑶青年的素质普遍较低，这给改造勾蓝瑶地区落后的社会面貌带来很大的困难。

5. 缺乏一种当家做主的主人翁态度

在社会生活中当家做主的主人翁态度，不仅是文明、健康、科学的社会主义生活方式的基本特征，也是勾蓝瑶人作为社会主义社会主人应有的权利。但是一般的勾蓝瑶青年出于小生产者惯有的心态，对当地的政治生活采取一种矛盾的态度：对乡以上级别的行政权威盲目崇拜或惧怕；对村组公共事务管理则热情不高。他们不是把当干部作为发展自己、贡献自己才智，为当地社会发展做贡献的机会，而仅仅当作改变个人职业和生活道路的手段。达不到这个目的，则将政治生活视为党员或干部的事，与自己无关。对干部的选择，采取自己不想当，上面委派谁我都接受的消极被动态度。一旦发现委派的干部不称职或谋私利时，他们不会以主人翁的态度站出来行使自己的权利，开会罢免或要求上级撤换，而是采取吵闹一番，不理睬、不合作或冷嘲热讽的方式处理。对党团组织和共产党的活动不了解也不感兴趣，只关心自己家人的生产和生活，社会活动特别少。这种状态对勾蓝瑶社会的发展也很不利。

当然，要改变当前勾蓝瑶青年中单调、落后的社会生活方式和生活观念，促进当地社会较快发展，最主要的是要先变革勾蓝瑶地区落后的生产方式，改变他们完全依靠手工进行体力操作的劳动手段，使机械化、电气化逐步进入勾蓝瑶人的劳动生活中去。在改变他们劳动手段的同时，当地政府应组织一定的财力、物力和技术力量，帮助勾蓝瑶青年发展多种经营，创造致富门路，创办适合当地实际情况和潜力的乡镇集体企业，开创一种有文化、有知识、懂技术、联系广、进取心强的青年肯定比懒惰、没有技术、没有文化知识的传统农民生活得好的局面。这样，文化教育才能在勾蓝瑶青年中蓬勃发展，落后的生活方式和生活观念（包括价值观、道德观和审美观）才能得到改造，勾蓝瑶社会的经济、文化也才能快速发展。

总之，在我国南方类似于勾蓝瑶人社会的民族或族群散居地区，要帮助他们建立符合文明、健康、科学标准的社会主义生活方式，首先应帮助他们打破原有的落后的生产方式，大力发展生产和经济。在发展生产和经济的同时，应引导他们的青年在继承传统文化、吸收外来文明的过程中，摒弃那些闭关自守、信天听命、不求上进、不重视科学知识的愚昧的生活方式和生活观念。只有这样，才能促进当地社会快速发展，建成民族或族群团结、互助和共同发展的具有社会主义生活方式的新农村。

湘桂边界地区瑶族传统婚俗与有待
改革的几个问题刍议[*]

男婚女嫁在大多数社会里都是一件非同寻常的事，它不仅标志着作为社会成员一分子的个人从此应担当起社会赋予每个成年者的权利、义务和责任，而且还关系种族的繁衍、社会的稳定、民族或族群文化的传承等大事，因而许多民族或族群在其成员的婚嫁过程中，总要举行一些富有本民族或族群气息的仪式，以表达吉祥、兆福等意义，同时也对婚嫁做些禁忌和规范。这就构成了一个民族或族群的婚姻习俗。作为诸多文化中最引人注目的部分，婚俗是一个民族或族群长期以来为适应生存而形成的文化形式之一，揭示它就等于敞开了一扇了解该民族或族群传统文化的门户。湘桂边界地区历来是瑶族居住较集中的地方，瑶族传统文化源远流长，因此笔者根据考察材料和前人的调查研究成果，对该地区瑶族的婚俗及当前瑶区如何进行婚姻改革等问题做一初步探讨。

一 婚姻形式

湘桂边界的瑶族居住区，包括湖南的江华、江永，广西的贺县、钟山、富川、恭城、灌阳、全州、龙胜等县。其中的瑶人大致可分为两大支：一支操苗瑶语族瑶语支的勉语；另一支使用一种汉语方言。操勉语的瑶人中华人民共和国成立前居住在高山峻岭之间，过着逐山场而居的游耕生活，因而俗称"高山瑶"或

---

* 原文发表于《中南民族学院学报》（哲学社会科学版）1990 年第 4 期，第 48 ～ 55 页。

"过山瑶";使用汉语方言的这一支居住于丘陵平坝地带,过着与当地汉人一样的定居农耕生活,被称为"平地瑶"。无论是高山瑶还是平地瑶都实行一夫一妻制。与汉族婚俗不同的是该地区瑶人婚嫁,无论男女都可成为嫁方或娶方。综观中华人民共和国成立前后他们的婚姻形式,大体可分以下四种。

(1)"卖断"。"卖断"也称嫁断,是一种具有一定买卖性质的婚姻形式。采用这种形式,娶方要给嫁方一定数目的银钱做身价,婚后所生子女全跟娶方姓,继承娶方的祖宗香火。具体而言,卖断又分为两种情况:一是女到男方家上门做媳,俗称"讨妻";一是男子到女方家入赘当子,俗称"招郎"。采用讨妻形式的多是男方家经济条件较好、家里需女子做事或男方是独生子等情况的家庭。这种形式男方要付一笔数目不小的身价钱,女到男方家后所生子女全部从父姓,其婚聘礼仪也与当地汉人差不多。

采用招郎形式的多是女方家庭经济条件相对强过男方或没有兄弟姐妹,而男方家则兄弟多或家境贫寒娶不起妻等情况的家庭。如果是女方家没儿子而行招郎,也叫"接子"。中华人民共和国成立前招郎也要付身价钱,然而数量比嫁女少。据20世纪50年代对广西贺县新华乡瑶族的调查,清光绪年间至1921年,女子出嫁身价银是东毫36元,男子入赘为24元;1921~1931年,女子身价钱上升为60~70元,有的甚至要100元,男子则为36元;1931~1941年,女子身价为谷子1200斤左右,男子则是50元或60元;1941年以后,女子为谷子2000斤,男子为1200斤。[①] 男子入赘落户要改从女方姓,按女方家族班辈重取名字,所生小孩随母姓。如果男子嫁断而不改名换姓,则不能享受女方家族成员的权利,这在中华人民共和国成立前是一种十分严重的处罚手段。

男子入赘一般花费不多,结婚时,被子、衣服和其他生活用具均由女方准备,男子只带一些荤菜到女方家堂屋供奉女方祖先就行。供奉时,由当地负责宗教迷信事务的师公,在女方祖宗神

---

① 广西壮族自治区编辑组编《广西瑶族社会历史调查》第三册,广西民族出版社,1985,第211页。

榜前告诉女方列祖列宗"某方某姓男郎来此入户，改名某某"等。中华人民共和国成立前，招郎入赘要立字据，其形式大致如下。

> 立招赘字人×××，今有×××男，因家下贫穷难以娶妻，只得合家商议于×年×月自行邀谋媒证，自愿将××男托送与×××名下××女匹配为室。×年×月×日与×××凭媒言定，礼金××。入赘后承接×姓宗祧，跟班取名，听顺父母教训，敬重尊长，不得反议归宗。砍竹而断，不断无缘。所有祖遗之业，姐妹照股均分，不得变更。倘有不忠不孝、丢老不养、丢妻不顾、闲游浪荡、不务正业，所有产业概行无份，犹如拍手归家。双方内外叔伯不得翻悔异言，另生枝节，挑滋事端。空口无凭，立赘书是实为据。
>
> 人发千万
> 添丁进补
>
> 媒　　证×××
> 在场证人×××
> 代　　笔×××
> ××年×月×日

这种赘婚字据，一般人都不太愿意代笔书写，认为这是干缺德事，因而入赘者须备一定的礼金才能请到书写人。招郎在家的女儿有权继承父母的财产，数目与兄弟一样。

（2）"卖一半"。这种婚姻形式的性质和手续与"卖断"差不多，所不同的是双方家长在婚前商定青年男女结婚后生养子女时，要留一个姓嫁方的姓，承顶嫁方的祖宗香火。采用这种形式，嫁方获取的身价钱只有"卖断"形式的一半，因而俗称为"卖一半"或"卖不断"。

（3）"两边走"。"两边走"也叫"顶两头""两不辟宗"，指的是结婚后，青年夫妇一年四季内轮流在男女双方父母家生产、生活，以此帮助和照顾双方的父母家庭。这种婚姻形式，男女青年都用原姓，也没有身价，将来生养子女时，如果是以男到女方家生活时间居多，则第一个子女随母姓，第二个子女随父姓，第三个又随母姓，余下类推；如果是以女到男方家生活时间为主的，则第一个子女随父姓，第二个子女随母姓……行这种婚姻形式，以前也要请人立写字据，其形式、内容与"卖断"字据相仿，所不同的是对男子规定"入赘之后，承接二姓宗祧，生男育女，承顶二姓"，"倘有丢老不养、丢妻不顾、闲游浪荡、不务正业，一年半载不归女家，任由女家另招另配，双方内外叔伯人等，不得异言"。

（4）"招郎转"。"招郎转"也叫"明招暗讨"，行这种婚姻形式，需有一定条件，即女方父母已年迈体弱，弟妹又年幼，家里缺乏劳力，男家则弟兄不多，不想上门入赘，也不愿"两边走"，这样经过两家协商，立好字据，让女方先招男的进来，在规定期限内，在女家生产生活，等协定期满或女方弟妹已长大成人，或女方父母双亡已不再需要他们的照顾时，男子就可把妻子儿女带回自己家，子女也全随父姓。这种婚姻形式类似于服务婚，由于男子已在女方家劳动了一定时间作为补偿，因而没有身价钱。

中华人民共和国成立后经过40年的社会主义建设，该地区瑶人的婚姻形式已发生了很大变化，"卖一半"形式早已消失，"招郎转"也很少采用了，身价也从中华人民共和国成立初的逐步减少而至完全不讲了，但"招郎"和"两边走"的婚姻形式在瑶族人中，尤其是在高山瑶人中还十分流行。一些高山瑶人宁愿把儿子嫁出去，把女儿留在家招郎。问其原因，一是结婚费用省；二是招郎比儿子听话老实，肯干活；三是符合祖先的传统，招郎不受歧视。当然现在招郎已不立赘书，只要男女青年自己愿意，双方家长商议妥当到乡政府领取结婚证即可。许多招郎也不改名换姓了，到女方家落户后所生子女一般随母姓，如果子女多也可留一个随父姓。不过在高山瑶人中更普遍采用的是"两边走"的婚姻形式。在湖南江华，广西贺县、富川和恭城等县，笔者走访过的部分高山瑶人村子中，竟没有一户人家行汉族那样的嫁娶婚，全采用"两边走"形式。许多高山瑶人堂屋祖先神榜上供奉的姓氏有两三个，有个别人家竟达五六姓之多，这是数代人都行"两边走"婚姻形式的结果。为什么"两边走"这种传统的婚姻形式至今还十分流行？笔者认为主要有三个原因：其一，高山瑶人长期以来一直实行锄山挖地、广种薄收的生产方式。锄山挖地需要大量的劳动力，没有足够数量劳动力的投入，作物无法种植，生活也就没有保障。从 1980 年开始，瑶区陆续打破人民公社体制实行家庭联产承包责任制以后，单家独户成为最主要的劳动生产单位，保住壮劳力不外流对于提高家庭生活质量十分重要。"两边走"的婚姻形式，双方父母家的生产经营都能照顾到，这是可让青年男女婚配而又不使双方父母家庭损失劳动力的最佳方式。其二，"两边走"的婚姻形式，仪礼上属不嫁不娶，因而男女双方都不要身价，不要彩礼，结婚费用俭省，符合一般瑶族人的家庭经济状况。其三，高山瑶人长期以来生活艰辛，抚养小孩长大成年不太容易，如实行"嫁断"，出嫁了的子女一年半载才回父母家串一次门，基本上与父母家脱离了关系，心理上承受不了，也不符合瑶人的社会生活习惯。至于平地瑶人，由于长期受汉人影响，现在一般都与当地汉人一样行嫁女讨儿媳的婚配形式，只是没有儿子才"招郎"。由于上门入赘的多是家庭境况不好的男子，因而招郎虽在女家享有如同儿子一样的待遇，但在社会上或村人眼里会受一定的歧视，与人发生纠纷时常会被骂为"上门狗"，故一般人不愿入赘。不过赘婿如有本事，能把家庭搞得红红火火，也会得到女方族亲和村人的赞誉和尊敬。

二　婚姻礼仪

据宋朝周去非所记："瑶人每岁十月旦，举峒祭都贝大王于其庙前，会男女之无室家者，男女各群，连袂而舞，谓之'踏瑶'。男女意相得，则男咿嘤奋跃，入女群中负所爱而归，于是夫妇定矣。各自配合，不由父母。其无配者，姑俟来年。"[①] 清朝光绪年间编的《恭城县志》在叙述当地瑶人婚俗时，除了引述上面的记载外，还说"或遇社日，男女聚歌游戏，成婚不论同姓，不用花

---

① （宋）周去非《岭外代答》卷十。

轿，亦无茶会，极其自由"①。这些记载虽存在某些夸张成分，但那时瑶人婚配礼仪甚少是可以确定的。从清朝道光年间开始，君主专制统治者为加强对瑶族人的统治，陆续在瑶区（尤其是在平地瑶地区）置办了一些书院和义学，传播儒家文化。清末民初，地方官为使瑶人改变"瑶性"，利用瑶族的头人、乡绅和知识分子，强制推行汉化的改良风俗政策。这样，"父母之命，媒妁之言"便深入一些瑶人的婚姻生活之中。纵观中华人民共和国成立前后湘桂边界地区瑶人的婚配过程，其大的礼仪有这样几个（为叙述方便，以男娶女嫁为例）。

（1）"拿八字"。尽管瑶族青年男女婚前有对歌恋爱的自由，但论婚嫁一定要经父母同意和媒妁提亲，即使男女青年私订终身也不例外。一般情况是父母看中了某家子女，征得子女同意后，就央媒人去提亲。媒人第一次去时带一两包鸡蛋（每包4个，表示四季如意），对方家长同意考虑则把鸡蛋留下，否则就借故推辞。如是男方家向女方家提亲，女方家考虑同意对亲，就将女青年出生的年月日时辰（当地人称"年庚八字"）写在红纸上，由媒人带给男方家。男方家就将女青年的年庚八字放在祖先神榜前的案台上，意思是让历代先祖知道本家在定亲。如三天以内男方家没发生吵嘴、摔破东西或家庭成员生病等意外情况，就表示历代先祖已同意这门亲事，再把男女青年的年庚八字一起交当地的"八字先生"或"地理先生"去合，如没冲犯，则双方忙着准备下一步仪式。有些地方瑶人不请先生合八字，只把女青年的年庚放到神案上压上一碗水，如果三天内水干了一半，就表示不祥，亲事只能作罢。否则，可进行下个仪式。

（2）吃年庚酒和上门仪式。吃年庚酒仪式只流行于中华人民共和国成立前的平地瑶地区。男女双方年庚八字相合后，男方便请女方上门吃年庚酒。吃年庚酒时，男方家要给女方送年庚礼。年庚礼有单双之分，双年庚是男方给女方送耳环、手镯、一套出嫁花衣、东毫银16元；单年庚是男方送女方耳环、手镯、东毫银

---

① 光绪十五年编纂《恭城县志》卷一。

8元。出单年庚礼还是双年庚礼由女方家视男方家情况而提出。吃年庚酒时，女方要重新书写一张很正规的年庚八字给男方家，这样婚事就算定了，所谓"年庚落在香笼底，千两黄金赎不回"。中华人民共和国成立后，吃年庚酒仪式便合并到上门仪式中去了。上门仪式就是年庚八字相合以后，男方家请先生择一吉日请女青年及其至亲上男方家喝一席酒。在平地瑶人地区，那一天男女双方家庭都要办一席酒宴请自家的亲友，意思是告诉他们自家的儿女定亲了。被邀的长辈亲友都要送男女青年一个小红包，内有几元或10多元钱，表示对青年男女的祝贺。女方家的舅父、叔叔、伯伯吃完女方家的酒席后，要陪送女青年上男方家吃酒。女青年上门时，男方家长要给她一笔钱。吃上门酒实际上就是订婚仪式。

高山瑶人的上门仪式分两阶段进行。先由女方请先生选定日子，让媒人告诉男方家，届时媒人便和女方家长用吊箩挑一双鞋、一些酒和菜到男方家，男方家则请自己的叔、伯、舅父等前来相陪。席间双方家长与媒人相互敬酒，表示愿结为亲家。酒后双方家长便商量婚姻形式、身价钱数目、财礼的形式等事宜。这个仪式叫"准事"。过一段时间，男方选好日子，让媒人转告女方家，届时男方家长和媒人便请两个年轻人挑几十斤肉、几只鸡、几十斤米、酒和其他菜肴到女方家。随身而带的还有送给女方的梳妆品、财礼和身价钱。女方家也请自己的叔、伯、舅父作陪。入席后，双方家长和媒人相互敬酒，表示两家正式结为亲家。这个仪式叫"下定"。

（3）"过清明"和"送大节"。这两个仪式主要流行于平地瑶地区。办过上门酒后，清明节来临时，男方家要请女青年到男方家住一段时间，叫"过清明"。这期间女青年由男方母亲陪同到男方各亲戚家吃一顿饭，饭后男方亲戚要送几斤棉花或棉纱给女青年，而女青年则以一对白糯米糍粑作为回敬。过完清明后，女青年就拿着这些棉花或棉纱回家纺织，准备自己的嫁妆。以前，嫁妆中的被面、被单、床单、蚊帐等是要女青年自己织的，织得越多越漂亮，就表示该女青年越能干，否则会被人瞧不起的。平地瑶地区实行集体化以后，女青年要上学读书，农忙要下田劳动挣工分，织布织被的少了。现在大多数地区瑶人结婚做嫁妆很少用自己织的粗布了，多上街到国营百货公司去买。只有个别地方还象征性地保留新娘自己织花被的传统，不过织工也没以前那么精细了。

从办过上门酒到结婚后一年这段时间内，男方要在农历四月初八、七月十五、春节这三个节日里专门备办一些礼品赠送给女方家及女方亲戚。这个仪式叫"送大节"。在其余的节日，男方家也常向女方家送些礼品，以保持双方对亲的良好气氛。

（4）"送日子"。一般在娶嫁前一年左右，娶方要请"八字先生"择一迎娶的吉日，书写在红纸上，央媒人送往女方，叫"送日子"。送日子时男方家要让媒人带一笔钱或礼物送给女方，如女方收下钱或礼物就表示同意按所择日子嫁女，否则就得另择另送。再送时要加一担糍粑。

（5）"哭嫁"。该仪式主要流行于平地瑶地区。新娘出嫁前两天，女方家要邀本村的年轻姑娘来陪新娘，俗称"陪娘姐"。临嫁前的晚上，新娘上楼哭嫁，以哭腔诉说自家如何好，如何舍不得离开朝夕相伴的父母和兄弟姐妹，劝导弟妹要听话，多帮助父母干活，好好读书，等等。陪娘姐则不断劝解宽慰她，并偷偷地告诉她哪位亲戚长辈走到她的窗前，哪些人在听她哭嫁。伶俐的新娘便马上转而哭诉亲长平时对自己有何教诲而心存感激，这些邻里对自己有何帮助，自己又是如何舍不得他们等。新娘哭得越多越周全就表示越有礼貌越讨人喜欢。晚上 10 点左右，本村和附近的男青年则三五成群来女家唱歌，俗称"坐歌堂"。本村青年唱的歌词主要表示对新娘出嫁的祝贺，有的则是劝新娘今后如何善待公婆和丈夫，如何做人，等等。外村男青年到来时，陪娘姐要把他们挡在门外唱拦门歌。如果男青年唱不过陪娘姐，则无法进入新娘家，也见不到新娘和陪娘姐。过了这一关进到新娘家堂屋后，男青年首先唱"安家神""安四邻"的歌，然后再唱"请刘三（姐）""盘古歌""茶歌""烟歌""拆字歌"等。陪娘姐一边与来客对唱，一边向他们敬烟和茶。午夜以后，主家请客人吃夜宵，男青年则递小红包给新娘，俗称"歌堂钱"，表示对新娘的祝贺并感谢新娘的盛情款待。新娘收下便回赠以自织的头巾或手帕。随后，男青年用歌声辞别，陪娘姐则还歌相送。出了新娘家后，男青年可与陪娘姐转唱少年情歌，唱到情投意合还可互相交换信物。新娘出嫁前的那个晚上，往往要搞到通宵达旦，热闹非凡。这种场合，也是男女青年在异性面前表露才华的好机会。

（6）迎娶。迎娶日子临近时，男女双方都要预先请好主持婚礼的主席公、负责对联和收管亲友所赠贺礼的礼房先生、厨师、吹鼓手和陪伴、接送新人的年轻人等。男方家还要请一个负责给新人铺床、陪新娘吃交杯酒和拜堂等事宜的接亲娘。迎娶前，男方家要给女方家送去猪肉一二百斤、酒几十斤和其他菜肴若干，以资助女家办"出嫁酒"。这样做，显得男方家慷慨大方。到迎娶日，平地瑶人吃过早宴后，男方家就派人随媒人和吹鼓手抬着花轿到女方家接亲。新娘头戴凤冠、脸遮红线、耳佩耳环、手套银镯，上穿黑绸花衣，下着黄裙、花鞋，由嫂子搀扶着下楼。行到堂屋时，先向祖先神榜行跪拜礼，再向父母兄长和叔伯婶娘们一一拜别，最后进大花轿，新娘的舅父和长兄各乘一顶竹轿相随于后。新娘花轿到男方家时，男方接亲娘便把新娘接到堂屋拜过祖宗，然后进入洞房。有钱人家能搞到红毯子铺地，还要举行拜堂仪式。接完新娘后，吹鼓手要随男方家父亲、舅父一起去迎女方家的舅父和兄弟。酒宴开始，女方舅父和兄长要坐正席上位，以示"娘亲舅大"，男方家叔伯分坐两边作陪。晚上，新郎村里的男青年便参加"看新郎"仪式，主要内容是唱歌，从屋外唱到门前，再从门前唱到堂屋。一般是4人一组，2人唱上句，2人唱下句，见什么唱什么，主要意思是对新人表示祝贺。唱歌时，新郎新娘要给他们敬烟敬茶，深夜要请他们吃夜宵和油果茶。而他们则给新娘送果茶钱。唱完"看新郎"后，如有从女方村里陪送新娘来的年轻姑娘在此过夜的，他们可与她们唱情歌。翌日清早，男方请自家的伯伯、叔叔和其他至亲吃早餐，俗称"洗脸酒"。新媳妇要专为这些客人倒洗脸水，而他们在接洗脸水时要送一个小红包给新娘。一般说来，新媳妇是不会收该红包的，若是收了，要回赠一条自织的帕子作谢。

高山瑶人的迎娶仪式与平地瑶人略有不同。吃过早饭后，媒人带着新郎、陪亲娘、陪亲郎和吹鼓手到女方家接亲。在女方家喝酒时，女方的主席公把正席上位让给媒人坐，接着向所有的客人敬两杯"邀伴酒"。两杯酒后，主席公就提议大家喝"六合酒"。主席公先到媒人跟前，道媒人劳苦功高须喝一个"六合"（每敬一回被敬者须喝6杯），接着依次向厨师、舅父、叔伯、陪亲人、送亲人和其他客人各敬一个"六合"。如果主席公能说会道，一直可说上十几回"六合"，令大家喝不胜喝。如接亲人路远要第二天才回去，喝过酒后，可安排村里的年轻人与他们对歌，一直到大天亮。

新娘出门时，要先拜自己的祖先，然后由姊姊背出家门，再走到男方家去。送亲娘一路替她打伞。到男方家屋外时，要举行"斩煞"仪式。厨师一手提一只公鸡，一手拿把菜刀，脚踏门槛，口中念念有词："急时急忙，天地开张。昨日是单，今日成双；鸳鸯一对，凤凰一双……""斩煞"仪式后，接亲娘便挽住新娘的手臂进入堂屋。早已等候在堂屋的主席公便把祖先神榜前案桌上的香火点燃，新娘、新郎分别由接亲娘、陪亲郎陪伴，站在堂屋中间。主席公斟两杯酒放在案桌上，一边点蜡烛一边念："一张桌子四四方，一对花烛在中央。花烛辉煌映华堂，鼓乐吹笙引凤凰。两边都是六亲客，今日听我贺新郎。恭贺鸳鸯成配偶，人间二姓结成双。天上双星共照，地上花蕊辉煌。宝烛头上放豪光，今日美女配彩郎。两边花烛齐点起，结成夫妻与天长……"主席公把祝词念完，接亲娘和陪新郎便带新娘、新郎喝交杯酒和拜堂。拜堂时，新郎、新娘先拜祖宗，再拜长辈。所有在场的长辈都要拜，受拜者除说祝贺的话外，还要给新人送小红包。拜完后新郎、新娘双双入洞房。喝酒时，媒人和女方的大舅要坐正席上位，由男方家的叔伯和舅父相陪，其他亲朋好友按尊长亲疏落坐其他席位。席间，主席公也要先向媒人敬酒，再向送亲客、女方舅父、兄弟、厨师、吹鼓手和男方家众亲友一一敬"六合酒"。酒后主家照例邀村中男女青年与女方送亲客对歌，通宵达旦不息。

婚礼后的第二天早上，新娘要倒水给男家的叔、伯、舅和叔婶、伯母、舅母等洗脸。吃早饭时，由新郎、新娘双双给每个客人敬烟敬糖。最后，新郎、新娘双双托一个条盘，内铺红纸或红布，摆上两杯酒和一些礼金，由主席公引领，把条盘捧到媒人面前，对他（她）为玉成这桩婚事所做的一切努力表示感谢。

（7）回门。平地瑶人婚后的第三天早上，新郎、新娘要由女方家弟妹接回娘家，叫"回门"。回门时，男方家要备办礼物分送女方家和女方至亲。当晚，新郎、新娘要赶回男方家。回过门后，整个婚礼就算结束。高山瑶人不举行回门仪式，一般到过年时才回娘家省亲。

三　离婚与再婚

瑶人如遇夫妻双方实在无法在一起生活，经各方劝解调停无效，习惯上可以离婚。中华人民共和国成立前，在平地瑶人中，如是男方提出离婚，女方不同意，只要给女方一些钱就行；如是女方提出离婚，男方不同意即无效。有个别女的为达到离婚目的遂向男方提供比男方家结婚时所花多几倍的钱财以求应允。女子离婚后嫁给谁，原夫无权管。在高山瑶人中，如女子是行"卖断"形式嫁过来的，离婚时不管主动提出离婚者是谁，多由男方负责将女方嫁出。再嫁时，原夫根据她的劳动力强弱和品貌议定身价，有的最高价达 500 光洋，最低也要 100 多光洋，这些钱全归原夫所有。[1] 如是招郎婚，女方要求离婚则请村中长老出面解决；如是赘婿要求离异，一般卷起铺盖带走自己的随身衣物即可。中华人民共和国成立前的离婚女子被称为"生离妻"，社会地位很低，甚至还比不上寡妇。再嫁时不准走正门和村子里的大门楼，只能从房屋的后门和旁门出去。路过别的村子时，常被坏人拦路敲诈，不给钱就无法通过。有的只好在夜间悄悄地走，以免被人刁难。离异的妇女纵然顺利地嫁了人，也会被人指东道西，说成"头一碗饭不吃，吃第二碗饭"的人。中华人民共和国成立后，离婚交由基层政府和法院裁决，男女法律上的地位平等了，坏人刁难再嫁妇女的现象也消失了，但瞧不起离婚妇女的思想观念依然根深蒂固。

---

[1]　参见广西壮族自治区编辑组编《广西瑶族社会历史调查》第四册，广西民族出版社，1986，第 5 页。

瑶人在中华人民共和国成立前离婚也写字据，比较简单的书"我们自愿离婚，现将财礼退还原主，以后婚嫁各不相干。如有其他事发生，找中人作证"等语。中华人民共和国成立后，由于各级人民政府贯彻执行男女平等的《婚姻法》，离婚时由法院判，男子再也没有嫁妻或变相卖妻的权利了。同时在法院判决前，男女双方的父母、亲友和村、乡干部都会利用传统风俗和现实利益的衡量对男女双方做大量的劝导工作，加上在现实生活中，离婚后的男女再婚都受一定歧视，对今后生活影响很大，因此在非万不得已时是不会走离婚之路的。

瑶人习俗允许寡妇再嫁，娘家父母和前夫亲属一般不会反对，有的甚至还认为一个人支撑家门的确不易，找个依靠是应该的。但寡妇再婚要在前夫死后至少半年方可出嫁，否则会被看成"没良心的人"。寡妇再嫁不合八字，但须有媒人介绍。寡妇再婚那天，前夫家派二人背着寡妇的日常生活用品把她送去，男方也派一些人随媒人到半路上迎接，到家后摆一两桌酒席请大家喝一顿就完事。寡妇再嫁不能带走自己家的家产，要留给前夫家族，子女中大的也必须留下承顶前夫家族的香火。有的寡妇有一定的家财或考虑到子女的抚养，不愿离开自己家，也可招一男子进门做赘婿。男子丧妻可以再娶。

一般而言，瑶族女子年过 35 岁，男子年近 45 岁，万一丧偶就不会再婚了。他们都认为自己已经老了，大的子女已届成年，快要成家立业了，小的再拉扯几年也就长大了，如果自己再婚会被人家笑话的。社会舆论会认为这是"老风流"行为而抱取笑的态度。已经懂事的子女也怕引起新的家庭纠纷或不好相处而加以反对。这样，如果身体好，他们就下田帮子女干活；如果身体差，就在家帮子女带小孩或干些力所能及的轻活，如放牛、砍柴等，由子女供养他们的晚年生活。

四 有待改革的几个问题

综观该地区瑶族传统婚俗，有许多优点是值得保持和发扬光大的，例如婚姻形式不拘泥于男娶女嫁，也可以女娶男嫁或两头承顶；所生子女可随父姓也可随母姓，父系家族观念不是很强；婚后男女方父母家庭的生活都须照顾，迟暮之年的老人心里有安慰；男女青年选择对象的标准为忠厚老实、身体好、劳动勤恳、聪明、礼敬长辈、温柔贤惠；等等。但是在当今社会主义建设新时期，也有这样几个问题严重影响了瑶人生产生活的向前发展，有待于进一步加以改革。

（1）早婚早育。早婚是该地区瑶人的传统习俗。中华人民共和国成立前不少人在5~8岁时就由父母定亲，12~15岁就结婚，甚至还有指腹为婚和童养媳现象。中华人民共和国成立后，贯彻了《婚姻法》，指腹为婚和童养媳现象消失了，但早婚现象改变不大。现在一般男女青年十五六岁就开始订婚，十七八岁结婚，有所谓"十七十八就讨就发"的说法。在当地多数瑶人的观念中，结婚以办结婚酒为标志，是否到基层政府领结婚证不太要紧。实行家庭联产承包责任制以后，每家每户都需要劳动力，早婚尚有愈演愈烈的趋势。有的初中生为了早恋早婚，放弃学业，学校老师劝导无济于事，谓"不赶早点就没份了"[1]。笔者在考察时发现，瑶族青年中女青年20岁还未结婚的几乎找不到一个，男青年到25岁还未结婚就有可能打一辈子光棍了。婚后的瑶族农民没有避孕和计划生育的观念，一般婚后一年内就怀上小孩了，许多二十一二岁的青年已是2个孩子的父母了。

早婚早育，使得瑶族青年男女过早背上家庭包袱，一天到晚忙于田间生产和家务劳作，没有自由支配的闲暇时间，少有日常娱乐活动，学习科学文化技术知识更是困难重重。这样不但一般瑶族青年形成了文化素质低、思想封闭、落后保守等弱点，而且他们的身体健康也受到了一定的危害，阻碍了瑶族地区社会经济的发展。

（2）婚嫁的超负荷花费。当地瑶族青年结婚花费一般在两三

---

[1] 参见广西壮族自治区编辑组编《广西瑶族社会历史调查》第九册，广西民族出版社，1987，第164页。

千元。大多数瑶族农民的生活正处于向温饱型过渡时期，这笔钱对一般瑶人家庭还是很大的负担。以男娶女嫁为例，从经媒人说合，男女两家开始联姻起，男方就要在各种礼仪形式中陆陆续续给女方家送钱、买手表、剪布做衣服、买毛线、买皮鞋、买自行车等。女方家族中遇有婚丧嫁娶、做生日、起房子、生小孩等大事，或过年过节时，男方家也要备办一定的酒、肉、鸡、烟、红包、糯米制的大糍粑和其他礼物相送，以保持联姻的亲热关系。迎娶前，男方要给女方送去几百到一两千元的钱置办嫁妆。而女方拿了这笔钱后还要再添进一部分把日后小家庭要用的生活用品一一办好，计有立柜、桌凳、衣箱、五屉柜、棉被十几床、衣服几十套、缝纫机、水桶、脸盆、脚盆、热水瓶、大大小小的锅碗瓢勺和灯盏等，有钱的女方家还会送上电扇、电饭煲或黑白电视机。这些东西在女子嫁过来后分家时全归小家庭用。有的女方家还会逼男方家多给嫁妆钱，以便多置些东西。迎娶时，男女双方都要备办丰盛的酒席大宴亲友，光这一项花费就达数百至 1000 元，有个别男方家甚至达近 2000 元。一场婚礼过后，家庭经济元气大伤，有的甚至连第二年搞生产必需的种子钱也花光了，不得不向亲友告借。目前这种超出一般瑶人经济负担的婚嫁花费尚有越来越高的趋势，如不加以适当引导，将会对瑶人生产生活的改善产生不良的影响。

（3）婚礼中的封建文化因素。自瑶区农村实行家庭联产承包责任制以来，瑶人传统婚俗中的君主专制时代文化因素又泛滥起来。定亲讲究合八字，上门日、婚嫁日要请八字先生择吉日，迎娶时搞"斩煞"迷信仪式，婚礼祝词中宣扬君主专制时代的人生观，如生的男儿将来出将入相、生的女儿做王母娘娘及盲目宣扬多子多福等现象，这都是落后于时代，与瑶区当今社会主义精神文明建设不合拍的。如何改革旧的文化风俗和观念，提高瑶人文化心理素质，建立起适合瑶族特点、为瑶族群众喜闻乐见并能推动瑶族社会健康顺利发展的社会主义新风俗和新观念，是当前瑶区社会建设中值得重视的一个大问题。

湘南桂北地区当代瑶族人家宗教信仰的变迁[*]

湘南桂北地区的瑶族人大体可分为两支：一支生活在高山峻岭之间，操苗瑶语族瑶语支的勉语，过着以林为主的农耕生活，俗称"高山瑶"；另一支居住在山脚平坝地带，操当地人称作"土话"的一种汉语方言，从事稻作农业，俗称"平地瑶"。尽管他们的语言和生活环境略有差别，但族群意识和文化传统基本一致。

从严格意义上说，宗教必须是由共同的信仰、共同的道德规范、统一的礼仪、严密的教团组织及共同的宗教行为等要素构成的完整体系，但体现于湘南桂北地区瑶族人民间信仰习俗中的宗教是没有完整思想体系的鬼灵崇拜和杂神崇拜。中华人民共和国成立前，儒、道、佛三家的宗教势力曾深入该地区传布各自的宗教思想和信仰：先后让当地瑶族人捐资修建了名目繁多的寺、庙、观、庵等敬神礼佛的宗教场所。20世纪六七十年代，这些宗教建筑虽遭到了一定程度的毁弃，但沉积于人们思想深处的宗教信仰并没有消除，到80年代，有些传统的宗教信仰在该地瑶族人中复萌，并造成了一定的社会影响。因此，正确地把握该地区瑶族人在中华人民共和国成立数十年来宗教生活的变迁，对于该地区新时期乡村社会建设具有重要的意义。

一 灵魂观念

中华人民共和国成立初期，湘南桂北地区瑶族人原始宗教信

＊ 原文发表于《贵州民族研究》1993年第3期，第95～101页。

仰十分浓烈。他们认为一个人有三个魂。人死后，一个魂留在墓地；另一个魂去了"扬州十八洞"；还有一个魂则留在自己家中。这些魂虽已进入另一个世界，但与人在世时一样，有各种各样的生活需要。因此，在人奄奄一息将要断气时，即须在其口里放一枚银币，据说这样死者的灵魂就不会挨饿。人死后，必须马上请道公或师公打斋，为死者念经祈禳，超度亡魂。

待死者装殓完毕时，道公或师公要请神祇为死者开光点象，他们认为这样做后，死者的阴灵才能出门上路到另一个世界去。若不开光点象，死者的阴灵就出不了门，夜间会出来捣乱，弄得家人不安。

出殡时，要在棺前点一个火把或提一盏灯笼照路，意思是阳世的白天正是阴间的黑夜，有了灯火，死者的灵魂才看得见路。送葬的师公手拿两条"魂幡"，行至半途时，将一条"魂幡"交给死者的一个儿子送至墓地，另一条则由他交死者的另一个儿子转回家。交"魂幡"时，师公要念："一魂去，二魂回，神幡童子引出千仙界；宝帜童子引回某氏香火台。"棺木入土前，要拿一只活公鸡在墓坑里放一会，然后再放棺，意思是公鸡把墓穴暖好，让死者在穴内温暖地安息。有些地方的瑶族人不用师公送葬，该公鸡就承担着把死者的一个灵魂招回家去的任务，俗称"招魂鸡"。

对于非正常死亡，如枪杀、摔死、吊死、淹死、孕产而死、被兽咬死等，当地瑶人都视为不祥之事，认为他们的灵魂一年后会变成厉鬼。村中小孩生病、成年人被打伤跌伤或无故晕倒等，都是这些鬼在作祟，所以请道公或师公杀鸡送鬼医病的人很多。

今日该地区一小部分受过较好文化教育的年轻人虽声称不信鬼魂，但绝大多数瑶族人对人死后仍有灵魂的说法犹笃信不疑。凡是死了人，主家必去延请道公或师公为死者打斋，超度亡魂。同时，该地区瑶族人至今还恪守数十年前的传统：死在外面的人，尸体不能抬回家，只能在外面装殓。因此，当地瑶族人一般都不愿意长时间外出谋生，有病即速归家，生怕死在外地，灵魂回不了家，进不了屋，成为找不到归宿、无人祭祀的野鬼。

二 祖先崇拜

由于该地区瑶人普遍信仰人死后灵魂依然存在，信仰死人的衣、食、住、用等都要活人供给，信仰人死后的灵魂依然关照着阳间的后代，且总是按子孙给他们的待遇来选择福或祸的回报，因而祖先崇拜就成为瑶族人宗教生活的中心内容。

自中华人民共和国成立至今数十年来，该地区瑶族人祖先崇拜可分为两类：始祖崇拜和宗祖崇拜。

（1）始祖崇拜。该地区的瑶族人关于本族群的始祖有一个大体相同的传说。很久以前，高王与评王发生战争。评王国内发生了饥荒，无法与高王相持，便出一榜文：谁能打死高王，除封赏外，将把第三公主许配与他。有一龙犬揭了榜文，评王便摆筵席为其钱行。龙犬宴后游过海，乘高王有一天酒醉不醒之际，咬断他的脖子，衔着首级来见评王。评王召群臣辨认确是高王后，即刻以金银珠宝奖赏龙犬。龙犬不受，一定要与第三公主结婚。评王只好依诺将女儿嫁给龙犬，并送他们到会稽山生活。婚后第三公主一胎生下7个儿子（这是平地瑶人的说法；高山瑶人则传说生下六男六女，评王赐给他们十二姓）。一天，龙犬出外打猎，被山羊撞下悬崖，摔死在梓木树上。7个儿子长大后在乌鸦的帮助下，找回父亲龙犬的尸体，打死山羊，砍倒梓木树制成长鼓，把羊皮蒙成鼓面，一路敲打，以示对父亲的哀悼。这龙犬就是瑶族人共同的始祖，称作"盘王"。

对龙犬盘王的故事，瑶族人不仅编成长篇叙事诗在民间传颂，而且还写进反映本族群来源和迁徙历史的重要文献《过山榜》里，使之世代相传。同时，瑶族人还举行隆重的祭祀仪式，对盘王加以纪念和崇拜，其中最有名的是过"盘王节"和"还盘王愿"。

过盘王节也叫"跳盘王"，多在丰收之年的农历十月十六日举行。由本族群的师公主持。开始时先由族老向盘王祭祀，然后放两响铁铳炮，敲一阵紧锣密鼓。4位男子用棍棒敲击蒙有山羊皮的长鼓，跳起盘王舞。内中有打猎、开荒、造林、伐木、播种等动作。姑娘们则在旁边唱盘王歌，诉说盘王披荆斩棘、勤劳耕作、繁衍后代的恩德和最后上山游猎为山羊所害的遭遇，等等。中华人民共和国成立初期，该地区瑶人过盘王节非常隆重，往往是联户或全村寨共同举行。除杀牲设宴、祭祀始祖、款待亲友外，男女老幼都穿着节日盛装欢度节日，并预祝来年丰收。20世纪六七十年代，盘王节被作为封建迷信活动严加禁止，80年代被作为瑶族特有的传统节日加以恢复，不过，由于政府机构的介入，其宗教信仰的因素已大为减弱。

关于还盘王愿的来历，据说是瑶族人从千家峒出来向外迁徙时，在海中漂游了几天几夜，突然狂风大作恶浪滔天，所有的瑶族人都面临生命危险。危急之中他们打起长鼓，唱起盘王歌，祈求始祖盘王的阴灵派兵来保护自己的子孙，并许下心愿。顷刻之间海里风平浪静，男女老幼安全靠岸。此后，每到丰收季节，瑶家子孙就要还愿祭祀盘王，永世铭记他的深恩厚德，同时祈求来年粮食丰收，人畜平安。

还盘王愿由本族群的师公主持，还大愿要三天三夜，小愿则一天一夜，多是单家独户自己进行，耗资很大。20世纪50年代初，该地区的瑶族人一遇家宅不安、六畜不旺或禾苗生长不好的情况，就要向盘王许愿，请求保佑，因而还愿的人家较多。六七十年代，由于政治因素的影响，还盘王愿的活动遭禁。近年来，有些瑶人决定恢复还盘王愿活动。不过，由于瑶区社会经济有了较大的发展，乡村医疗卫生和文化教育事业有了长足的进步，信仰还盘王愿能够带来丰收或防病治病的人家已很少，有些地方还愿活动已失传了。

（2）宗祖崇拜。中华人民共和国成立以来，该地区瑶族人对本宗支已故祖先的崇拜活动一直长盛不衰。一般瑶家厅堂正中的墙上都安有一个神盒，内置历代先祖的灵牌和祖先神像若干。没有灵牌和神像的人家，则在神盒上挂或贴一张红纸黑字的"神榜"，正中书"天地君亲师（或历代先祖）之神位"，旁边写有"诸神祀典，某氏宗亲"或"观音大士，慈悲救苦"等字样。"神榜"的两边配有一副歌颂祖先的对联，内容大多如"彩鸾对舞承光泽，花烛光辉裕后品"等。"神榜"前置一简易香案，每月的初

一、十五两天，家中老人都要烧几根香、添两杯酒或茶加以敬奉。逢年过节，老人还要摆几碗菜供一供，口中喃喃地吁请祖先亡灵冥冥之中保佑子孙后代家业兴隆，无病无灾。现在的青年人一般对老人的这些举动颇不以为然。个别老实温顺的儿女不愿违逆老人的意愿也会上前象征性地叩头或拜一拜，但大多数男青年则讥之为"大白天说鬼话"，常借故溜走。

每年清明节，该地瑶族人每家都要到各祖先坟墓上去烧香化纸，祭奠一番。有些平地瑶人近年来还恢复了中华人民共和国成立初期那种同宗同族集体祭扫祖公墓的习俗。农历七月十五，俗称"鬼节"，该地瑶族人每家每户都要杀鸡、烹肉、做粽粑祭祀自家祖先。他们认为，若不这样，祖先阴灵会见怪，子孙就不得安宁。

中华人民共和国成立初期，该地区瑶族人对亲时，男方家要将女青年的年庚"八字"放在祖先神榜前的案台上，意思是让历代先祖知晓本家在对亲。若3天内男方家没发生吵架、摔破东西或家庭成员生病等意外情况，就表示历代先祖已同意该门亲事，再把男女青年的年庚"八字"一起交给"八字先生"去合。有些高山瑶人不请人合"八字"，只把女青年的"八字"放在祖先神榜前的香案上，压一碗水。若3天内水干了一半，则表示历代先祖不同意，亲事只能作罢，否则可进行下一个对亲仪式。现在该地区瑶族人也讲究婚姻自由，这种由祖先灵魂决定婚姻的现象已消失殆尽。

不过，家里添丁加口要让已故祖先知晓并保佑的传统却数十年来依然如故。1988~1989年，笔者在湖南江华和广西富川等县考察时发现，当地瑶族人家生小孩后取名时，都要请师公用红纸竖写"祖宗堂上报喜安取洪名花男（女）×××保养成人长大大吉"字样，两边再写上"花根端正，枝叶长青"，贴在堂屋祖先神榜下面的壁上。这种亡灵有知，后人须仰仗、敬畏先祖的现象在当地瑶族人中随处可见。

三　杂神崇拜

除了始祖盘王和历代先祖的亡灵外，中华人民共和国成立初期该地区瑶族人既信奉如来、观音、弥勒、文殊、普贤，又信奉玉皇大帝、太上老君、开天圣母、三清、十殿阎王、白马大王、白龙王、社王、土地神、哪吒、齐天大圣、雷公大神、风王、雨王、灶神、山神、飞天蜈蚣、婆皇、五谷婆婆、广福王、武功娘娘、庙王、刑平王、仁王、伏灵王、唐王、本部大王，也供奉盘古大王、梅山蛮王、关帝、六部尚书、功曹神、判官，还崇拜犁田耙田郎君、架桥修路郎君、行山打坐郎君、弹琴舞唱娘娘、纺纱织布娘娘以及为各地瑶族人立有大功而为他们分别祭祀的七保大王、陈侯大王、吴将军、刘仙姑等。对这些信仰的偶像，尽管他们的来历不同、派别不同、地位不同、"法力"不同，但当地瑶族人都喜欢把他们放置在一个庙宇里共同祭祀。不过，除了社王和土地公每年的春秋社日都要祭祀，以求他们保佑全村禾苗成长、五谷丰登外，对上述其他神祇多采取有事则敬之、祈之，没事就闲置的实用主义态度。而今，随着社会生产力的发展和科学文化知识的传播，当地瑶族人对这些神祇的信仰已较为淡漠。对一些尚能挡风遮雨的破旧寺庙，许多瑶族人把它们用作堆放柴草、农家肥、砖瓦和其他杂物的场所。至于里面原先敬奉的是哪一路神仙、哪一方菩萨，今天已没一个人能说得清，也没有哪个人想去搞清。

然而，若据此以为今日该地区的瑶族人已没有对超自然力量的敬畏和迷信了，那就错了。该地区瑶族人村子里残破的庙宇较多，里面的木料、柱础和砖石的质量都非常好，又无专人管理。瑶族农户盖房屋、牛栏、猪圈时常缺东短西，却没有一个人敢到破庙里顺手牵羊拿点材料用一用。除了这种行为不符合当地社会道德外，对冥冥之中超自然的神灵的敬畏和惧怕是更重要的因素。要是谁起房子搬运砖瓦时不慎误带了一两块庙宇里散出来的砖，无论费多大劲也要把它们找出来放回去，唯恐会因它而使自己或家人遭受不幸。20 世纪 80 年代中期，湖南省江永县兰溪瑶族乡中心小学在市场上买回一些寺庙旧木，除修理破烂的课桌外，多余木料被做成书柜分发给校内教师使用，所有的瑶族教师都不敢要。1988 年，该乡有位瑶族教师盖私房时误买了两根从寺庙里拆来的

柱子，他恭恭敬敬地将它们置于阁楼上一直不敢动用。笔者访问
他时，他一本正经地回答："我知道世上没有鬼神，但要是动用了
这两根木头，万一发生什么事情，我怕对一家老小不好交代。"这
种下意识的敬畏心理不仅在中老年人中十分普遍，就是在青年中
也很有代表性。又如广西富川瑶族自治县新华乡龙集村有一座建
于清朝宣统二年（1910）的盘古庙，内供奉有仁王、盘古王和哪
吒等神祇。20 世纪 50 年代初期，这里的香火还十分隆盛。"文化
大革命"期间该庙被毁。1984 年群众自筹钱财复建，1986 年县乡
两级干部以禁止封建迷信为由再度毁弃该庙。1989 年春，笔者在
当地实地考察时，原址上仅存一个小棚、两座厢房、一座戏台，
地上东倒西歪地躺有石柱、石狮、石础、石匾。在那个尚能遮蔽
风雨的小棚里，不仅香火不绝，而且还供有不少红色彩旗、彩伞
和小孩布鞋。红色彩旗和彩伞上一般都写有长短不一的话，内容
大致为"沐恩信士×××，妻×氏，恩赐花男×××，花女××
×，合家处心施造红旗二对，献于开天盘古、哪吒太子、朝显仁
王众圣御前，福有效归"，等等。据笔者了解，该庙收有年轻妇女
送的小孩布鞋 1000 多双，彩旗 200 多面，彩伞 50 多把，其中大多
数都是该县的平地瑶人和湖南江华瑶族自治县的瑶族人奉送的，
目的是希望三位神祇保佑自己的孩子健康成长、家运亨通。若哪
家小孩多病，其父母还会到该庙用钱买一双供奉的鞋子给小孩穿，
以达到驱邪镇煞的效果。

四 宗教活动主持人

从中华人民共和国成立初期至今，该地区的瑶族人日常生活
中对祖先亡灵的祭祀都是由家中老人自己进行的。但在遇到较大
而且复杂的宗教活动时，则会去请村里的宗教活动主持人来主持。
他们认为自己没学过师，没有法力，请不动神祇。

该地区的宗教活动主持人主要是道公、师公和巫婆。道公的
主要活动是替人打斋、修醮，所请的神祇多为"三清""四御"
"二十八宿"诸天神；师公的主要活动是替人赶煞驱鬼，奉请的有

"三元"、玉帝、雷王、帝母、盘王、社王、土地、城隍、本境、山魈等神怪。他们置备有鼓、锣、钹、剑、筊杯、铜铃、神杖、印鉴等法具和神像挂图，有的还有《须亡科》《度戒科》《红楼大会科》《盘王神唱》等经书。有的平地瑶人道公为死人打斋做道场时，则身穿袈裟、头戴印有"佛"字的帽子，念佛教的《金刚经》和《般若经》，并戒一顿荤食。事实上，道教、佛教和本族群原始宗教的信仰在道公和师公身上是混杂在一起的，有些地方师公和道公就是同一个人，他们只是按具体情景不同施展不同的法力而已。道公和师公主要是师徒相承，也有父子相承的。20世纪50年代初期，由于师公、道公在社会生活中还有较大的影响力，所以青年人较愿意拜他们为师。经过数十年的变迁，现在青年人大多对做师公、道公不感兴趣，觉得这不很光彩。也有个别年轻人愿意学，认为做一场法事得几十元钱收入也不错。也有人认为父亲是师公或道公，家里就会有许多"兵马"，儿子不继承父业不行。若老师公或道公死了，其子不是师公或道公，就管不住这些"兵马"，它们会出来滋事生非的。

巫婆也称"仙姨娘"，主要从事查鬼活动。若哪家老人或小孩多病，大多会认为是鬼魂缠身所致，要请她们到阴间去查看是什么鬼纠缠，再请师公赶鬼。"仙姨娘"不需拜师，大多是生了某种罕见的疾病后无师自通的人。

无论是道公、师公还是巫婆，都是非职业性的。这些人都没有脱离农业生产劳动，只有在有人请他们时，才出去搞宗教活动。主家除了招待他们酒食以外，还随自己的意愿馈赠一些钱或物。

五　巫术活动

从中华人民共和国成立初期至今，该地区瑶族人中流行的巫术活动主要有这样几种。

（1）寄父或寄母。大凡小孩多病，经算命先生测定是其"八字"大，便举行寄父或寄母仪式。一般是女孩多病寄父，男孩多病寄母。在拜寄前，先选定好的人家作为拜寄对象，然后择吉日携带小孩和香、纸、肉、酒、糍粑、蜡烛、鞭炮等到寄父或寄母家的祖先神榜前烧香化纸点蜡烛和鞭炮祭祀一番。寄父或寄母按自家儿女的字辈给小孩取新名，并送饭一碗、筷子一双、鸡蛋一个、衣服一件、帽子一顶、鞋子一双。据说吃了和穿了寄父或寄母送的衣食，该小孩就会顺利、健康地成长。

（2）寄名。有的小孩多病经算命先生测定是"八字"大不易抚养时，会采用寄名的方式禳解。所寄的对象有山、水、石、井、桥等，以算命先生测定该孩子命里缺什么而定。寄拜时要择吉日，带香、纸和供品祭祀一番，然后由父母根据寄拜对象给孩子命名。如寄拜树，则在树干上贴张红纸，上书："×家花男××在此寄名，请求保佑！"再烧香化纸。一般寄拜什么对象，名字第一个字便是该物。如寄山，则叫"山生"；寄水，则叫"水生"；等等。

（3）"架花桥"。若小孩得病较重，经师公或巫婆"诊断"是小孩子的魂掉在鬼的那一边过不来的缘故，就采用"架花桥"的仪式把小孩的魂引渡过来。花桥长约 1 米，宽 0.5 米，用竹篾编成。桥两头缝以剪成圆形叠在一起的红白蓝黑花 5 种颜色的布，置放在住宅附近的水沟上。架花桥时，师公要烧香化纸做一下法事，并说明小孩的名字及所受的灾难，再把小孩的魂渡过来。据说这样做了以后，病就会好。这种桥，也叫"阴桥"。

若是家中的老人久病，则请师公架"阳桥"。做法是砍 3 根杉树木架在行人常过往的深沟上，师公在桥上杀鸡祭祀、贴红纸，并在桥两头各画 3 个糍粑。若有人过桥时随口说一声"这桥好过"，据说该老人的病就会痊愈。一般人见有人搭"阳桥"，3 天之内都不愿打这儿过，认为走了会对自己不利。

（4）竖"挡箭牌"。家中的婴幼儿如果长期体弱多病，经算命先生测定是其命中犯有"将军箭"的厄，其父母会按算命先生所示，到人所必经的三岔路口用木板或石碑立一块"挡箭牌"（也称"挡箭碑"）。牌（碑）的正中书有这样两句话："命带将军箭，弓开一断弦。请君念一遍，记在石头面。"牌（碑）的左右两边则写上两条道路所通往的地名，而天头则写"长命富贵"四个字。牌（碑）上的言辞大意是：该孩子命中犯有"将军箭"的难关，在他

（她）出生后冥冥之中有个鬼神将军正拿一副弓箭瞄着他（她），威胁着他（她）的生命。如今其父母在三岔路口立了这块指路的牌（碑），帮过往行人做了一件好事，积了功德，因而只要过往的行人念一遍牌（碑）上的字，就等于帮该小孩解了厄。鬼神的弓弦断了，箭射不出，孩子就能长命富贵了。这种"挡箭牌"在该地区瑶族人村子里有很多。令人奇怪的是不仅中老年瑶族人信这种巫术，许多年轻夫妇对此也很迷信。他们从不看这种牌（碑）上的字，认为看了会对自己的孩子不利。

中华人民共和国成立初期，由于该地区社会经济和文化十分落后，又缺医少药，因而上述巫术极为流行。在高山瑶地区甚至成为防病治病的主要手段。40 多年来，由于政治、经济、文化的发展，特别是医疗条件的改善和乡镇医院、卫生院的建立，巫术的市场已越来越小。现今除老年人还较迷信外，大多数年轻人都持怀疑、淡然的态度。现在小孩生病，多数都抱到乡镇卫生院去吃药打针。若不见好，有的才行巫术。有的长期生病，则医院治疗和巫术仪式双管齐下，孩子或老人健康了，目的也就达到了。家里人没病没灾，没人会去理会上述巫术，也没哪个青年愿向别人学这些巫术。

结　语

纵观中华人民共和国成立数十年来该地区瑶族人宗教信仰与宗教生活的变迁，有两个问题发人深省：①他们所有宗教信仰的主题只有一个，就是祈求现世生活的幸福和安宁，希望能年年五谷丰登，人畜康健、兴旺。②20 世纪六七十年代的政治因素虽压制了他们的宗教信仰，却未能清除它们，至 80 年代又渐有恢复。但数十年来社会经济的发展，文化教育的普及，医疗卫生水平的逐渐提高，使传统宗教信仰在青年人社会生活中的影响日渐减弱，青年人对其的态度也日益淡漠。这两个问题从一个侧面反映了一个事实，就是宗教信仰的存在与发展同人们的生存、安全和社会保障条件有极为密切的关系。湘南桂北地区的瑶族人至今还没有改变靠天吃饭的生产和生活方式，正从贫困状态向温饱生活迈进的他们还经受不起任何天灾人祸的袭击，因而传统的宗教信仰也还没失去其存在和滋生、发展的土壤。这是今后该地区瑶族乡村社会建设中必须重视的一个现实问题。

浙江畲族传统的"学师"
活动研究[*]

  "学师"是浙江畲族内部世代相传，带有古代男子成丁仪式性质的原始宗教活动。中华人民共和国成立前，"学师"活动的分布颇广，影响较大，又极为畲族人所推崇，故在畲民的宗教生活中占有核心地位。由于历代统治阶级推行民族或族群歧视政策，因此造成了较深的民族或族群隔阂，畲族人在举行"学师"活动时，过去是禁止外族人参观的，因此外界对此知之甚少，即使偶有记述，既不全面，讹误也多。本文试图通过对"学师"活动比较全面的描述，科学地分析它的缘由，研究它在畲族人社会生活中所具有的影响和作用，为全面探讨畲族传统文化提供一些参考。

一 "学师"的仪式和内容

  "学师"，畲族又称为"做阳""传师学师""奏名传法"，等等，意思是"把活着的人的名字告诉祖先，把祖先的法则传给后代"①，当地汉族人则将它与畲族其他祀祖活动一起通称为"祭祖"。按畲族规矩，凡男子年龄达到16岁，即有资格"学师"。具备学师条件的家庭，要把"本师公"（本家传师人）和"学师弟子"出生的年、月、日、时辰，详细告诉本族的先生，由他确定具体的"学师"日期。如果学师弟子不止一个，他们的出生年、

  * 原文发表于《中南民族学院学报》（哲学社会科学版）1988年第1期，第67～71页。

  ① 〔德〕哈·史图博、李化民：《浙江景宁敕木山畲民调查记》，中南民族学院民族研究所编，1984，第46页。

月、日和时辰对择定日期互不"犯冲",则可同时学师。否则,就得另行举行"学师"仪式。

中华人民共和国成立前,浙江畲族每一宗支都备有一套专门供"做功德"和"学师"仪式用的祖物,大体包括祖图、龙头祖杖、香炉、龙角、龙刀、铃钟、笏板和竹制金鞭等,装在两只竹箱或编筐里,称作"祖担"或"游祖"。凡要举行"学师"仪式的人家,首先要派专人携带鸡、猪肉等祭品到保存"游祖"的那户人家去"采祖"(把"游祖"请到自己家里)。"采祖"后,将绘有畲族始祖盘瓠王诞生、征番、变身、被招驸马、受封及率盘、蓝、雷、钟三子一婿别离京都前往深山狩猎、务农等历史传说故事的祖图悬挂于家屋正厅中堂之上,图前置神案,上摆香炉。香炉的数目蓝姓宗支为六个,钟姓和雷姓宗支各为五个。香炉旁插有刻着盘瓠头像的木雕祖杖。此外,还备有蜡台一对、三牲一副、鸡两只及饭菜些许。凡是从这副"祖担"里学师出来的弟子的法名和学师时间都必须写在一条红布条上,系在祖杖上端,一是表示某人已祭过祖、学过师,是始祖盘瓠的成年后代,二是为了后代子孙检识备查。

在举行"学师"仪式时,带领新弟子学师的法师共有 12 个,而不像史图博、凌纯声所说的那样只有 6 个。[①] 他们的称号分别为:东道主、本师公、证坛师、保举师、引坛师、度法师、监坛师、净坛师、专职师、哈老师、东皇公和西王母,统称为"十二六曹"。除西王母一角是女性外,其余的 11 个法师全是男性,且必须是以前自身也学过师并且会跳传师舞的人方可充任。在"传师学师"的过程中,"十二六曹"大体上各有职司。一般说来东道主和证坛师是"学师"仪式的主持人,本师公是传师人,如果学师弟子的父亲学过师且会跳传师舞,则此一角色多由其父亲充任,不然则到外面去请。保举师是新弟子学师的介绍人,他的妻子通

---

① 参见〔德〕哈·史图博、李化民《浙江景宁敕木山畲民调查记》,第 46 页;凌纯声:《畲民图腾文化的研究》,载《"国立中央"研究院历史语言研究所集刊》第 16 本,商务印书馆,1947。

常就做"西王母"的角色。专职师专管学师弟子的法名，度法师负责把祖先的神坛传给新弟子，监坛师则监察"学师"仪式和学师弟子的动作是否正确，净坛师用神坛中的"圣水"洗净传师学师用的器皿，引坛师则在仪式进行过程中带领学师弟子边唱边舞或代弟子回答有关提问，而东皇公则做该弟子学师的证明人。关于哈老师的作用，各地说法不一，形象不明。据景宁畲族自治县张春乡敕木山畲族老人介绍说，从前，畲族有一次遭受外族欺凌，出逃时忘了携带祖宗香火，是一位汉族篾匠帮畲族渡过难关。后来这位篾匠的眼睛瞎了，畲族人一直供养他。为了感谢他的恩德，他死后便被尊为"哈老师"，并在"学师"仪式中为他保留了一个位子，以示纪念。在学师过程中，他不负责具体事务，只跟着跳跳舞就行。

"传师学师"的全部过程比较复杂，主要是法师带领学师弟子重现畲族始祖盘瓠王上阊山学法的故事情节。据说整个仪式最初要花三年时间，后因财力不支，改为三个月，又不支，再改为半个月，最后改为三天三夜。① 学师的内容大致可分为三个部分。

（1）学师弟子先祝拜天地、祖师和本师公。在"拜天地"情节中，先由东道主把学师弟子带到野外开阔地一起跪在地上，念学师弟子的详细住址、姓名、年龄，然后让学师弟子念"拜天为父，拜地为母，拜日为兄，拜月为嫂，拜见东皇公做证见，拜见西王母做证明"等祝词，表明学师弟子已年过 16 岁，已经长大成人，具备了学师的条件，愿意学师。法师们便通过"接神""三拜""安公祖"等仪式，向祖师申奏有关"学师"文牒，接着便商量给新弟子取法名。法名的第一个字必须是"法"字，第二个字则由法师们自己编，如法滩、法隐、法禅等。法名取好后，由专职师在仪式进行的过程中宣布。

法师的歌舞内容，是按照一定的书本进行的，这种书畲族人称为"阳本"，都是手抄的，据说有 10 多种，内容多与道教法术有关。中华人民共和国成立后经过"四清""文革"等政治运动，均被付

之一炬，即使偶有几个法师保留一两本，也不肯轻易示人了。

（2）在学师弟子家的中堂大厅设一法坛，在法坛上由法师把神水、头冠、衣衫、龙刀、龙角、笏板、锣鼓等一一传给学师弟子，其中又有"洗坛""置坛""坐坛""传度""拆坛"和"坐筵"等仪式。同时，在堂壁的师爷香炉上，要悬挂三清、片项公、射猎先师、门神、金鸡、玉兔以及描写畲族始祖盘瓠王诞生、娶亲、生子、学法、打猎、殉身等情节的长联祖图。

（3）除重复上部分的"洗坛""坐坛""传度"等仪式外，主要是学师弟子在法师的率领下，表演"坐龙坛""过九重山""过五岳山"和"行乞归家"等情景。"过九重山"一般都是在村边草坪上进行。先在地面插上九枝绿叶葱葱的竹枝，象征九重山，由法师带领学师弟子肩背包袱、脚穿草鞋，在竹枝间穿插行走，边走边唱边舞，真像是在攀登九重山似的。

"过五岳山"是在学师弟子家里进行的。一般是在中堂设立象征性的五岳山，用猪头祭谢五岳山神。同时用紧锣密鼓来表现猛虎下山、衔走猪头等情节。整个场面紧张激烈，充满惊险气氛。最后学师弟子身穿破衣，头戴破笠，以杖击地，表演由于长期在外，已耗尽盘缠，只得沿途乞讨归家，到家后却与众乡亲互不相识等情节。

整个学师仪式完毕后，新学师弟子要拜保举师和西王母为义父、义母。

二 "学师"的特征和缘由

从所了解的情况看，占据浙江畲民宗教生活核心地位的"学师"，具有以下特征。

（1）只有男子才举行"学师"仪式，且须年满16岁。为什么女子不学师？浙江畲族老人的回答是：从前，畲族始祖盘瓠王背井离乡到间山向茅王学法，是一个人独自前往的，并未带有妻眷。因此，传师是只传男而不传女。为什么男子须年满16岁才学师呢？在畲族人的观念中，一般都认为未满16岁的人均为小孩，年满16

方为大人。中华人民共和国成立前畲族跟师学艺，如学裁缝、做木匠等，亦都须年满 16 岁。

（2）"学师"在人的一生中占有极重要的地位。"畲客祭祖，视为吉事，戚属宗族咸趋贺之。"[1] 由于畲族视学师为一个人一生只有一次的大事，故特别重视，无论贫富都操办得特别隆重，有"九族推尊缘祭祖，一家珍重是生孩"之说，[2] 因而耗资甚大。据史图博先生 1950 年以前的调查，20 世纪 20 年代末，举行一次"学师"仪式，家境稍好一点的人家，得付 100～200 元。[3] 笔者在畲族地区调查时，当地干部也说举行一次"学师"仪式，至少得花近千元。

（3）是否学过师，成为划分社会地位和身份高低的重要标志。"祭礼……畲客之祠以竹箱为之，内贮祖先及香炉。祭祖一次准穿红色衣，其子又祭祖一次，准穿青色衣。级分之大小，以祭祖多寡为断。父已祭祖，子必祭祖，不祭不得为父治丧。已祭祖者，死后必须做功德。不做，其人不得葬。"[4] 就是在今天畲族人的观念中，还将学过师的人称为"红身"，未学师者称为"白身"。他们认为学过师的人活着不受人欺侮，死后会骑马当官，受阎王优待。[5] 学师讲究传代，代数传得越多其地位就越高。只有本人一代学师，则在别人的"学师"仪式上或自己死后，可穿特制的红衣，称为"赤衫"；儿子又学师，可着青衣，称为"乌兰"；祖孙三代都学过师，则光荣无比，在本宗族中俨然是个尊长，其地位可与君主专制时代科举中的进士相比，众人须得听其约束。[6] 学师与否，不但决定活人身份的高低，也体现死人地位的不同。畲族老人死后，凡是学过师的，必须做大功德，费时二天二夜，也叫

---

① 胡先骕：《浙江温州、处州间土民畲客述略》，《科学》第 7 卷第 3 期。

② 何联奎：《番民的图腾崇拜》，载《民族学研究集刊》第 1 期，民国二十五年（1936）。

③ 〔德〕哈·史图博、李化民：《浙江景宁敕木山畲民调查记》，第 48 页。

④ 王韧纂《建德县志》卷三《风俗志》，民国八年（1919）。

⑤ 参见《景宁畲族自治县概况》，浙江人民出版社，1986，第 43 页。

⑥ 参见何子星《畲族问题》，《东方杂志》第 30 卷第 13 号，民国二十二年（1933）。

"红身"功德，同时还要举行一些特殊的仪式，如"收阴兵""过十殿王行文书"等，① 没学过师的"白身"人，不但没有"收阴兵"等特殊仪式，就是功德也可做可不做。即使做的话，也是小功德，耗时一天一夜就够了。

（4）具有特殊意义的取新名。凡是学过师的男子，都须由法师给取一个新的名字——法名。取好法名，由专职师在仪式中宣布之后，本师公便告诫学师弟子："汝今当坛受法后，千万莫叫小时名。"② 这表明：法名是学师弟子告别自己以往岁月，步入新生活的标志。

（5）接受考验。在学师时，每个学师弟子都须举行"过九重山""过五岳山"等仪式，还要表演由于身无分文，只好衣衫褴褛、乞讨回家等情节。为何非要举行这些仪式呢？学过师的畲族老人说："当初始祖盘瓠就是这样经过千辛万苦、历尽艰险，才学来法术，战胜外来势力的侵扰，保护了子孙后代。现在学师弟子要想掌握祖先的法术，当然也要经历这些难关。"这就是说，要在仪式中对学师弟子能否吃苦耐劳和在困难面前能否勇敢向前做一番考验。

（6）崇拜图腾始祖。畲族人对始祖盘瓠在任何场合都礼奉甚殷，尤其是在"传师学师"活动中，代表盘瓠始祖的祖图、祖杖，必须悬示中堂，万分敬重。从畲族人的家谱所载、祖图所绘和《高皇歌》所颂的内容看，盘瓠是本民族或族群崇拜的图腾，起源很早，可上溯到原始社会氏族公社时期。

综合上面六个方面的特征，笔者认为畲族人的"学师"活动源于畲族先民在原始社会时期所行的男子成丁仪式，是男子成丁仪式中对新成年者进行图腾信仰和崇拜教育及考验等有关部分的继承和延续。

成丁仪式，又称"成年礼""入社式"，是青年男女进入成年

---

① 参见蓝云飞《丽水畲族习俗简介》"丧葬"，未刊稿。
② 凌纯声：《畲民图腾文化的研究》，载《"国立中央"研究院历史语言研究所集刊》第16本，商务印书馆，民国三十六年（1947）。

人的生活行列、享受成年人的权利、承担成年人义务的标志。它起源于原始社会氏族公社早期阶段，在世界各地大多数民族中曾广泛流行。我国的汉族、裕固族、高山族、瑶族、基诺族和永宁纳西族等都曾有过形式不同的成年礼。在氏族公社阶段，随着男女青少年性成熟期的到来，男女青年都必须受到整套的、有着不同程序和内容的训练。训练的目的，一方面是培养他们的劳动技术、同危险进行斗争和忍受一切苦难的能力，另一方面是使他们得到今后作为部落或氏族的成年成员所必须具备的知识。训练到一定时候，便举行成丁仪式。在成丁仪式中除了由本氏族或部落的长辈对新成年者传授生产、生活和地理等方面的各种知识外，还要特意讲述氏族或部落的神话传说、图腾祖先的功绩、图腾和宗教的禁忌，让成丁者观看或演习敬奉图腾的仪式。此外，还要教导新成年者懂得对氏族或部落应尽的义务、秘密语言及部落和社会的道德传统与行为规范等。举行过成年礼的青年，便加入了成年人的集团，获得了结婚和取新名的资格。到了父系氏族公社时期，由于男女两性在社会生活中所占的地位不同，男子成了社会的重心，社会对成年男女的要求也发生了根本性的变化：成年的男子必须是勇敢的战士、强干的猎人、熟练的农业生产者、能恪守公共义务和责任的氏族公社成员；而少女的成年目标则是生育子女、教养孩子、操持日常家务、从事成年妇女的劳动，等等。社会需要的分工，导致了男女两性成年礼内容上的殊异。由于男子的社会作用超过女性，社会对男子的期望也高，故其成年礼更为复杂，考验更为严酷，也更具有神秘性。原在仪式中为全体氏族成员所崇拜的图腾祖先也由女性变为男性，因而保持男子成年集团内部的秘密也更为重要。这样便产生了世界上大多数民族在举行男子的成年仪式时除了自己的母亲外，不让任何女子接近的现象。甚而有些民族连母亲也拒之遥遥，只允许有特殊宗教身份的女子在仪式中象征性地露露面。笔者认为这可能就是畲族"学师"只传男子而不传女子的真正原因。此外，在父系氏族公社时期，是否举行过成年仪式，如同中华人民共和国成立前浙江畲族的"学师"活动一样，成为划分男子社会地位高低的标准。正如法国社会学家列维－布留尔所记述的那样："在大多数地区的原始部落里，未行丁礼的男子，不管年龄多大，均被归入小孩之列。一旦他过了成年礼，成为一个青年人，他就在部族的成员中间占有了适合于他的地位。"① 非洲下刚果地区的原始部族行成年礼时，也有与畲族"学师"仪式最后阶段学师弟子"击杖乞讨而归，与众乡亲互不相识"相类似的情节："当行了成年礼的人回到村里时，人们就用他的新名字叫他，他装着对任何事物都感到惊奇，好像他是从另一个世界来这里过新生活的人。他不认识任何人，连自己的父母也不认识，亲人们像迎接一个死而复活的人那样迎接他。"②

当然，中华人民共和国成立前畲族的"学师"活动，已经变成以始祖崇拜为中心的原始宗教仪式，并掺杂了不少道教巫术的内容，与原来的成年礼有所区别，同时和明清时畲族男子学过师的比例达到90%以上的情况相比，③ "学师"已不再是每个男子成年时都必须履行的手续，而成为富裕者借之提高自己地位和声望的手段之一。但如果剔除那些后来外加的、披上"法"的外衣以增强"学师"仪式神秘性的道教巫术成分，我们仍可看出"学师"活动基本上是畲族祖先在原始社会父系氏族公社时期所行的男子成年礼在进入君主专制社会后的残留。

三　"学师"活动的作用

按照历史唯物论的观点，世界上任何一种文化或文化现象的产生和发展，都有一定的社会基础。它之所以能够产生并获得发展，是因为它满足一定社会、一定民族的需要，对该社会、该民族的生存和发展具有一种不可替代的作用。在原始社会氏族公社时期，虽然成丁仪式的作用之一是对新成年者进行能力和意志的

---

① 〔法〕列维－布留尔：《原始思维》，丁由译，商务印书馆，1981，第341页。
② 同上书，第348页。
③ 参见蓝云飞《丽水畲族习俗简介》"信仰"，未刊稿。

考验或检测，但是更重要的作用是对新成年者进行最有效的社会教育。因而有的民族学家将其称为"学校"。① 建立这种"学校"的目的可以概括为两个：一是传授谋生的技术；二是培养男女青少年的道德、宗教意识和集体观念。由于后者是作为维系本族或本集体内部团结的纽带，关系自身社会的生存和发展，故而显得更加重要。人们费尽心思地将这部分的仪式搞得十分繁复、神秘，以增强其影响力和感染力。用列维－布留尔的话来说，为了让新成年者懂得自己是本族或本集体中的一员，是本族或本集体始祖的成年后代，必须"在新行成年礼的人与神秘的实在之间建立互渗，这些神秘的实在就是社会集体的本质、图腾、神话祖先或人的祖先，是通过这个互渗来给新行成年礼的人以'新的灵魂'"。② 畲族先民为了维系本族体的生存，给新成年者灌输的"新的灵魂"，便是带有浓厚图腾信仰残余的始祖崇拜。此外，每一宗族都备有一根雕刻有盘瓠头像的祖杖，逢年过节或族中有婚丧嫁娶等大事时，便摆出来隆重祭祀，尤其是举行"学师"活动时，作为始祖盘瓠本人象征的祖图和祖杖更是不可或缺的重要物品，需要虔诚膜拜，尽心献祭。

中华人民共和国成立前的浙江畲族地区和周围汉族农村一样，早已处在君主专制社会意识形态的统治之下，为什么其先民在原始社会父系氏族公社时期男子成丁仪式上所行的带有图腾信仰残余的始祖崇拜还会以"学师"形式保留下来呢？畲族这种绵延了千百年的民族或族群自我意识是靠什么来维持的呢？笔者认为主要就是靠始祖崇拜教育。"即凡一民族之发生，各有其团结之需要，与其互相之约束，乃本其素来之信仰，或为祖先或为物类，于以聚族而谋生。"③ 正是基于千百年来一代代畲族人坚持不懈地向后代子孙进行始祖崇拜教育，全国各地的畲族人，不管是远隔千山万水还是近在咫尺，都有一种大家都是盘瓠子孙、是一家人

---

① 〔苏〕柯斯文：《原始文化史纲》，张锡丹译，人民出版社，1955，第167页。
② 〔法〕列维－布留尔：《原始思维》，丁由译，商务印书馆，1981，第344页。
③ 傅勤家：《中国道教史》，上海书店，1954，第1页。

的认同感和向心力。"或侵负之，一人讼，则众人同；一山讼，则众山同。"[①] 这种团结一致共同抵御外族的欺凌、反抗统治阶级的压迫和剥削的行动，就是畲族民族或族群凝聚力的充分表现。也正因为始祖崇拜起着维系民族或族群感情、巩固民族或族群意识的作用，故其在各地畲族人的精神生活中占有极其重要的地位，每年农历的二月十五、七月十五、八月十五被定为全族的祭祖日，祭祀始祖盘瓠，从而达到巩固畲族青年的民族或族群感情，提高民族或族群向心力的目的。

总之，"学师"是中华人民共和国成立前浙江畲族内部世代相传、带有古代男子成丁仪式遗迹的始祖崇拜活动，对维系当时畲族内部的民族或族群感情起过一定的作用。中华人民共和国成立后，"学师"活动基本消失了。

---

① 参见顾炎武《天下郡国利病书》第一十六《福建》。

下编　乡村建设

乡土精神与乡村建设[*]

　　自改革开放以来，我国农村由不适合国情的传统的旧经济体制逐步向现代的开放型的商品经济和社会化生产方向过渡；农民由简单的低民主的贫困型、温饱型生活逐渐向自己可当家做主的丰富的小康型、富裕型生活发展。在这场变革中，乡村社会中传统的乡土精神起着既相互协调又相互矛盾的作用，因而有必要把它置于新的历史背景中加以重新审视、检讨，有的甚至应该扬弃。

　　乡土精神，指的是体现乡村社会心理、主导乡村社会文化行为的乡民的价值观念和生活准则。我国传统的乡土精神就是千百年间植根于农耕社会民间百姓中的价值观念和生活准则，其主要特质包含这样几个方面。

　　1. 勤劳、节俭

　　在以农为本的乡民眼里，土地是财富之母，劳动是财富之父。唯有将这一对"父母"紧紧结合在一起，生活才能有所保障。千百年来，我国乡民的农耕多是单家独户孤立地进行，劳动方式又完全是出大力流大汗式的手工操作，因而要想获得稍为丰厚一点的收益，就必须倾全力提高劳动强度，增加劳动时间，这就是所谓的"一分耕耘，一分收获"。于是，"人生天地间，劳动最为先"成为大多数乡民的生活信条。由于乡民的劳动条件十分艰辛，生产方式又甚为落后，农业生产并未摆脱靠天吃饭的自然境况，正常年景收获尚且不丰，遇到天灾人祸更无法预测，因而乡村农民都十分珍惜劳动成果，养成了一种注重节俭、反对铺张浪费的习惯和作风。"家有一双勤俭手，吃穿二字不用愁。""家有粮食万

　　* 原文发表于人民出版社《学习》杂志 1995 年第 7 期，第 91~95 页。

担，也要粗茶淡饭。"这些至今都还是我国大多数乡民消费生活中所遵奉的座右铭。笔者近些年在湖南、广西、浙江等省区汉族和少数民族杂居的山区对乡民的社会生活方式进行了考察，发现除了精打细算的理智型家庭消费模式外，还未发现有社会学家所说的那种习惯型、冲动型、想象型、不定型消费模式。

勤劳、节俭，千百年来一直被视为我们民族的传统美德而加以颂扬，生活于乡村的百姓更是把它奉为生活的圭臬。这虽在一定程度上阻碍了乡村农民对生活多样化和高标准生活方式的追求，但也使大多数乡民在艰苦的生活环境中磨炼出了一种耐劳、刻苦、坚韧不拔的生活意志，对于当今乡村社会的建设仍有重要的积极意义。

2. 崇尚血亲关系

我国著名社会学家费孝通先生在其名著《乡土中国》中曾把我国传统的社会结构比喻成"一块石头丢在水面上所产生的一圈圈推出去的波纹。每个人都是他社会影响所推出去的圈子的中心"。事实上，传统乡村社会中最重要的社会关系就是这种丢石头形成同心圆波纹性质的亲属关系。这种社会结构中人与人之间的权利和义务、对事务的处理与否以及如何处理，等等，全以有无亲属关系或血缘关系的远近来加以判断。所谓"亲戚亲三代，宗族万万年"，"同宗同族一家人，打断骨头连着筋"，这些观念千百年来在乡村农民心目中一直占据着主导地位。中华人民共和国成立后，封建宗族势力曾遭沉重打击，"文化大革命"期间，宗族组织和活动更遭严厉取缔，表面上几乎销声匿迹。然而，自20世纪80年代改革开放后农村实行家庭联产承包责任制以来，乡民对土地使用的权利和义务是以家庭内最直接的血亲关系来确认的，家庭这个血缘群体的作用再次得到了强化。当今我国乡村中诸如农忙收种、婚丧嫁娶、建房修屋以及天灾人祸等重大意外事故的处理，等等，个体家庭无法单独完成，这就在客观上要求人们建立一种互助互惠的关系。而这种互助互惠关系的选择，最可靠的自然是父子、兄弟姊妹和同宗亲戚间的种种关系。在这种新的背景之下，原先被压制和取缔的宗族组织和宗族活动便又逐步复苏了。

近十年来，续族谱、定族规、修宗庙宗祠、选举族长、成立各种形式的宗族组织等活动，在全国各地，尤其是广东、湖南、江西、福建等南方各省中有较大发展，宗族械斗连续不断，有的乡村甚至还出现了由宗族组织替代村党支部和村民委员会组织和管理社区内所有生产、生活活动的严重现象。

血缘关系，在社会关系等级上是一种初级的、非正式的关系。尽管它在当今农村家庭联产承包责任制中用一种休戚与共、有无相通、授受互补的家族内部亲情关系，消弭和缓解了人民公社时期人与人之间权利、义务和报酬分配等方面的诸多尖锐矛盾，调动了农民生产经营的积极性，但它在乡村社会政治、文化生活中所产生的负面影响也不可低估。"三个兄弟一只虎，五个兄弟一条龙。"现今不少乡村基层组织中干部的选拔、各项公益事业的建设、各种重大纠纷的处理等，都不同程度地受到血缘宗族势力的影响。

3. 地缘观念强烈

在传统农业社会中，土地是最主要的农业生产资料。由于土地资源的先天性和不可迁移性，千百年来各地乡民在各自对土地占有和使用的范围内便形成了诸多大小不等的从一条血脉发展而来的亲族聚落。这些亲族聚落在一定范围内又通过联姻、结拜等方式向周围扩散，形成了区域性社会网络。在该社会区域内，大家"生于斯、死于斯"，守望相助，成就了形形色色的共同事业，形成了诸多共同利益，构筑了一种相互了解、相互帮助、不言而喻地相互信任这样一种特殊的亲密关系。"亲帮亲，邻帮邻，屋门口的是一家人。""乡里乡亲的，分什么你我呀！"这种观念经过长期的着意培养和传承，使得同一地域内的人们形成了一种特殊的认同感——家乡人意识。当该地域内有人升迁或光耀乡里时，或者有外侮相迫、灾祸相加需共同抵御时，彼此都会激发起本地域的光荣感、责任感和使命感，去分享荣誉、分担义务或化解矛盾。

乡村社会中这种传统的地缘观念，对于乡村社会的政治、经济、文化建设影响很大。如改革开放后，广东、福建、海南等地利用传统的家乡观念，吸引海外侨胞回家乡投资搞建设，成就斐然；又如实行家庭联产承包责任制后，同一地域内邻里之间经济上的互帮互惠、思想文化上的互相呼应、社会秩序上的自我管束等作用和功能都逐渐为国家《村民委员会组织法（试行）》等法律所承认，成为乡村社会基层组织建设的基础。但同样是由地缘观念衍生而来的狭隘地方主义、宗派观念和时有发生的村落械斗事件等，也给当今乡村社会建设的健康发展蒙上了一层阴影。

4. 仁厚好礼

这里的"礼"，指的是传统的道义力量。支撑传统乡村社会关系基础的是血缘和地缘观念。在血缘关系范围内，人们讲究的是亲谊、情义，不计较利害关系。每个人自小就生活在这种高度伦理化的社会文化氛围之中，培养出了一种温文仁厚、知情重义的性格。在一定的地域范围内，人们又把有相同或相似利益的邻里关系泛血缘化，以对待血缘亲族成员的某种方式来对待相对应的非血缘亲族成员，使邻里关系套上了一件温情脉脉的拟血缘外衣。在这种社会氛围中，大家朝夕相处，互通有无，讲究尊尊长长、亲亲戚戚，道义力量显得非常凝重。在与人相处或处事时，人们总是能够推己及人，显得非常宽容、厚道。万一发生了冲突和纷争，他们也总是求助于道义力量，在传统礼法范围内通过合情合理而不是合理合法的方式解决问题。"万事和为贵""话莫讲开了，人莫讲疏了"，这是他们解决纷争的惯常原则，也是他们在自然经济条件下安身立命的根本。

然而，传统乡民的这种仁厚宽容，仅是一种身边之仁。这种仁厚之情一般只施于己身所处所及的特定血缘地缘社区之中，而不是推诸所有社会的准则。他们用厚实的亲情关系包裹自己，不愿也不让生人、外人顺利地进入自己的世界，自己也不愿、不能顺利地进入陌生人的世界。这样一种乡土风格，与都市社会和市场经济环境下锱铢必较、利益分明、讲究法治和契约的现代风格相差太远。

5. 安土重迁、讲究实际

千百年来，我国乡村农民都是依托于一块面积有限的土地，以男耕女织的方式，获得生存所需的最基本的生活资料。尽管乡民从土地上所得的收获数量有限，且受自然规律的严重制约，但只要辛勤耕耘，终会有所收益。因此，乡村民间流行的《劝勤耕》古歌云："想世间、谈世间，千般买卖不如田。""做生意、争毫厘，耕田种地万本利。""千行万行，种田种地是本行。"他们没有那种发横财一日暴富的奢望，也没有那种大破产后顷刻间一文不名的沮丧。他们既不"杞人忧天"，也不"异想天开"，一心一意只做那些"耳听为虚、眼见为实"的事。长期以来，乡村农民就形成了一种安土重迁、安常守故、知足常乐、求稳怕变的思维定式，反映在社会生活中则是恋守故土、追求稳静，重习俗、斥时尚，好以老传统、老观念来衡量新问题，不愿也不敢主动接受外部世界的新事物和新观念，显得较为保守、落后。改革开放以来，在我国经济发展较快地区的乡村，这种状况已经得到了一定程度的改变，但在我国大部分乡村，由于经济水平较落后，与都市社会和市场经济接轨的时机较少，这种乡土精神特质并没有多大改观。

我国有近 13 亿人口，其中四分之三生活在乡村。乡村社会建设的好坏决定了我国社会主义建设事业的成败。我国的乡村社会绵延了数千年，有自己发展的独特传统和文化精神。在当今新的历史条件下，重新分析和审视传统的乡土精神，发扬其中的优良传统，抛弃其不合时代潮流的糟粕，促进我国的乡村社会建设，是摆在每一位社会学、人类学工作者面前的一个重要课题。

南方民族地区山村的村民自治与宗族意识

——以湖北西部少数民族地区农村为例 *

一 20世纪80年代以来村民自治的施行

我国农村的村民自治，指的是农村居民根据法律自主管理本村公共事务和公益事业的基层民主制度，同时又是一种农村基层直接民主治理形式。其具体内容包括：①民主选举，指的是村民自治组织的领导人由村民直接选举产生；②民主决策，指的是村内重大公共事务由村民集体决定；③民主管理，指的是村民通过村民会议、村民代表会议、村民委员会、村民小组等组织和形式参与本村事务的管理；④民主监督，指的是村民通过与国家法律精神相一致的章程、规定及其他制度形式，监督村民自治组织领导人和村级事务管理，并在这一过程中实现自我约束和自我教育，保证国家对农村基层社会的有效治理。① 按照上述法律规定，村民委员会组织充分体现了农民群众当家做主和在一定范围内自主管理本村事务的民主原则，与人民公社化时期那种政社合一的体制是截然不同的。鄂西少数民族农村，主要是指恩施土家族苗族自治州和五峰、长阳土家族自治县的农村。该地位于湖北省西部，面积约29463平方公里，其西部和南部与重庆市和湖南省接壤，是土家族、苗族、侗族等少数民族群众聚居的地区之一。这里地形

---

* 原文发表于《贵州民族研究》2001年第4期，第61~67页。

① 徐勇：《中国农村村民自治》，华中师范大学出版社，1997，第3页。

复杂，属典型的重峦叠嶂、沟壑纵横的复合山区，民间惯称"八山半水一分田，半分道路和村庄"，具有较典型的西部少数民族山区农村的特征。尽管 1987 年全国人民代表大会常务委员会通过了《中华人民共和国村民委员会组织法（试行）》，湖北省政府有关部门也在 1988 年制定了实施村民委员会组织法的 10 项相应办法和条例，但对于村民自治的重要性和如何进行村民自治，鄂西少数民族地区农村的乡镇干部和群众的认识并不是一开始就十分清楚的。他们多数人认为农村社会基层组织的改制，只是换个叫法而已，公社就是乡，大队就是村，生产队就是村民小组，若反过来叫也可以。都是共产党领导下的天下，能变到哪里去？于是不少地方仍沿袭公社、大队、生产队的体制在运作，农民群众参与村务管理的渠道不多，热情也不高。

该地是 1990 年逐步开展村民自治活动的，在 1999 年 10 月第四届村民委员会换届选举以前，该地区农村村民委员会组织大部分具有这样一些特征：①村级自治组织机构基本健全，但民主自治功能发挥不够，凝聚力不太强；②村级经济欠发达，村级经济组织匮乏，很少或者没有村办的工业企业；③村民委员会干部群体素质不高，工作责任心和进取意识不强；④村民主人翁意识和参政议政意识不强，积极性没有得到调动，村民生活比较贫困；⑤干群关系一般化的占多数，一些地方的干群关系较紧张。其原因大致可概括为以下几点。

第一，一些乡镇干部对村民直接选举村委会干部有顾虑，认为那样会无法预测和掌握选举结果，可能选不上他们想要的"好干部"。因此，有相当一部分的村民委员会未实行直接选举，这挫伤了村民参政议政的积极性。普通村民认为村干部都是乡镇领导内定好了的，选与不选都一样，与自己关系不大。1999 年 8 月，我们到五峰土家族自治县调查时，从该县民政局了解到，该县自 1990 年实施村民自治以来，第一、二、三届村委会选举时，村委会干部的选拔基本上存在三种情况：①由乡镇政府或其派出机构——管理区（办事处）的领导指派；②以村党支部代替村委会，履行村委会的职能；③由村民代表选举村委会干部。在鹤峰、咸丰、利川等县市调查时了解的情况与五峰县相差不多。

第二，乡镇政府或其派出机构——管理区（或办事处）没有理顺与村民委员会之间的关系。《中华人民共和国村民委员会组织法》第四条明确规定，乡镇政府与村民委员会是指导与被指导的关系，而不是领导与被领导的关系。村民委员会既不是一级政权组织，也不是乡镇政府的派出机构，它在组织系统上具有相对的独立性，这是由村民自治组织的性质所决定的。乡镇政府对村民自治事项只能给予指导、协调、支持和帮助，而不能实施强行干预。但有些地方的乡镇领导或办事处的领导就没有依法办事，习惯于照搬人民公社时期的做法。比如1998年2月27日，咸丰县高乐山镇白果坝管理区党总支书记和副书记在白果坝村主持召开只有部分村民组长和村民共14人参加的会议，将1996年12月在县委、县政府和县人民代表大会统一布置下通过全村1000多名选民直接选举产生的村委会主任、副主任和委员全部撤换。后来被违法撤换的村委会主任逐级申诉，在县民政局派干部下去核实情况后，中共高乐山镇纪律检查委员会才出面纠正了白果坝管理区党总支的违法行政行为。类似这样的事例在鄂西少数民族农村地区还不是少数。

第三，县、乡级领导不主动关心村情，硬给村干部压指标，村干部有了困难得不到及时的支持、帮助和指导，时间一长，村干部也就失去了工作的热情和信心，导致村委会班子瘫痪。如村级组织没有什么权力，办不了什么实事，但村组干部所干的事务较繁杂，待遇长期偏低，付出与回报不成正比，大多数人不想干。我们在调查中发现，不少村民就不想当村组干部，"工资太少，组长一年只有几十到百把元，村干部稍多一点，没人想干"。青壮年农民大多数出外打工挣钱，年纪大一点的则认为管好自己家承包的责任田，"搞好自己的家庭生活就可以了"，对竞选村干部兴趣不大。

第四，村委会和党支部干部处理村务时不公开、不公平，得不到村民的信任，且方法简单、粗暴，引起村民的不满和反感。村务不公开主要体现在村务活动中的收入、开支账目不清楚，不定期向村民群众公布，村民信不过。村务不公平，主要体现在村干部在处理具体事务时看人下菜，为自己谋私利，导致村民不服。一些地方村委会干部办事武断、粗率、包藏私心，进而影响了与村民的关系，使村民对村委会和党支部失去信心，亦是不争的事实。

1998 年 11 月 4 日第九届全国人民代表大会常务委员会第五次会议通过《中华人民共和国村民委员会组织法》，1999 年 1 月 22 日湖北省第九届人民代表大会常务委员会第七次会议通过《湖北省村民委员会选举办法》，鄂西少数民族地区农村和全省其他地方一样，在省有关部门的部署和自治州、自治县政府的领导下，开展了规模空前的第四次村民委员会换届选举工作。其基本做法和步骤是：①乡干部首先主持召开了该村全体党员和小组长会议，学习《中华人民共和国村民委员会组织法》和《湖北省村民委员会选举办法》的基本内容，然后对所有工作人员和管理区干部进行培训。②以村民小组为单位召开村民会议，宣讲换届选举的重要性和换届选举的方法、步骤及时间安排。③乡和管理区干部邀请村中老干部、老党员座谈，找村委会和党支部的干部了解村情，到普通村民群众中搞调查，以全面掌握该村的干部情况、村务情况和群众对本届村委会、村干部的反映。④针对有些群众反映村务不清楚的情况，乡党委及时派经济管理干部下村，认真清理，将清理的结果张榜公布。⑤建立选举机构。首先成立乡级村民选举指导小组，然后召开村民小组会议推选选举委员会，党支部书记担任选举委员会主任。⑥由选举委员会确定选举日并张榜公布；⑦制定选举工作实施的日程安排。⑧以《湖北省村民委员会选举办法》第十二条的规定进行选民登记，公布选民名单，给选民发选民证。⑨确定村委会干部职数。⑩以《湖北省村民委员会选举办法》第十四条规定确定村民代表的选举办法，经选举委员会确认，村民代表由村民直接选举产生，其中每个小组选出代表 2 人，每个代表分别代表了 7 ~ 30 户的农户。选举委员会在给村民代表分发代表证时，将其所代表的农户的姓名、家庭人口等都填写到代表证内。⑪确定初步候选人。将候选人名单张榜公布，由村民 2/3

以上的农户参加投票选举村委会主任、委员候选人。⑫在预选之前安排上届村委会主要成员回答村民代表所提的各类问题，然后由乡村民选举指导小组的负责人发表指导意见，让代表们和村民形成共识，确定正式候选人。

为搞好投票选举，县（市）民政局、乡政府及管理区共同抽调国家干部协助村民代表分户造册、登记参选人和代投票人，并由选民签字确认是自投票还是委托他人代为投票。选举日之前的一天，他们继续到户核实、督促选民保证按时到会参加选举。对在本市县内打工做生意的人员，由专人负责通知他们按时回来参加选举；对已到外地打工人员，则电话通知他们回家参选，若不回来参选，可依法委托他人投票。从选民登记、村民代表的产生到最后的选举，都做到公开、民主、依法。乡镇党委和乡镇政府当场给当选的村委会干部颁发当选证书。在这次村民委员会选举中，也有个别村在选举时个别村民对候选人不满而抢夺选票、票箱的事而推迟了选举的。

从利川、巴东等县市 1999 年第四届村民委员会换届选举的过程和结果来看，鄂西少数民族地区的村民自治工作中村民委员会的选举工作进行得卓有成效。破除了此前历届选举中或多或少都存在的"村民开不拢会""集中参加选举的选民人数过不了半数"的现象，也排除了有些乡镇领导或管理区干部思想中存在的"直接选举会选不出好干部"的顾虑。大部分接受我们调查访问的县（市）民政局的干部和有关乡镇的领导认为只要乡镇领导的监督和措施得力，村民选举过程受宗族势力和"村霸"的影响很小。但在我们对普通村民和一些管理区（办事处）干部的访问中，也有人认为"村官"选举中的家族因素还是存在的，个别地方宗族房头的势力还比较大，造成村干部难选，选了以后工作难以开展的情况也还是有的。

二 宗族意识对村民自治的现实影响

宗族意识，指的是人们对以自己为中心的血缘上同宗共祖者，或是有拟血缘关系亲族者的一种亲近感和认同感。这种亲近感和认同感，在村民的日常生活中往往表现为同姓族人间的守望相助、同声相求和情感相依。民间所谓的"血浓于水""同宗同族一家人，打断骨头连着筋"等俗谚就是这种意识的生动描述。在我国，由于人们长期生活在前工业社会里，绝大多数族群的成员或多或少地存留有宗族或家族意识。在鄂西少数民族地区的农村，据我们的调查，宗族意识的存留在一些地方还是比较浓厚的。由于鄂西少数民族地区农村家庭自元、明时期土司统治以来即聚族而居，在一定范围内形成了颇有势力的强宗大族，所以不同宗族之间的摩擦在清代和民国时期就时有发生。据 1990 年版新修《来凤县志》记载：1949 年前"本县封建宗族房族之争也向为复杂。'闹人命'、'打冤家'，合族参与械斗之事，屡有发生。漫水沙子田向宽中与新拱桥向世隆，为争夺当地统治地位，互相残杀达几十年"①。1998 年 8 月，我们在来凤县旧司乡调查时，在该乡中国农业银行一机构中任主任的田先生（当年 57 岁）给我们讲述了 20 世纪 40 年代时，旧司水田坝田氏与东流坝邓氏因争一条道路发生宗族纠纷，邓氏不让田氏在此路通过，结果发生了田氏血洗邓氏的宗族械斗事件。

1949 年中华人民共和国成立以后，由于国家对农村社会的强力控制和日常社会生活的意识形态化，宗族组织被取缔，土地、祠堂、坟山等大宗族产被收归集体所有，宗族意识受到明显的压抑，在实际生活中体现得不怎么明显。20 世纪 80 年代以后，国家实行改革开放政策，随着家庭联产承包责任制的实施和人民公社体制的瓦解，国家对农村社会的强力控制悄然隐退，家庭在农村社会生产中的地位重新得到了肯定和凸显，农村社会生活也从单纯的意识形态化氛围中解脱出来，逐步朝价值观念多元化方向发展。这样，传统的宗族意识在各地农村又有不同程度的回复和显现，比较明显的是一些地方相继成立了以修（续）宗谱家谱为中

① 湖北省来凤县县志编纂委员会编纂《来凤县志》，湖北人民出版社，1990，第 311 页。

心的临时性的宗族或家族组织。有的地方这种临时性的宗族或家族组织在修（续）完宗谱家谱后，并不解散，转化成一种新的血缘互助组织。据 1999 年对宣恩县高罗乡杨柳池的调查，一些杨氏族人认为成立于 1998 年 2 月的"杨府理事会"在敬宗收族，加强血缘联系，处理民间婚丧、纠纷事务等方面发挥了一定的作用。据有关专家于 20 世纪 90 年代初在鄂西土家族地区宣恩县桐子营乡的调查，在生产活动中，尤其是农忙时，家族内部的互助占 71%。[①]

　　如果宗族意识的回复或复萌是停留在修家谱宗谱、族人之间正当互助等层面上，那倒不是坏事，但据我们所收集的资料和所做的调查反映，有的远远超出了这个范围，对现实的乡村生活构成了一定的负面压力。例如家住利川市忠路区老屋基乡平星村三组的王绍轩，于 1984 年 6 月 26 日以 2200 元的价格购买了该组的仓库三列两间，有该组群众通过的"卖约"和政府的税契为证，并已住进此房。但由于同村村民冉某某想将自己的旧房卖了再买此房，在 1985 年 2 月拉拢不明真相的村民，依仗冉氏族大势众，又有个别干部暗中支持，以王绍轩买此房未经全体社员通过为由，将王绍轩所买此房的部分房瓦揭掉，拆走部分板壁，还在此房吊脚楼下修装牛圈，致使王绍轩一家无法居住而带着即将临产的妻子寄居他处。王绍轩虽找了村、乡干部五次，寻找解决的办法，但毫无效果。后在市法院组织巡回法庭受理此案后，在当地公开审理，冉氏等人在法律面前才逐一承认了错误，并向王绍轩赔礼道歉并赔偿 80 元的经济损失，承担 50 元的诉讼费。[②] 这是一桩比较典型的大姓人家以族众势大力压小姓人家使其屈服以谋取经济利益的个案。在鄂西少数民族地区，虽没该案例那么典型，但相类似的事例在日常生活中并不少见。据我们在长阳、来凤等县的调查，至今该地区村民嫁女还是喜欢嫁给大姓子弟，认为这样日后在农村社会生活中不会吃亏。有些"族大势众"的宗族或家族

---

① 李守经、邱馨主编《中国农村基层社会组织体系研究》，中国农业出版社，1994，第 234 页。

② 湖北省利川市地方志编纂委员会编纂《利川市志》，湖北科学技术出版社，1993，第 352～353 页。

的观念和行为，甚至影响到村治和乡村社会的稳定。

比上述事例更为典型的是宣恩县沙道镇龙潭茶园村莫家台的莫氏"家族团结协会"。莫家台共有 3 个村民小组，600 余人，村民中的 80% 是莫氏。而莫氏又分为两大房族，且相互间不团结，常因土地、山界等发生纠纷，近两三年内就发生了三起凶杀案。1998 年农历腊月，时任沙道镇龙潭管理区副主任的莫某某为结束此局面，提议成立一个"家族团结协会"，简称"族团协会"，以"团结多数，孤立少数"的方式实行"自治"管理，得到一些莫氏族人的拥护。这个新宗族组织拟有 12 条 27 款"族规族约"，定有专门的"族团协会纲领""族团协会组织法""入会条件"和"入会誓词"，在"族团协会"内部，骨干们还有专门的组织分工。不过，这个想进行"自治"的新宗族组织也走得太远了。该村原村委会秘书瞿某某就曾对沙道派出所反映，"家族团结协会"成立的主要目的是阻止该村向政府上交各种款项；该组织擅自罢免村支书，而由族人莫某某替代，村里的公章也被他们骗入手中；其成员还写过恐吓信，扬言要杀福利院院长和他的妻子以及该村的党员。难怪莫氏"家族团结协会"一成立就遭到一些族人的反对和政府的严厉取缔！

这些事例，虽然在鄂西少数民族地区不算多，但影响不小，因而从更深的层面上反映传统宗族或家族意识在当代农村的遗留及其影响力。怪不得我们在鄂西少数民族地区调查村民自治和村民选举时，各级政府都把防范宗族房头势力的影响和操纵放在重要的位置上加以考虑。

三 几点看法

综合前面所述，笔者有以下几点看法。

（1）据我国有关农村社会学家的研究，我国的村民委员会既具有经济组织的职能，又具有政治组织的职能，还兼有文化教育组织职能和社会控制职能。概括地说，社会管理职能，是指村民委员会依据《宪法》和《中华人民共和国村民委员会组织法》的规定，有权通过各种途径和形式，如制定和落实村级社区服务行动规划，制定村民自治章程或条例等，行使对本村各项社会事务的管理，其中重点是对本村人力、物力、财力等方面的管理，如兴办村民个人办不了或办不到的公共事务——修路、架桥、建造水库和码头、修建用水用电公共设施、改善村级卫生设施、优化生态环境，以及满足村民生活和生产所需要兴办的各类事业。村民委员会还要办理本村的公益事业，如兴办敬老院、托儿所、文化娱乐设施以及医疗、养老、伤残、退休等保险事业，增进村民社会生活的自豪感、幸福感，建成现代化的农村社区。经济管理职能，是指它应引导广大农民和各类村级经济组织适应市场经济的需求，建立适应市场经济关系的行为准则，并为它们提供各项服务，以使村级社区经济达到这样几个目标：①产业结构得以合理调整，工农业生产实现优质、高产、高效；②做好本村工农业生产的产前、产中、产后的各项服务性工作；③农民收入来源和分配形式朝多样化方向发展，使村民人均收入达到小康水平，村民生活质量亦由温饱型走向小康型；④适应市场经济发展的需要，搞活流通领域，包括资源、科技、信息、产品等方面的流通；⑤增加农民群众的消费支出，提高农民群众的消费需求层次，缩小城乡居民生活水平的差距。文化教育职能，是指村民委员会要维护村民的合法权益，保证适龄儿童接受正规的学校教育，向村民广泛而深入地进行国家义务教育法的宣传教育，配合政府和教育部门积极组织好扫盲工作。此外，还要兴办幼儿园、学校，组织科技培训、普法教育，兴建本村社区内的文化室、图书室、娱乐厅，组建本村社区的运动队、球队、杂技队、合唱队、演出队等，以丰富本村社区村民的业余文化生活，目的是全面提高本村社区村民的思想、文化、生理和心理等方面的总体素质。社会控制职能，是指村民委员会为维护本村的社会秩序，保证村民社会生活和生产的正常进行，要运用社会力量的影响来约束、规范村民的思想和行为，包括运用法律、制度、传播媒介等实施的正式控制和运用风俗、舆论、道德规范等实施的非正式控制。据我们在鄂西少数民族地区农村的调查，该地区农村中村民委员会的日常工作，大多是落实村里的计划生育指标，农民的税费收缴（主要是指农民缴纳税金、完成国家下达的农产品任务、依照法律法规所承担的村组提留、乡镇统筹费以及其他费用），基建工、积累工、义务工的安排和使用，农用物资的分配，电费的收缴与管理，宅基地的审批，救灾救济款物的发放和贯彻落实国家的优抚政策，调解和处理违反村规民约的事项，以及乡村教学点的安排、负担等问题。① 从调查中我们看到，鄂西少数民族地区大部分乡村的村民委员会都只发挥了社会管理和社会控制的职能，社会经济职能和文化教育职能尚无从谈起。因此该地区的村民自治，从制度建设和实践情况来看，只能算是刚迈出民主选举的第一步。

（2）大部分村民委员会对本村社区的工作只起到简单的管理和控制作用，这固然与鄂西少数民族地区的自然条件差、生产力发展水平较低、经济不发达有关，但也与村委会干部的素质较低有关。1996 年咸丰县的村委会干部中，受教育程度为初中的占51％；村委会主任中，受教育程度为初中及初中以下的占到了63.2％。当然，受教育程度不能说明一切，但这种受教育程度，与村民自治制度中对村委会干部所要担当的角色的自治目标要求而言，无疑差得较远。受教育程度不高的村委会主任，承受当前农村社会变革的能力较差，适应能力也较差，对村民自治的内涵和意义缺乏深刻认识和理解，民主意识、服务意识和民主作风较差，习惯于服从和施行传统的行政命令式的管理模式，等等，也就不足为奇了。

（3）依据《中华人民共和国村民委员会组织法》第二条"村民委员会是村民自我管理、自我教育、自我服务的基层群众性自治组织"和第三条"中国共产党在农村的基层组织，按照中国共产党章程进行工作，发挥领导核心作用；依照宪法和法律，支持和保障村民开展自治活动、直接行使民主权利"的规定，村民委员会和村党支部基本上起着准行政组织的作用。一方面它们在本

---

① 李守经、邱馨主编《中国农村基层社会组织体系研究》，中国农业出版社，1994，第 114～116 页。

村范围内以民主选举、民主决策、民主管理、民主监督的方式办
理本村的公共事务和公益事业，调解民间纠纷，协助维护社会治
安；另一方面又要协助乡镇人民政府开展工作。事实上，在我国
的现行政治体制中，乡村社会中得到政府认可的村级政党组织只
有中国共产党支部，村级自治组织只有村民委员会。中国共产主
义青年团、民兵连、妇女代表联合会等群众团体，是附属于村民
委员会的。而其他民间自发的组织，如宗族家族组织等，一般都
是处于一种被否定、被控制或不被认可的地位。因此，在乡村社
会建设中，如何处理好村党支部和村民委员会之间的关系，就成
为村级社区建设中一个非常重要的问题。自《中华人民共和国村
民委员会组织法》正式颁布和实施以来，依法选举出来的村民委
员会主任和其他干部的代表性是毋庸置疑的。而村党支部书记是
村中的党员推选的，党员的人数少，其在村民中的代表性不及村
民代表大会也是客观的事实。在治理村务的过程中，如果村委会
和党支部，尤其是村委会主任和党支部书记的意见一致，当然最
好；如果关系不和谐，村党支部怎么发挥《中华人民共和国村民
委员会组织法》中规定的"领导核心作用"，这是我国现行农村村
民自治体制中值得深入研究的课题。

（4）鄂西少数民族地区的宗族和家族意识虽然经过中华人民
共和国成立后近40年的打击和压抑，有了一定程度的淡化，但还
没有泯灭。鄂西少数民族地区传统上就是一个家族社会，除了合
作化和人民公社化时期以外，家庭经营一直是该地区农业生产的
基本形式。该地区的自然条件比较差，生产力水平也较低下，家
庭不仅是最基本的资源配置单位，而且还是最基本的利益单位。
在这种条件下，以家庭为单位进行资源组合和生产劳动，是当地
最有效的经营方式。而家庭在社会生产中地位的回复，加上国家
对农村社会生活中意识形态方面的控制逐步消退，为当地宗族文
化活动的回复创造了外在环境。不过，中华人民共和国成立以来
宗族土地和坟茔已收归国家或集体所有，原有的宗族祠堂等建筑
物已遭没收或毁弃，各宗族已没有了公共财产，原有的族规族约
和族训亦已对族人失去约束力，因此民间的宗族组织要恢复到

1950 年以前乃至清代那种集政治、经济、文化于一身的农村基层自治组织的形式，缺乏现实的基础。20 世纪 90 年代以来鄂西少数民族地区农村的宗族活动，据我们的调查，大多数仅限于修谱活动，可以说是传统宗族活动的一种残余而已。出面组织和领导修谱活动的都是县、乡已退休的中小学教师或干部，也有一些是在职干部。这些人都有较高的社会声望，在族人中说话办事很有威信。同时，他们在工作岗位中长期接受共产党和政府的思想教育和熏陶，对共产党和国家的政策比较了解，在修谱等文化活动中政策分寸把握得比较好，认为修谱主要是为了理辈分、正伦理，并主动与共产党和国家的政策和号召相调适，得到了族人的拥护。他们的这种"理辈分、正伦理"的思想和行为也得到一些县、乡在职干部的理解和默认，并受到民间一些族老的欢迎，认为族谱对教育青少年有一定的好处。笔者认为他们倡导的族人之间生活中互相团结、生产上互相帮助、精神上互相慰藉，在一定程度上弥补了现有乡村社会基层组织工作中对精神文化建设重视不够的缺陷，是乡村社会对传统亲情、伦理回归的一种自发表达，如果掌控有度，在一定范围内亦有利于乡村社会的稳定和人际关系的和谐。当然，对农村的宗族和家族活动保持高度的警觉和正确的引导是完全必要的，一旦有违反共产党的政策和国家法律的苗头出现，就应依法予以严厉打击，使民间的宗族或家族组织及其活动不具备超出文化及经济互助层面的功能和形象。

总之，我国村民自治的总体目标是促进农村基层社会主义民主政治建设和农村社会主义物质文明、精神文明建设的发展，把农村建成富裕、文明的社会主义现代化新农村。要实现这个目标，鄂西少数民族地区农村尽管头开得还不错，但任重道远！

村民自治与乡村社会的基层权力结构

——以湖北西南部少数民族地区农村为例*

乡村社会的基层权力结构，指的是乡村社会中对他人及机构的态度和行为具有影响力的人在社会各个阶层中的分布状况，具体表现为决策人士的阶层构成及组织形式。近年来国内人文社会科学界不少学者运用市民社会的理论，将现代社会分解为政治、经济和社会三大领域，并以此来观察中国自改革开放以来的社会变迁，认为中国社会正由原先那种政治领域垄断一切权力的"单极结构"向三个领域分享权力的"多极结构"转变，并认定这是1978年以后中国社会结构演变的基本脉络。[①] 笔者曾于1996~2000年先后四次率课题组对湖北省西南部长阳、五峰两个土家族自治县和恩施土家族苗族自治州的来凤、宣恩、鹤峰、咸丰、利川等县市共12个乡镇农村的村民自治情况进行了较深入的实地调查。从调研结果来看，笔者基本同意中国社会结构正由政治垄断一切权力的单极结构向多极结构转变的观点，但这种转变并不完全是自觉和整合的，尚存在许多问题。现以所调查的地区为例，对我国农村村民自治的实施情况及乡村社会基层权力结构现状做初步的分析和讨论。

---

* 原文以孙秋云、钟年合作的方式发表于《云南社会科学》2003年第1期，第70~75页。

① 参见康晓光《权力的转移——转型时期中国权力格局的变迁》，浙江人民出版社，1999。

一 政府主导下的村民自治

20 世纪 80 年代以前，我国农村社会组织单位是"政社合一"的人民公社，它既是国家政权在农村的基层单位，又是农民集体经济的基层组织，还是社区生活的基本单位。当时国家对人民公社的管理如同对国营企业的管理一样，通过行政力量控制一切资源，将当地任何社会力量都纳入国家控制的轨道。因此，改革开放前的我国农村，是一个管理成本高、效率低、一般村民缺乏关心与参与集体事务利益驱动力的单极权力结构社会。

从 80 年代初开始，我国农村先后实行了家庭联产承包责任制，瓦解了人民公社体制的经济基础，导致了农村社会的结构性变革。各地开始设乡建村，逐步以乡村自治的方式来代替人民公社的管理。湖北省人民政府根据 1987 年出台的《中华人民共和国村民委员会组织法（试行）》，于 1988 年制定了在本省实施村民委员会组织法的 10 项相应办法和条例。但是，对于是否要进行村民自治及如何进行村民自治，就笔者所调查的鄂西南少数民族地区农村的乡镇干部和群众而言，当时他们对此并无清楚的认识。他们认为农村基层组织的改制，只是换个叫法。公社就是乡，大队就是村，生产队就是村民小组，若反过来叫也可以，都是共产党领导下的天下，没有太大的改变。1990 年 9 月，有关专家在湖北省内 16 个农村固定观察点（村）进行了一次问卷调查，结果发现当时国家的村民委员会组织法没有被广泛认知，村组干部中能写出此法名称的人寥寥无几。① 鄂西南地区是从 1990年才逐步开展村民自治活动的。在 1999 年以前，该地区农村村民委员会大部分组织机构健全，但民主自治功能发挥不够，村民主人翁意识和参政议政意识并不强。究其原因大致可概括为以下

---

① 郑永流、马协华、高其才、刘茂林：《农民法律意识的现实变迁——对湖北省农民法律意识调查的总体分析》，载李循编《法律社会学》，中国政法大学出版社，1999，第 465～482 页。

几点。

第一，部分乡镇干部对村民直接选举村委会干部有顾虑，认为那样会无法预测和掌握选举结果，可能选不上他们想要的"好干部"，于是按照以前的做法指派干部。1999 年以前该地区有相当一部分的乡镇未直接选举村民委员会。如五峰土家族自治县自 1990年实施村民自治以来，第一至三届村委会选举时，对村委会干部的选拔基本上是三种模式：①由乡镇政府或其派出机构——管理区（办事处）的领导指派；②以村党支部代替并履行村委会的职能；③由村民代表选举村委会干部。我们到鹤峰、咸丰、利川等县市调查时了解到的情况与五峰相似。1998 年 8 月，我们在宣恩县沙道镇当阳坪村调查时，一些村民就向我们反映："村里的干部是上面定好候选人，只能选他们，选别人没有用。"① 据咸丰县民政局专管村民自治事务的干部钱先生介绍，自实行包产到户（家庭联产承包责任制）后，村民大会开得很少，村党支部包办村委会事务的现象是很普遍的。

第二，乡镇政府或其派出机构——管理区（或办事处）没有理顺与村民委员会之间的关系。《中华人民共和国村民委员会组织法（试行）》第四条明确规定，乡镇政府与村民委员会是指导与被指导的关系，而不是领导与被领导的行政关系。村民委员会既不是一级政权组织，也不是乡镇政府的派出机构，它在组织系统上具有相对的独立性，这是由村民自治组织的性质所决定的。乡镇政府对村民自治事项只能给予指导、协调、支持和帮助，而不能实施强行干预。但有些地方的乡镇或办事处的领导没有依法办事，习惯于照搬人民公社体制时期的做法。如 1998 年 2 月 27日，咸丰县高乐山镇白果坝管理区党总支书记和副书记在白果坝村主持召开只有村民小组组长和部分村民共 14 人参加的会议，将 1996 年 12 月由全村 1000 多名选民直接选举产生的村委会主任、副主任和委员全部撤换。后来被违法撤换的村委会主任逐级

---

① 孙秋云：《南方民族地区山村的村民自治与宗族意识》，《贵州民族研究》2001年第 4 期。

申诉，在县民政局派干部下去核实情况后，高乐山镇党委才出面纠正了白果坝管理区党总支的违法行政行为。类似的事例在鄂西南少数民族农村不是少数。据不完全统计，光1998年咸丰县有关乡镇的党政领导就以行政命令的方式直接撤换村委会主任达20多名。①

第三，村级组织权力小，但村组干部所干的事务较繁杂，待遇偏低，大多数农民不愿参与其事，对竞选村干部兴趣不大。咸丰县民政局的钱先生就向笔者介绍，1999年以前村民小组组长从来没选过，一直由原生产队队长担任。

第四，1999年以前，一些村委会和党支部干部处理村务时不公开、不公正，且方法简单、粗暴，引起了村民的不满和反感。村务不公开主要体现在村务活动中的收入、开支账目不清楚，没有定期向村民群众公布，村民信不过。村务不公正主要体现在村干部在处理具体事务时不公正、为自己谋私利，导致村民不服。②1999年10月鄂西南少数民族地区农村开展了规模空前的第四次村民委员会换届选举工作，其基本做法和步骤按国家规定进行。为搞好投票选举，当地各县市的民政局、乡镇政府及管理区都抽调干部协助村民代表分户造册，登记参选人和代投票人，并由选民签字确认是自投票还是委托他人代为投票。选举日临近时，他们继续到户核实、督促选民保证按时到会参加选举。对在外地打工的选民，则带信或电话通知他们回家参选，或依法委托他人投票。从选民登记、村民代表的产生到最后村委会干部的选举，按当地干部的说法都做到了"公开、民主、依法"。

从选举的程序和过程来看，鄂西南少数民族地区第四届村民委员会的选举的涉及面和代表性都比以往有所提高。但这种每三年一届的选举，村干部候选人都是当地乡镇干部事先有了意愿再

---

① 孙秋云：《社区历史与乡政村治——鄂西土家族地区农村宗族文化与村民自治研究》，民族出版社，2001，第150页。
② 崔榕：《湖北省宣恩县土家族地区宗族文化的变迁》，载孙秋云《社区历史与乡政村治——鄂西土家族地区农村宗族文化与村民自治研究》，民族出版社，2001，第273～274页。

征求乡村社会各阶层意见后主动提供给村民的。若村民对候选人有不同意见，乡镇干部或办事处干部就事先做解释工作，反复劝说或开导，直至该村民基本同意投该候选人为止。这种做法并不违法违规，所选也不见得非人，但乡镇政府对乡村社会的控制和主导意识是非常明显的。

尽管有不少论者认为村民自治的兴起是在改革初期，农民为弥补当时农村基层组织瘫痪、村务无人管理而做的自发的纠正尝试，[①] 但从上述情况看，目前村民自治在鄂西南少数民族地区农村尚未成为普通村民参与乡村政治生活的自觉行为，还是一种政府推动的外嵌式制度。

二 民间宗族家族意识的复萌

宗族家族意识，指的是人们对以自己为中心的血缘上同宗共祖者或有拟血缘关系亲族的一种亲近感和认同感。这种亲近感和认同感，在村民的日常生活中往往表现为同姓族人间的守望相助和情感相依，并会形成一股内聚力很强的力量。在我国，由于人们长期生活在前工业社会里，绝大多数族群的成员或多或少地存留有宗族或家族意识。在一些鄂西南少数民族农村，宗族家族意识的存留还是比较浓厚的。

由于鄂西南少数民族农村自元、明土司统治以来即聚族而居，在一定范围内形成了颇有势力的强宗大族，所以不同宗族家族间的摩擦在中华人民共和国成立前就时有发生。据《来凤县志》记载：1949 年前"本县封建宗族房族之争一向颇为复杂。'闹人命'、'打冤家'、合族参与械斗之事，屡有发生"[②]。1950 年以后，由于国家对农村社会的强力控制和日常社会生活的意识形态化，宗族组

---

① 参见徐勇《中国农村村民自治》，华中师范大学出版社，1997；颜毅艺：《当代中国农村阶层分化与法律调整的初步研究》，载中国人民大学社会学理论与方法研究中心、华中师范大学社会学系编《当代中国社会分化与政策选择全国学术研讨会会议材料》，2002。

② 《来凤县志》，湖北人民出版社，1990。

织被取缔，土地、祠堂、坟山等大宗族产被收归集体所有，宗族意识受到明显的抑制，在实际生活中体现得并不明显。随着家庭联产承包责任制的实施和人民公社体制的瓦解，国家对农村社会的强力控制方式有所改变后，家庭在农村社会生产中的地位和作用重新得到了肯定，农村社会生活也从单纯的意识形态化氛围中解脱出来，逐步朝价值观念多元化方向发展。这样，传统的宗族家族意识在各地农村又有不同程度的回复，较明显的是一些地方相继成立了以修（续）宗谱家谱为中心的宗族家族组织，称为"某氏修（续）谱小组""某氏（府）理事会""某氏家（宗）谱编辑小组"等。宗族家族意识的复萌，在生产、生活以个体家庭为核心且有长期宗族家族自治传统的农村，不可能仅仅停留在修宗谱家谱的层面上，必然会渗透乡村社会的政治生活和村政管理之中。有的地方，上述临时性的宗族或家族组织在修（续）完宗谱家谱后并不解散，而转化成一种新的血缘互助组织。如宣恩县高罗乡杨柳池村的杨氏族人认为成立于1998年2月的"杨府理事会"就为当地的村民和杨氏族人做了互助互惠、调解纠纷、济困扶弱、支持公益事业等九大好事，该组织受到大家普遍的赞誉。[1] 这种同宗族或家族间的同声相援，并不只限于"杨府理事会"一家。据有关专家于20世纪90年代初在宣恩县桐子营乡的调查，在生产活动中，尤其是农忙时，家族内部的互助占了71%。[2]

1998年8月，我们在来凤县百福司镇河东管理区调查时，该镇党委纪检书记彭先生告诉我们，在河东管理区，"因彭、向等姓氏的人多，非彭、向姓氏出身的干部压不住场"。他认为在乡村基层组织选举时，同姓的人一般会推选同姓族人出任干部，村中某一姓氏的人多，出任村干部的也肯定多。而且上级委派干部，也要考虑这个因素。1996年1月，笔者在长阳县渔峡口镇王家坪村

① 崔榕：《湖北省宣恩县土家族地区宗族文化的变迁》，载孙秋云《社区历史与乡政村治——鄂西土家族地区农村宗族文化与村民自治研究》，民族出版社，2001，第253～256页。

② 李守经、邱馨：《中国农村基层社会组织体系研究》，中国农业出版社，1994。

调查时，当地的干部也向我们阐述了类似的看法。

比上述事例更为突出的是宣恩县沙道镇龙潭茶园村莫家台的莫氏"家族团结协会"。莫家台共有 3 个村民小组，600 余人，村民中 80% 的人姓莫。莫氏又分为两大房族，且相互间不团结，常因土地、山界等发生纠纷，近两三年内就发生了三起凶杀案。这些事例虽然在鄂西南少数民族地区发生得不多，但从更深的层面上反映传统宗族家族意识在当代农村的遗留及其影响力。当然，中华人民共和国成立 50 多年以来，国家政治对乡村社会的强力干预和强大的行政权力，在农村乡民的社会生活中的影响还是巨大的，农民对行政权威的依赖还是较明显的。有关专家在湖北省内 16 个农村固定观察点（村）进行的问卷调查中（回收的有效问卷共 664 份，其中农户户主 299 份，村组干部 172 份，村组企业厂长 59 份，村组企业工人 134 份）问及"当您遇到经济纠纷时，您认为哪种解决方式费时最少，费钱最少？最能圆满地达到您的要求？"时，具体答案见表 1、表 2 及表 3。①

表 1　费时最少的解决方式

单位：人，%

	打官司	干部解决	私了	其他	合计
人数	32	358	238	36	664
所占比例	4.82	53.92	35.84	5.42	100

表 2　费钱最少的解决方式

单位：人，%

	打官司	干部解决	私了	其他	合计
人数	69	297	297	1	664
所占比例	10.39	44.73	44.73	0.15	100

---

① 郑永流、马协华、高其才、刘茂林：《农民法律意识的现实变迁——对湖北省农民法律意识调查的总体分析》，载李循编《法律社会学》，中国政法大学出版社，1999，第 476~479 页。

表 3　能圆满地达到要求的解决方式

单位：人，%

	打官司	干部解决	私了	其他	合计
人数	304	229	116	15	664
所占比例	45.78	34.49	17.47	2.26	100

在选择"费时最少"方式的各类人员中，村组干部、农户户主选择最多的是"干部解决"，而村组的企业厂长和工人则多倾向于"私了"；在选择"费钱最少"方式中，各类人员分歧最小，以主张"干部解决"的为最多；在选择"能圆满地达到您的要求"的方式中，认为"打官司"好的人多达304人，占45.78%，但农户户主的答案仍将"干部解决"列为能圆满达到自己要求的最佳方式，这反映农户户主比其他三类人对干部权威的依赖性更大一些。

究其原因，笔者认为中华人民共和国成立以来宗族家族所拥有的土地和坟茔已收归集体所有，原有的宗族祠堂等建筑物亦多已遭没收或毁弃，各宗族已没有了公共财产，原有的族规族约和族训不为社会所承认，早已失去了权威性和约束力，因此民间的宗族家族组织要恢复到以前那种集政治、经济、文化于一身的农村基层自治组织，缺乏现实的基础。同时当今乡村社会农民所从事的种植养殖业，长期受制于干部的指令与管理，即使在家庭联产承包责任制中，他们在种植计划、完成国家定购任务、土地承包转包等方面，也都要直接与干部打交道。因此，农村社会的基层权力结构仍然是以国家政治权力为主导。

三　民间精英意识形态的淡化

在我国，乡村干部是由不同身份的人所组成的：乡镇级干部属于国家干部的系列，他们的生活资源主要由国家供应；村级干部是当地的农民，其生活资源必须由自己和村里来解决。北京大学的王思斌教授认为，我国的村干部处在国家行政管理系统与农村社区自治系统的中介位置，既是这两个系统利益一致的结合点，又是这两个系统利益冲突的触发点。就村干部的行为特征而言，他们在某种程度上隶属于干部系统，愿意认真完成上级分派下来的任务；但就其长远利益、基本身份而言，他们又属于村民社会，更多地向民众系统倾斜。[①] 有的社会学家认为，在改革开放以前，中国共产党的各级组织，大致是以意识形态为主导来选拔乡村干部的，即以是不是党员或党所培养的积极分子，是否忠于党的以集体化、人民公社化为标志的社会主义路线等来任命乡村干部。国家对他们的要求即希望他们扮演的是国家代理人的角色。改革开放以后随着共产党的中心工作的转移，共产党的各级组织在农村选拔基层干部也逐渐功利化，即强调被选拔干部的办事能力等，不再强调对意识形态的忠诚。这样，20 世纪 80 年代以后，村干部所具有的国家代理人的身份日益减弱，社区守望者和家庭代表人的身份大大增加，有的地方村干部的身份甚至成为谋取个人和家庭好处的一种前提条件。[②]

自 20 世纪 80 年代实行家庭联产承包责任制以后，农村村民的日常生产和生活都以家庭为中心而展开，中共党员、共青团员在社会政治生活和经济生活中的优越地位已不如人民公社时期那么明显，讲究实际的农民对入党入团兴趣不高、积极性不强已是一个普遍的事实。1998 年 8 月，我们在宣恩县走访了一些村的现任党支部书记，他们说现在青年人主动入党入团的很少，党团工作很难做。高罗乡小茅坡营村的党支部书记冯先生（57 岁）说该村十几年只发展了一个党员，那还是在 1993 年。他分析其原因时说："为什么不想入党？不自由嘛！不入就不受你那个框管。"他说村里的共青团员没活动了，共产党员按制度规定应是每季度活动一次，但没坚持。1999 年 8 月，笔者在利川市谋道乡鱼木寨鱼木村调查时，该村向支书的答案与冯支书的如出一辙。在鄂西其他地

---

① 王思斌：《村干部的边际地位与行为分析》，《社会学研究》1991 年第 4 期。
② 杨善华：《家族政治与农村基层政治精英的选拔、角色定位和精英更替——一个分析框架》，《社会学研究》2000 年第 3 期。

方，像小茅坡营村和鱼木村党支部书记所说的情况是十分普遍的。有不少村的党支部书记都是由 50 岁以上，有的甚至还是 60 岁以上的老人担任。笔者根据咸丰县民政局提供的 1996 年第三届村委会换届选举后村干部的政治面貌资料统计结果列表如下（见表 4）。[①]

表 4　咸丰县第三届村委会换届选举后村干部政治面貌统计结果

单位：人，%

干部类别	中共党员		非中共党员		合计	
	人数	比例	人数	比例	人数	比例
村委会主任	166	67.2	81	32.8	247	100
村委会干部	487	54.1	413	45.9	900	100

而 1999 年 9～10 月第四届村民委员会换届选举后，结果如表 5 所示（其中 1 人政治面貌不详）。

表 5　咸丰县第四届村委会换届选举后村干部政治面貌统计结果

单位：人，%

干部类别	中共党员		非中共党员		合计	
	人数	比例	人数	比例	人数	比例
村委会主任	21	39.6	31	58.5	53	100
村委会干部	81	36.0	143	63.6	225	100

将两张表中的统计数字做一简单比较，就会发现村委会主任和村委会干部中中共党员的比例都有明显下降。这其中的原因可能是群众的选举开展得更为普及造成威信不高的党员干部落选，还有可能是由于意识形态的淡化入党的人越来越少，而党员本身的人数下降又导致党员干部的减少。但村民政治意识形态淡化以及乡镇领导机构对这种淡化的默认和无奈已是不争的事实，这应

① 在 1996 年的换届选举中，咸丰县如期举行选举的有 258 个行政村，约占全县应选举村总数的 89.9%；未能如期举行换届选举的有 9 个行政村，约占 3.1%；选举失败或未及时上报的有 20 个行政村，约占 7%。在已选举的 258 个行政村中，有 11 个村未能一次选出村委会主任。

是值得密切关注的一个重要研究课题。

四 讨论及几点想法

第一，依据《中华人民共和国村民委员会组织法》第二条和第三条的规定，村民委员会和村党支部基本上起着准行政组织的作用。一方面它们在本村范围内以实行民主选举、民主决策、民主管理、民主监督的方式办理本村的公共事务和公益事业，调解民间纠纷，协助维护社会治安；另一方面又要协助乡镇政府开展工作。事实上，在我国的现行政治体制中，乡村社会中得到政府认可的村级政党组织只有中国共产党支部，村级自治组织只有村民委员会。共青团、民兵连、妇联等群众团体，是附属于村民委员会的。而其他民间自发的组织，如宗族家族组织等，一般都是处于一种被否定、被控制或不被认可的地位。因此，在乡村社会建设中，如何处理好村党支部和村民委员会之间的关系，就成为村级建设中一个非常重要的问题。因为自《中华人民共和国村民委员会组织法（试行）》正式颁布和实施以来，依法选举出来的村民委员会干部，从法理上说其代表性是毋庸置疑的。而村党支部书记是村中的党员推选的，党员的人数少，其在村民中的代表性不及村委会干部也是客观的事实。而据我们的调查情况来看，村委会主任和村党支书在处理村务时关系和谐、相互配合得好的不到一半。在治理村务的过程中，如果村委会和村党支部的意见一致，当然最好；如果关系不和谐，村党支部如何发挥《中华人民共和国村民委员会组织法（试行）》中规定的"领导核心作用"，这是我国现行农村村民自治体制中值得深入研究的课题。

第二，乡村两级的农村基层干部，是我国农村政治、经济、社会生活的组织者和管理者，他们担负着农村社会的政治安定、经济发展的责任。农村基层干部除了代表国家的利益、社区的利益外，有没有或该不该有自己的特殊利益？当前我国农村农民负担过重是个客观事实，虽然中央三令五申要减轻农民负担，但效果不明显，其中的一个重要原因是县、乡政权为谋取自身的最大利益往农民身上转嫁负担，而一些村干部也利用自身所掌握的权力搭便车谋私利。在我国的现行体制中，乡村正式组织的领导权不掌握在农民手中，非正式组织又得不到政府的认可，普通农民感觉到自己的利益受损或受侵害却无处可申诉，因此农民便往往采取不合作、拖欠税费、政治冷漠的方式反抗，激烈的则采取暴力冲突的方式。事实上，乡村基层社会权力结构中有一个很重要的部分就是利益的构成，而改革的焦点也是集中在其权力划界、干群关系及干部素质建设等问题上。

第三，宗族家族势力的回复，可以归为哈马贝斯所谓的社会权力的一种形式。[①] 家族宗族势力的复兴，其影响力主要掌握在宗族家族的精英们手中，而这些精英多是一些在职的乡镇或村组干部、县乡里的离退休干部或教师以及村中一些办企业致富了的能人。20 世纪 90 年代以来出面组织和领导鄂西南少数民族地区农村宗族活动的都是县、乡已经退休的中学教师、干部或在职干部。如宣恩《南方满族嬗衍史》的主要倡导者和负责人之一，就是宣恩县民族中学的退休教师；出面整理咸丰《严氏族谱》的是县粮食局的退休干部；宣恩《龙潭河谭姓家谱》的主要负责人是县史志办公室的主任；等等。一些大学、中专毕业后在家乡工作并有所成就的干部也大多支持或资助过宗族家族的文化活动。由于他们有文化、懂政策、见多识广、有较高的社会声望和地位，又有一定的经济实力和组织能力，在家乡父老面前往往具有较高的威信，人们有事时总喜欢找他们帮忙，因此，他们是宗族家族中的实际首领。而这些人在工作岗位上曾长期接受共产党的教育，对共产党和国家的政策比较了解。他们在宗族家族活动中所体现的"理辈分、正伦理"的思想和行为也得到了一些县乡在职干部的理解和默认，并受到一些民间族老的欢迎，他们认为修族谱对教育青少年有一定的好处。这种情况在我国农村中是具有普遍性的。笔者认为他们倡导的族人之间生活中要团结、互助的精神，在一定程度上弥补了现有乡村社会基层组织工作中对

---

① 参见汪晖、陈燕谷《文化与公共性》，三联书店，1998，第 114 页。

精神文化建设无力进行或重视不够的缺陷，是乡村社会对传统亲情、伦理回归的一种自发的表达，有利于乡村社会的稳定和人际关系的和谐。

家族宗族组织是我国小农社会中最自然、最普通、最有根基性的民间组织，也是农村社会治理中可以适度利用的一种社会资源。在当今乡村社会管理中对自发组织的家族宗族组织，应该以开放、积极的方式加以引导。一方面可以利用家族宗族组织来抑制乡村基层政权中的干部以权谋私的行为，另一方面也可以利用它们来帮助和敦促普通农户按时缴纳国家的正当税费，还可以利用家族宗族组织的凝聚力增强乡村精英对付地痞骚扰的能力，以维护乡村社会的安定。这在历史上是有先例可循的，[1] 同时也为有的学者的实地调查研究所印证。[2]

第四，根据我国农村社会学家的研究，我国的村民委员会既具有经济组织、政治组织的职能，又兼有文化教育和社会控制的职能。鄂西南村委会的日常工作，大多是落实村里的计划生育指标，农民的税费收缴，基建工、积累工、义务工的安排和使用，农用物资的分配，电费的收缴与管理，宅基地的审批，救灾救济款物的发放，落实国家的优抚政策，调解违反村规民约的事项，以及乡村教学点的安排、负担等。[3] 由于大部分农村无集体经济可言，村级经济没有积累，因而村组干部没有能力组织村民从事乡村经济和文化活动。就我们所调查的地区而言，大部分乡村的村民委员会只发挥了社会管理和社会控制的职能，社会经济职能和文化教育职能尚无从谈起。究其原因固然与鄂西南少数民族地区的自然条件差、生产力发展水平相对较低、经济不发达有关，但

---

① 在费成康主编的《中国的家法族规》（上海社会科学院出版社，1998）所收罗的家规族约中，有许多和睦乡邻、不损他人、防止冲突、严惩盗贼、保护环境、及时纳税、为官清廉、禁入会党的规定，应该说这是维护乡村社会秩序的一笔有利资源。

② 王颖：《新集体主义：乡村社会的再组织》，经济管理出版社，1996。

③ 李守经、邱馨：《中国农村基层社会组织体系研究》，中国农业出版社，1994，第114～116页。

也与村委会干部的文化素质较低有关。1996 年咸丰县的村委会干部中，初中文化程度的占 51%；村委会主任中，初中文化及以下的占 63.2%。因此，如何尽快提高乡村干部的文化素质，进一步培养和发掘他们的才干，是我国乡村社会权力运作中非常重要的一环。

村民自治制度下少数民族乡村
精英的心态与行为分析

——以湖北西部土家族地区农村为例 *

乡村精英历来是我国乡村社会治理中所依靠的一个非常重要的群体，尤其是实行村民自治以来，乡村精英非常活跃，不仅为乡村地方政府所重视，而且也为学术界所关注。对于什么是乡村精英、乡村精英与村庄的性质等问题，国内学术界已取得了一定的研究成果。但有关的研究成果多源自汉族农村，对少数民族农村的研究则鲜有涉及。笔者自 1996 年至 2003 年 8 月，先后率课题组在湖北西南部长阳、五峰两个土家族自治县和恩施土家族苗族自治州的来凤、宣恩、鹤峰、咸丰、利川、巴东、恩施等县市的 10 多个乡镇中就乡村社会组织与村民自治问题进行了数次实地调查。该区域是重峦叠嶂、沟壑纵横的复合山区，民间惯称"八山半水一分田，半分道路与村庄"，生活有汉、土家、苗、侗等 20 多个民族或族群，其中少数民族人口约占总人口的 46.9%，土家族人口约占总人口的 39.3%，是较典型的少数民族山区农村。笔者现将自己的调查材料结合他人的研究成果，对目前少数民族农村村民自治制度下乡村精英的状况、心态、行为方式及他们与国家力量之间的互动关系做一个分析。

---

* 原文发表于《中南民族大学学报》（人文社会科学版）2004 年第 3 期，第 23 ~ 27 页。

一　学界关于乡村精英类型的讨论

尽管国内学者对乡村精英的概念仁者见仁、智者见智，但在内涵上大家似乎都较认同意大利社会学家 V. 帕累托的界定：精英是由具有特殊才能、在某个方面或某项活动中表现出杰出能力的人所组成的整体。[①] 从我国目前乡村社会的具体情形看，乡村精英并不是一个组织严密、目标明确、行动一致的群体，而是包含了利益不同、层次不同、组织状况不同、目标不同、道德水准参差不齐、影响力大小有别的个体和群体。他们的共同点是在乡村社会中能对本社区的全体或部分成员的思想和行为产生影响和作用，是本社区中拥有一定地位和支配能力的重要人物。

贺雪峰等曾把当代乡村精英分为传统型和现代型两大类：传统型精英是指那些以名望、地位、特定文化中的位置乃至明确的自我意识为前提而形成的村庄精英，构成此类精英人物的条件往往来自某种既定的身份和品质，以及他们个人对村庄事务的关心程度；现代型精英是指在市场经济中脱颖而出的经济能人，他们因为经济上的成功，从而在农村社会具有广泛的影响力和号召力。[②] 在当前我国大部分农村，传统型精英与现代型精英是合一的，即农村社会中过去的村庄精英同时也成为经济能人，而一个在经济上获得成功的能人，往往也会在传统位置上变得重要起来，从而拥有地位和声望。

项辉等人把乡村精英按其影响分为政治精英、经济精英和社会精英。他们认为农村的改革，崛起了一大批经济能人，从而成为地方社区的经济精英；产生于人民公社行政体制下的政治精英，改革后仍然存在，但其主要身份已变为村庄利益的代理人和维护者；改革后乡村社会生活中产生了一定的权力空白，一些能影响和组织社会生活的人物开始在这一领域施展自己的身手，以提高

---

① 转引自〔法〕莫里斯·迪韦尔热《政治社会学》，杨祖功、王大东译，华夏出版社，1987，第 147～148 页。

② 贺雪峰：《村庄精英与社区记忆：理解村庄性质的二维框架》，《社会科学辑刊》2000 年第 4 期。

自己的社会地位，成为农村的社会精英。① 这种划分方法虽然简单易懂，但在现实农村社会中，要明确区分哪些是政治精英，哪些是经济精英或社会精英，几乎不大可能，因为在实际生活中他们往往是重叠和相互转化的。

目前，国内学术界最流行的是把乡村精英分为体制内与体制外或治理与非治理两大类。金太军、贺雪峰、仝志辉等人认为，体制内精英指的是国家权力序列之内或得到国家基层政权认可的乡村精英，主要是村党支部书记和村组干部；体制外精英是各种以乡绅和宗族家族势力为主导、国家权力序列之外的精英，主要包括宗族精英、宗教精英、宗派势力、经济精英、知识精英等。② 吴毅则将体制内精英与体制外精英称为治理精英和非治理精英。他认为作为治理精英的村组干部人数虽少，但无疑是村政运作的核心，也是村庄政治舞台上的主角；非治理精英则包括乡村社会中的普通党员和"大社员"等人。③

笔者倾向于将乡村精英分为治理与非治理两类，理由有四点。其一，体制内与体制外的划分，使对乡村社会中不在第一线的老共产党员、老干部以及在乡镇或县城机关团体内任职的现职干部等进行归类会产生困难。这些人显然不是村庄中的现职村组干部，但他们在乡村社区中具有较高的地位。他们既可通过村党支部或乡镇政府对村治发生体制内的影响，也可通过自身的资源和威望，对村治产生体制外的影响。把他们归入体制内或体制外似乎都不合适。其二，体制内外的叫法，容易使人产生两类乡村精英在意识形态上有截然差别的错觉，而事实是我国乡村精英在意识形态上的差别并不大。其三，治理精英与非治理精英只是有在位掌权与不在位不掌权的区别，虽然在其背后体现了利益、面子和自我价值认同的不同，但在法律和政治程序上，治理精英是有时间周期的，治理与非治理

---

① 项辉、周俊麟：《乡村精英格局的历史演变及现状——"土地制度—国家控制力"因素之分析》，《中共浙江省委党校学报》2001 年第 5 期。

② 陈涛、王习明：《遭遇选举的乡村社会：荆门市第四届村委会选举观察》，西北大学出版社，2002。

③ 吴毅：《村治变迁中的权威与秩序》，中国社会科学出版社，2002。

是可以通过一定程序相互转换的。其四，治理精英由于掌握着国家认可的正式组织，又有乡镇政府的明确支持，因而其在乡村社会中的地位、利益和行为方式与非治理精英有明显的区别。当然，非治理精英并不只是吴毅所说的普通共产党员和"大社员"，也包括金太军、全志辉等人所说的宗族精英、宗教精英、宗派势力、经济精英，以及一些民间知识丰富、懂得乡间礼仪、能主持乡间仪式的文化精英和有威望的乡村中学教师、医药师等。

二　治理精英的心态及行为方式

在我国，乡村干部是由不同身份的人组成的。乡镇级干部属国家干部系列的末端，以国家的工资为他们的主要生活来源，是国家力量在乡村的代表。村组干部是从当地农民中产生的，其生活来源由自己和村里解决，属于本社区的精英。自实行家庭联产承包责任制后，农村村民的生产和生活都以家庭为中心展开，共产党员、共青团员在社会生活中的优越地位已不如人民公社时期那么明显，讲究实际的农民对入党入团兴趣不高、积极性不强已是一个普遍的事实。1998 年 8 月，我们在宣恩县走访了一些村的现任党支部书记，他们说现在青年人主动入党入团的很少，党团工作很难做。高罗乡小茅坡营村的党支部书记冯先生（57 岁）说："本村十几年只发展了一个党员，那是在 1993 年。"他说村里的党员按制度规定是每季度活动一次，但没坚持，共青团员早就没活动了。1999 年 8 月，笔者在利川市谋道乡鱼木村做调查时，该村向支书的答案与冯支书的如出一辙。中青年不愿意入党在鄂西土家族地区的农村十分普遍。1996 年第三届村委会换届选举时，鄂西土家族地区有关县乡一般村委会干部中党员占 54.1%，村委会主任中党员占 67.2%；1999 年第四届村委会换届选举后村委会一般干部中党员只占 36%，村委会主任中党员也只占 39.6%。[1] 由

---

[1]　孙秋云、钟年：《村民自治与乡村社会的基层权力结构——以湖北西南部分少数民族地区农村为例》，《云南社会科学》2003 年第 1 期。

此可见，在乡村治理精英中，意识形态的淡化及乡镇政府对这种淡化的默认和无奈已是不争的事实。

与不愿入党入团相关，现今鄂西土家族地区农村的乡村精英中也有不少人不愿出任村组干部。他们认为村级组织没有什么权力，但所干的事务繁杂，待遇偏低。1998 年我们在宣恩县高罗乡、沙道镇做实地访谈时，一般村民都说自己不想当村组干部，咸丰县民政局负责村民选举工作的干部钱先生说，1999 年以前村民小组组长从来没选过，一直由原生产队队长兼着。2002 年 7 月我们在长阳土家族自治县龙舟坪镇后山等 8 个村就村民自治发放了 1300 份问卷，回收有效问卷 1281 份。在问及"您是否愿意竞选村干部"时，答案统计结果见表 1。

表 1　村民出任村组干部的意愿

单位：人，%

		人数	占回收样本总数的比例	有效回答比例
有效回答	不愿意	531	41.45	41.71
	不太愿意	163	12.72	12.80
	一般	160	12.49	12.57
	不清楚	66	5.15	5.18
	比较愿意	159	12.41	12.49
	很愿意	194	15.14	15.24
	总数	1273	99.38	100
未填或未回答		8	0.62	
回收样本总数		1281	100	

由表 1 可以看出，有很大一部分人不愿意担任村组干部，出现这种情况，笔者认为有其深刻的制度原因。由于国家实行分税制，鄂西土家族地区农村乡镇的财政收入基本从农业中提取，这样村干部协助乡干部完成税费收缴就成了一项主要的任务和职责。鄂西土家族地区农村大多没有集体企业，税费只能从个体农户的收入中提取，而普通农户的收入微薄，要完成乡镇规定的任务并非易事。村组干部本身就是社区中的农民，与村民"抬头不见低头

见"，方方面面的牵扯很多。乡镇政府迫于自身的压力，并不体谅村组干部的苦衷，一旦没有完成任务，村组干部这一年的辛苦和操劳就有可能白费了，因而一般有本事的中青年精英多不会主动出面竞选村组干部。

当然，该地区农村也不是所有的乡村精英都不愿干治理工作。在实行税费改革和合组并村以后，该地区农村村党支部书记和村主任的津贴已提高到每年 3000～5000 元，对于没有外来收入的村民而言，这也是一笔不小的收入。因此，2002 年下半年第五届村委会选举后，有些乡镇也发生了一些落选村干部不断上访、质疑自己落选的事件。此外，与水库移民有关的乡镇如巴东、长阳等县一些地方，有国家下拨的移民款和救济款，村委会的工作较好做，村组干部也有利可图，因而村委会委员和村主任大家抢着干。同时，能当村干部，毕竟还是一件有面子的事，况且在审批宅基地、发包责任田（地）和山林等诸多事务中的权力和利益是不言自明的。更为重要的是，村干部作为联系乡镇政府与普通村民的中介，是乡镇政府在乡村社会中的依靠对象。他们所拥有的社会资源是非治理精英无法企及的，若想谋求个人或家族的长远发展和最大利益，这些资源都是不可或缺的。因此，乡村精英一旦被选上或被乡镇政府领导委以治理重任，一般也都会努力去扮演好自己的角色，甚至在竞选阶段会有个别人让自己的好友到一些村民家中暗地里游说拉票，至于最后的效果如何，则要视自己的能力、乡村非治理精英及村民对自己的态度和配合程度，以及乡村具体环境和历史传统而定。

三　非治理精英的心态和行为方式

自实行家庭联产承包责任制以来，普通农村成了原子化的小农式经营的海洋。在农村重建的过程中，那种以意识形态为中心的政治关联显然已不再能起重要作用了，于是有人认为可从两个方向来做重建努力：一是回向传统，重拾并未完全丢失的民间资源；二是面向现实，在不断发育的市场经济和人口流动中，构建以现代经济理性为基础的契约关联。① 由于鄂西少数民族农村村民历史上多聚族而居，社会生产力水平又普遍较低，缺乏东南沿海经济发达地区那样的经济环境和氛围，这样，从亲缘、地缘等传统文化关系中寻找重建村庄社会关联的资源就是最自然不过的了。据我们的调查，1990 年以后鄂西土家族地区乡村中传统的宗族家族意识有不同程度的回复，较明显的是一些地方相继成立了以修（续）宗谱家谱为中心的临时组织，称为"某氏修（续）谱小组""某氏（府）理事会"等。这些组织的实际领袖多是一些退休的干部、中学教师和在职机关干部等。由于他们有文化、懂政策，又有一定的经济实力和组织能力，在家乡父老面前往往具有较高的威信。因此，他们是宗族家族中的实际首领。这些人在工作岗位上曾长期接受共产党的教育，对共产党和国家的政策比较了解，在修谱等宗族文化活动中政策分寸把握得相对较好，并能主动与党和国家的政策相调适，得到族人的拥护。他们在宗族家族活动中所体现的"理辈分、正伦理"的思想和行为也得到一些县、乡、村在职干部的理解和默认，并受到民间一些族老的欢迎，认为修族谱对教育青少年有一定的好处。宗族家族意识的复萌，必然会渗透乡村社会的政治生活之中。尤其是实行分税制后，乡村干部除了调解纠纷、维护治安外，几乎成了"要钱要粮要命"（指农村税费收取和强制性的计划生育工作）的官，一般村民在生产、交换、消费等环节及日常生活中所需的服务无法从乡村干部那里得到满足，于是不少人便转而向非治理精英和非正式组织那里寻求帮助和安慰。如宣恩县高罗乡杨柳池村的杨氏族人认为，成立于1998 年 2 月的"杨府理事会"就为当地的村民和杨氏族人做了敬宗收族、帮贫扶困、主持公道、伸张正义等方面的九件好事。② 这说明由非治理精英所组织的非正式组织及其活动已得到了民间的认可，且具有一定的影响。如果作为治理精英的村党支部书记和

① 吴毅：《村治变迁中的权威与秩序》，中国社会科学出版社，2002。
② 崔榕：《湖北省宣恩县土家族地区宗族文化的变迁》，载孙秋云《社区历史与乡政村治——鄂西土家族地区农村宗族文化与村民自治研究》"附录六"，民族出版社，2001。

村委会干部能够秉公办事、依法治村，并且方法得当，那么非治理精英的活动则多会限定在民间文化和交谊联络的层面上。若治理精英处理村务时看人下菜，为自己谋私利，或工作方法简单、粗暴，得不到村民的信任，那么非治理精英所领导的非正式组织就有可能成为凝聚普通村民向村委会和党支部等正式组织挑战的一股力量。如 1999 年夏宣恩县高罗乡杨柳池"杨府理事会"的一名"理事"，在谈到他们为什么会成立"杨府理事会"这种只有杨氏成员才能参加的新宗族组织时，其认为他们的困难要指望村委会和村干部的帮助根本不可能，于是只得靠自己来解决问题。1999 年8 月，该村三组村民杨某将自己 1994 年卖给杨柳池小学的一块地又买了回来，并在上面打地基建房，村委会坚决不同意。"杨府理事会"为杨某打抱不平，出面与村委会争论，要求村委会主任、村支书公平解决此事，使村委会的处境十分尴尬。① 像杨柳池这样的事例在当今农村社会中有相当的代表性。

四 国家力量的调控与乡村精英的活动空间

尽管实行家庭联产承包责任制以后，国家留给乡村精英和普通村民的活动舞台比人民公社时期宽广了许多，但是以乡镇政府为代表的国家力量对乡村社会的控制和引导并没有放弃。鄂西土家族地区农村的国家力量主要是通过两种手段来达到自己的目的：一是动用各种力量影响选举，安排村庄的权力结构；二是运用行政手段弹压非治理精英的出格行为。

（1）影响选举，安排村庄的权力结构。1999 年 8 月，我们到五峰土家族自治县调查时，从该县民政局了解到，该县自 1990 年实施村民自治以来，第一、二、三届村委会选举时，对村委会干

① 崔榕：《湖北省宣恩县土家族地区宗族文化的变迁》，载孙秋云《社区历史与乡政村治——鄂西土家族地区农村宗族文化与村民自治研究》"附录六"，民族出版社，2001。

部的选拔基本上是三种模式：①由乡镇政府或其派出机构——管理区（办事处）领导指派；②以村党支部代替、履行村委会的职能；③由村民代表选举村委会干部。在鹤峰、咸丰、利川等县市调查时了解的情况与五峰县相差不多。据咸丰县民政局专管村民选举事务的钱先生介绍，自实行包产到户后，村民大会开得很少，村党支部包办村委会事务的现象是很普遍的。对于不中自己意的村干部，即使是村民大会正式选举出来的，乡镇政府或其派出机构也会利用各种方式予以撤换或迫使其下台。如 1998 年初，咸丰县高乐山镇白果坝管理区党总支书记和副书记在白果坝村主持只有部分村民组长和村民共 14 人参加的会议，将 1996 年年末在县委、县政府和县人大统一布置下由全村 1000 多选民直接选举产生的村委会主任、副主任和委员全部撤换。据不完全统计，仅在 1998 年咸丰县有关乡镇的党政领导就以行政命令的方式直接撤换村委会主任达 20 多名。①

1998 年《中华人民共和国村民委员会组织法》正式颁布，次年湖北省九届人大常委会通过了《湖北省村民委员会选举办法》，依法选举"村官"有了前所未有的要求。鄂西土家族地区农村在 1999 年进行的第四届村民委员会选举中，"要保护好干部，好干部（被）选下去是工作失职""说服工作要做在选举之前"等就成了各乡镇选举指导工作小组干部的重要职责。"好干部"，就是税费征收和计划生育方面政府意志贯彻得好、深得乡镇干部喜爱的村庄治理精英。在选举前，各乡镇驻村干部都会通过一些具体措施，如让村党支部书记担任村委会换届选举推选委员会主任，"在政治、组织上为选举把关"，预选前由乡镇村民选举指导小组负责人发表指导意见等，让村民代表和村民与政府形成共识，确定正式的村委会干部候选人。经过这样严密的组织运作和动员之后，乡镇政府一般都能保证自己所中意或期望的精英主持治理工作。同时，对于那些巨族大姓聚居、宗族家族传统氛围浓厚的村庄，乡

---

① 孙秋云：《社区历史与乡政村治——鄂西土家族地区农村宗族文化与村民自治研究》，民族出版社，2001，第 150 页。

镇政府无论是从选举还是从任命的角度，也都会照顾大姓巨族的利益和面子，对村庄权力结构进行适当安排。2002 年下半年第五届村委会选举时虽多数村庄实行了"海选"，但由于合村并组，行政村的规模空前扩大，村民对于超出本自然村范围的候选人了解并不多，因而乡镇驻村干部对村委会主任候选人推举方面的作用还是非常明显的。

（2）运用行政手段弹压非治理精英的出格行为。对于村庄非治理精英所组织的"某氏修谱理事会""红白喜事理事会"等非正式组织，只要其行为局限于文化层面，如集资纂修宗谱、家谱，主持村庄中的红白喜事仪式等，乡镇政府一般不会过问或干涉，他们认为这些不会对村民自治产生负面影响。但若有他们认为出格的行为，则会动用特殊手段予以弹压。如宣恩县沙道镇龙潭茶园村的莫家台有村民 600 余人，其中 80% 的人姓莫。莫氏又分两大房族，相互间不团结，常因土地、山界等发生纠纷。1998 年农历腊月，时任沙道镇龙潭管理区副主任的莫某为结束此局面，回家召集族老提议成立一个"家族团结协会"，以"团结多数、孤立少数"的方式实行"家族自治"管理，拟对族内一些他们认为向来难以管理的族人实施一些强制措施。这个组织拟有 12 条 27 款"族规族约"，定有专门的"家族团结协会纲领""家族团结协会组织法""入会条件"和"入会誓词"，在该组织内部，骨干们还有专门的组织分工。后"家族团结协会"行为太过出格且违法，遭到了一些族人和村民的反对，被县公安局取缔。有的干部在族人来拉他们修族谱、当族长时，他们都会告诫："修谱是文化，可以搞，但不能选族长、建祠堂和定族规族约，那是政治行为，不适当。"可见当地国家力量对村庄社会的控制还是很有效的。

结 论

尽管上述事例不能完全囊括鄂西土家族地区农村的全貌，但其所具有的典型性和一定程度上的代表性似无异议。由此我们可以得出这样几个结论：一是虽然实行了村民自治，农村社会生活也不再以政治和意识形态为主导，但该地区乡村社会的治理精英和非治理精英的活动都在乡镇政府的掌控之中，国家行政力量对乡村社会的政治影响还是绝对强大、有效。二是治理精英与非治理精英通过民主程序自由转换角色的途径还不是很通畅，一般村民和非治理精英公开的政治活动空间太小（主要表现在一般村民的村治参与热情不高，村委会干部候选人之间不准公开拉票，没有助选和公开竞争等）。三是作为治理精英的村组干部是国家权力在村庄的依靠力量，国家任务的完成最终都有赖于他们的配合，这就使他们不仅能与乡镇干部结盟，从而自然地获得国家力量的行政支持，还使他们有可能较为便利地搭乘国家制度化资源的便车，维护私己或小集团的特殊利益。四是经济是政治的基础，少数民族农村自然条件较差，交通落后，文化教育的设施和条件严重欠缺，村民中的多数还在为脱贫或短期内不返贫而努力，离温饱后的小康还比较远。要想使少数民族农村的村民自治制度达到国家设定的目标，使广大村民都自觉地关心和参与村政，使村政的运作真正做到公开、公平、公正、民主和理性，就必须要让当地村庄的经济发展和村民的受教育水平达到一个相对较高的程度。

少数民族山村村民自治的民间
基础分析

——对湖北省长阳土家族自治县龙舟坪镇 8 个村庄
问卷调查结果的解读和阐释*

自 1998 年第九届全国人大常委会第五次会议正式通过修订后的《中华人民共和国村民委员会组织法》，到 2002 年 1 月西藏自治区第七届人大常委会第二十四次会议通过《西藏自治区村民委员会选举办法》，除港、澳、台地区外，村民自治制度在全国各地农村已全面实施。对于村民自治制度的推行效果，学术界的看法并不一致。境外学者多认为这是一场静悄悄的"革命"或是中国朝着新型政府迈进的重大步骤。[①] 国内学者对村民自治和村民直接选举村干部普遍持肯定和赞扬的态度，认为村民选举和自治是史无前例的、革命性的变革，将在农村造成深远、积极的影响。少数学者则认为村民自治因其后果还难以预料，尚不能说是中国政治民主的起点。还有人认为村级选举不一定是民主的选举，许多当选的村委会成员并不是合格的领导，选举导致的农村"两委"关系紧张与村委会成员领导能力的缺乏破坏了村级领导的核心，导致了国家政策实行时不必要的延误和迟缓。[②]

---

* 原文发表于《民族研究》2004 年第 1 期，第 19～26 页。

① 参见吴贵民《中国农村基层民主在改革中发育成长——国外学者和传媒关注村民自治》，《中国社会报》1995 年 7 月 13 日；Melanie Manion，"The Electoral Connection in the Chinese Countryside"，*American Political Science Review*，Vol. 90，No. 4，1996。

② 参见刘亚伟《山雨欲来风满楼——关于村级直选的辩论》，载刘亚伟编《无声的革命：村民直选的历史、现实和未来》，西北大学出版社，2002。

笔者以为，学者们的看法固然重要，但村民自治制度的主体——乡村村民对该制度的看法和感受更为重要，因为他们是决定该项制度能否顺利实施、实施效果好坏及实施时间长短的关键因素，是我国乡村社会政治的民间基础。可惜这方面的研究成果并不多见，针对西部地区和少数民族农村的则更少。笔者于2002年7月与3位同事率40余名学生在湖北省长阳土家族自治县龙舟坪镇的后村、永村、渡村、何村、刘村、白村、冲村、石村等8个村庄就村民自治和村民选举问题进行了挨户问卷调查，[①] 共回收有效问卷1281份，由调查员核实后编码，再输入计算机中Foxpro6.0数据库，利用SPSS/PC + 10.0统计分析软件进行数据处理。分析类型为单变量的描述性统计。现就其结果结合以往研究，对少数民族山村村民自治的民间基础做一个分析。

一　调查地和受访者的基本概况

长阳土家族自治县位于湖北省西南部的清江中下游，属云贵高原东延部分的尾部地带，高山、中山、低山、丘陵（含河谷）分别占县域总面积的21%、30%、20%和29%，[②] 是典型的山地县。龙舟坪镇是该县县政府所在地，属于土家族、汉族杂居区，少数民族人口约占全镇总人口的23%。[③] 该镇交通相对发达，清江水运可下通长江，公路可东通武汉市、西达恩施市；村庄聚落分布则依山傍水，聚居与散居相结合，具有较典型的山村特征。

由于长期与汉族杂居，当地土家族与汉族的融合现象十分普遍，不少习俗已难见差异，但少数民族的一些民间习俗仍有所保留，如敬奉向王天子（白虎神），团年时"过赶年"，姑娘出嫁兴"哭嫁"，丧葬时有少数人还举行"跳丧"仪式，娱乐时喜跳"巴

① 带队调查的除笔者外，还有雷洪教授、朱玲怡副教授、苗艳梅博士。另外，本文在描述过程中将具体的村名做了相应的技术处理。
② 参见《长阳土家族自治县概况》，民族出版社，1989，第1~2页。
③ 参见湖北省长阳土家族自治县地方志编纂委员会编《长阳县志》，中国城市出版社，1992，第52页。

山舞"，等等。我们所调查的 8 个村庄，属于少数民族成员较多的杂居山村，它们既有位于 318 国道边的，也有出入必须通过水道的，但交通都还方便，其经济发展水平约处于该镇的中流。

本次问卷调查，采取的是定点随机挨户访问方式，由学生发放问卷。识字的村民自己填写，不识字的村民由调查员按问卷内容逐项询问后如实填写，问卷当场回收。在 8 个村中共回收有效问卷 1281 份，其中受访的男性村民占 48.3%，女性村民占 51.7%；汉族村民占 23.4%，土家族占 76.5%，其他民族占 0.1%；年龄在 18～29 岁的占 21.0%，30～39 岁的占 33.3%，40～49 岁的占 22.2%，50～59 岁的占 14.8%，60 岁及以上的占 8.7%；曾担任或正在担任村干部（含村党支部成员）的占 7.5%，未担任过村干部的占 92.2%，回答缺失的占 0.3%。他们的受教育程度、主要职业和政治面貌状况见表 1。

表 1 受访村民受教育程度、主要职业和政治面貌状况统计

单位：人，%

项目		人数及比例	
		人数	比例
受教育程度	没上过小学	100	7.8
	小学	357	27.9
	初中	583	45.5
	高中（含中专、技校）	221	17.3
	大专及以上	20	1.6
	合计	1281	100.0
主要职业	务农	786	61.4
	村办企业工作	24	1.9
	个体经营	207	16.2
	在外地打工	76	5.9
	其他	185	14.4
	回答缺失	3	0.2
	合计	1281	100.0

续表

项目		人数及比例	
		人数	比例
政治面貌	中共党员	106	8.3
	民主党派成员	3	0.2
	共青团员	194	15.1
	非党、团群众	976	76.2
	回答缺失	2	0.2
	合计	1281	100.0

二 村民对村民自治和村民选举的认识

以我国政治体制的现状而论，我国农民的参政途径并不多，主要体现在：一是我国的各项农村政策由中央政府制定，由各地方不折不扣地执行和落实，农民的参政行为和影响只能反映在政策执行过程中，不能体现在政策的制定上；二是在我国乡村社会中，最基层的政权组织是乡镇政府，但乡镇政府的干部并不属于农民阶层，他们代表国家对乡村社会实施管理，从理论和实践上都只对国家负责，有自身的利益诉求，并不代表农村村民的利益。面对分田到户后呈"袋装马铃薯状"或"过分原子化"的农户，乡镇政府要将国家的方针、政策、法令和现代化要求传达到每家每户，明显力不从心；而分散的广大农户要将自己的利益诉求和期望及时表达给国家和政府，也似有关山重隔。这样两者之间就必然需要一种较有力的联系桥梁。在人民公社解体以后，由乡村农民自己创造并得到国家法律认可和政府支持、推广的村民委员会（简称"村委会"）就承担了这个职责。

村委会在法律规定上虽只是一种"村民自我管理、自我教育、自我服务的基层群众性自治组织"，却被赋予了"办理本村的公共事务和公益事业，调解民间纠纷，协助维护社会治安，向人民政

府反映村民意见、要求和提出建议"① 的职能，同时还在一定程度
上行使了一些准行政组织的职权，在乡村社会政治格局中具有重
要的作用，故我国广大农民的参政首先体现在对村委会干部的选
举上。

民主选举是民主政治的重要手段和标志，它也是检验民众政
治素质和自我意识的试金石。对于村民在村干部选举中的作用和
自身的角色定位，我们设计了这样几个问题：所有村民对本村公
共事务都有发言权；参加选举是村民的基本权利；投票是村民行
使自己权利的行为；村干部最好由领导指派，选举不重要；投票
选举对选举结果没有多大影响；村委会只执行上级指示，选谁都
一样；经过选举的村干部能较好地为村民服务；投票选举的村干
部比上级任命的好。统计结果显示村民们的看法如下（见表2）。

表2　受访村民在村民选举中对自身权利和民主选举村干部的看法

单位：人，%

基本观点	同意和比较同意		不太同意和不同意		一般和说不清		其他		合计	
	人数	比例	人数	比例	人数	比例	人数	比例	人数	比例
所有村民对本村公共事务都有发言权	1052	82.1	83	6.5	143	11.2	3	0.2	1281	100
参加选举是村民的基本权利	1168	91.2	13	1.0	94	7.3	6	0.5	1281	100
投票是村民行使自己权利的行为	1095	85.5	39	3.0	142	11.1	5	0.4	1281	100
村干部最好由领导指派，选举不重要	147	11.5	957	74.7	172	13.4	5	0.4	1281	100

① 全国人民代表大会常务委员会：《中华人民共和国村民委员会组织法》，法律出版社，1998，第3页。

基本观点	同意和比较同意		不太同意和不同意		一般和说不清		其他		合计	
	人数	比例	人数	比例	人数	比例	人数	比例	人数	比例
投票选举对选举结果没有多大影响	451	35.2	614	47.9	213	16.6	3	0.2	1281	100
村委会只执行上级指示，选谁都一样	305	23.8	767	59.9	203	15.8	6	0.5	1281	100
经过选举的村干部能较好地为村民服务	554	43.2	364	28.4	357	27.9	6	0.5	1281	100
投票选举的村干部比上级任命的好	915	71.4	103	8.0	260	20.3	3	0.2	1281	100

从表2的数据看，同意和比较同意"参加选举是村民的基本权利""所有村民对本村公共事务都有发言权""投票是村民行使自身权利的行为""投票选举的村干部比上级任命的好"的人数分别占总人数的91.2%、82.1%、85.5%、71.4%。这说明一般村民对自身在村民选举中的权利和义务以及村干部选举在乡村社会中的重要性已有了较深刻的认识，村民选举这一乡村社会的政治举措在当地农村已深入人心。

村民选举，无论是国家制定此项制度的目的，还是村民参与此项政治活动的动因，都是能给村庄选出德高望重且有才能的当家人或代理人，其职责一是协调处理村庄的内部事务，二是完成国家规定的各种任务和现代化指标。那么什么样的人才符合村庄当家人或代理人的标准呢？由于各地乡村社会的历史传统不同，村庄的结构和性质有异，村落社会中的经济和文化发展程度有别，与外界开放和交流的深度及时间长短不一，故村民会选择什么样的人来做自己的当家人和利益守护者，是各地农村基层政府和普通百姓都非常关心的事。

　　我们在问卷中设计了性别、年龄、受教育程度、族群成分、政治面貌、候选人经历、同自然村、同姓、同宗族、是自己的亲戚、与自己的关系密切、能代表村民利益、能完成上级交给的任务、工作勤恳尽心尽意、有较强的组织能力、有威信并得到村民的信任、能带领村民致富、先公后私全心全意为村民服务、与村民和睦相处、为人正直品德优秀、能和县乡领导搞好关系、实事求是敢说真话等 20 多个项目进行调查，允许村民回答时可有多项选择，现将位列前 10 位的项目列出（见表 3）。

表 3　受访村民心目中的村干部理想取向

单位：%

项目	人数（次）	所占比例
高中及以上文化程度	889	69.4
能代表村民利益	884	69.0
年龄在 30~49 岁	849	66.3
能带领村民致富	711	55.5
中共党员	621	48.5
先公后私，全心全意为村民服务	565	44.1
工作勤恳，尽心尽意	408	31.9
为人正直，品德优秀	299	23.3
有较强的组织能力	243	19.0
能实事求是，敢于说真话	238	18.6

　　从表 3 的统计数据看，龙舟坪镇村民对村干部的期望是"好人"与"能人"的双重取向（"高中以上文化程度""能带领村民致富""有较强的组织能力"代表的是能力和才智；"能代表村民利益""先公后私，全心全意为村民服务""工作勤恳，尽心尽意""为人正直，品德优秀"代表的是人品和道德），而传统意义上的乡村文化联结如性别、族群、亲缘、地缘、同宗同族、同姓及与己关系亲密程度等因素已退居其后，这说明绝大多数村民的政治参与行为已趋于理性，农民的现代政治意识已有了一定的根基。这与国家对村民的政治期望是一致的。在调查过程中，我们

与一位村党支部书记交谈时他就说："如果一个村的党支部班子比较老化、文化素质低、致富门路不多，尤其是党支书自己的家庭多年还处于穷困状态、不能勤劳致富时，党支部对村委会班子就不大敢领导，特别是对有点发财致富本事的村委会主任就更不敢多说什么。至于对村务大事提出供决策的意见，那也就谈不上了。"显然人民公社时期常见的"好人"兼"庸人"的村干部在当今乡村社会中，尤其是在普通村民的心目中已没有太大市场。

但这次调查结果也有出乎笔者意料，主要为以下两个方面。首先，这次调查中村民对村干部是否为中共党员还颇为看重，占总数 48.5% 的人希望当选的村干部是中共党员，而明确对此抱无所谓态度者只占 36.1%，这与笔者以往在鄂西土家族地区农村进行实地访谈调查的结果有一定的差异，[①] 说明该地农村村民对党员的道德、公心和能力的认同度还比较高，农村党组织在村民心目中的地位还无可替代。其次，村民的宗族意识淡薄。在本届村委会选举时，被访对象中参与投票的有 860 人，其中回答按同宗同族人意愿投票的只有 5 人，占投票总人数的 0.6%；在问及"下届村委会选举时，你会与谁去讨论村干部候选人"时，明确回答会与同宗同族人讨论的有 41 人，占被访总人数的 3.2%，明确回答不会与同宗同族人讨论的有 1240 人，占 96.8%。尽管笔者根据以往的研究经验，对长阳土家族自治县民间宗族活动及其作用不甚明显有充分的思想准备，[②] 但与江西、湖南、广东、浙江等地农村情况相比，结果还是有点意外。究其原因，笔者以为有三个：一是 2002 年以前该地的 4 次村民选举，都是政府"管制"下的选举，不是"海选"，因此乡镇干部的主导或引导作用明显；二是该地村民生活在县政府所在地，相对见多识广，对个人及小家庭的现实经济利益看得较重，有空多出外打工挣钱，对在现实生活中还无法帮助自己致富的传统文化联系看得较轻；三是该地经济发展还

---

① 参见孙秋云《社区历史与乡政村治——鄂西土家族地区农村宗族文化与村民自治研究》，民族出版社，2001，第 173～176 页。

② 参见孙秋云、钟年、张彤《长阳土家族的宗族组织及其变迁》，《民族研究》1998 年第 5 期。

相对落后，村干部基于体制因素所掌握的集体资源还无法为自己或本家族、宗族成员带来明显的经济效益，因而村干部竞选时也缺乏动员民间传统资源以赢得选举的动力。在本次问卷调查中，当问到"本届村干部选举前，是否有同宗同族者要你选本宗族的候选人"时，98.5%的人（1262人）持否定意见，说明这种民间传统资源的动员和利用还未展开过。

三　村民的村治参与行为

在政治生活中，公民有较高的参政认识并不等于一定会有较高的参政行为。为了对村民实际参政行为有一个较明确的了解，在本次问卷调查中我们将村民的政治参与行为分成了投票选拔村干部、自己竞选村委会干部、如何处理村治中遇到的公共问题三个部分。如上所述，龙舟坪镇的村民认同"参加选举是村民的基本权利""投票是村民行使自身权利的行为"的比例分别占总数的91.2%和85.5%，但在问及"在本村现任村委会选举时，你是否参加了投票"时，有860人回答"去了"，占总人数的67.1%；明确回答"没去"的有414人，占32.3%；回答缺失7人，占0.5%。除了县里抓的选举试点乡镇外，应该说这个参加投票选举的比例还是不错的了，但还是有约1/3的村民因各种原因没有参加选举。在参加了选举的860人中，回答"按自己的意愿投票"者占69%，"随大流"和"随便投"者占14.3%，"按村党支书的意愿投"者占6.3%，"按家庭成员的意愿投"者占5.1%，明确表示"按乡镇干部的意愿投"者占4.1%，"按同宗同族或同姓者的意愿投"者占0.6%，"按给我好处或钱物者的意愿投"者占0.4%，其他约占0.3%，说明在长阳县土家族地区山村，参与村民选举的村民自主意识都比较强，宗族家族因素、贿选因素等尚未形成市场，选举中的乡镇领导意志则可能已通过别的路径消化了。①

---

① 这种情况还可参见孙秋云、钟年《村民自治与乡村社会的基层权力结构——以湖北西南部少数民族地区农村为例》，《云南社会科学》2003年第1期。

比投票选举村干部更能反映村民参与乡村政治状况的是村民参与竞选村干部的态度和行为。在问到"你是否愿意参与竞选本村的村干部"时，回答"愿意"和"比较愿意"的有 353 人，占总数的27.6%；回答"不愿意"和"不太愿意"的有 694 人，占 54.2%，是前者的近两倍。这与我国东南沿海经济发达地区或有特殊资源地区乡村村民抢着竞选村干部，为此不惜进行拉票甚至贿选的情形有很大的反差。[①] 据问卷统计结果，愿意和比较愿意参加竞选的原因如下：①48.2%的人认为可为村民谋利益；②40.5%的人认为可为村民办些实事；③27.5%的人认为可公平地处理事情；④17.6%的人认为对自己及家人有利；⑤11.9%的人认为可显示自己的能力。而不愿意和不太愿意参加竞选的：①63.8%的人认为自己没有这方面能力；②19.5%的人因为自己的身体、年龄等不达标；③18.3%的人因为没有多少好处，容易得罪人；④5.5%的人怕耽误了自己及家庭的事。在问卷设计中解释"参与和不参与竞选村干部"的原因中，允许村民有不止一个答案。为什么会有近 64%的村民认为自己没有竞选村干部的能力，这恐怕与当前村干部的职能、乡镇政府对村干部的要求及村民对村干部的期望有关。自 20 世纪 80年代开始，随着中国共产党中心工作的转变，乡村社会生活中的意识形态开始淡化，在农村选拔基层干部时主要强调其确保完成共产党和政府安排的农村各项任务的能力，如计划生育、收缴税费、维持乡村社会治安及一些有助于证明各级共产党组织和政府负责人政绩的工作等。[②] 当地乡镇政府实施的每年根据村干部完成的乡镇下达任务（如收缴税费数额、计划生育指标、达标竞赛等）的状况来决定村干部工资或经济补贴额的办法，可以说就是这种情况的反映。但这仅是问题的一方面。问题的另一方面是村民希望村干部能带领村民致富，或至少给村民致富提供有效服务，多

① 参见《194 万元"买村官"的背后》，《楚天金报》2003 年 10 月 1 日；胡荣：《经济发展与村民委员会选举制度的实施》，载刘亚伟编《无声的革命：村民直选的历史、现实和未来》，西北大学出版社，2002。
② 参见杨善华《家族政治与农村基层政治精英的选拔、角色定位和精英更替——一个分析框架》，《社会学研究》2000 年第 3 期。

办村庄公益事业，而不仅仅只是帮助乡镇政府向村民"要钱、要粮、要命"（民间对税费收缴和计划生育工作的谑称）。但由于该地自然条件较差，干部和村民文化、科技素质都不高，产业结构单一且效益低，村庄集体经济很少甚至完全没有，帮助村民致富或办理村庄公益事业缺乏必要的基础和条件。在两重压力之下，出任村干部很可能是"老鼠进风箱——两头受气"，结果会得不偿失，这也就是为什么会有这么多村民自认为"没这方面能力"的原因。

比投票选举村干部和自身竞选村干部更能反映村民政治参与意识的是村民们如何解决自己在日常生活中所遇到的公共问题。而与这个问题密切相关的是村民对村庄现实政治权力结构的看法。对于村庄社会的现实权力结构，受访村民中认为"村党支部权力最大"的有 544 人，占 42.5%；认为"村委会权力最大"的有 268 人，占 20.9%；认为"村民代表大会权力最大"的有 160 人，占 12.5%；认为"村党支部和村委会权力一样大"的有 128 人，占 10.0%；"说不清楚"或未回答的有 181 人，占 14.1%。这个比例可以说真实地反映了我国农村社会的现实。既然村民代表大会在村民心目中尚有一定的地位，那么参加过村民大会的人又有多少呢？回收的 1281 份问卷中涉及"在 2001~2002 年，你参加过几次村民大会"时，除少数未回答外，回答参加过 1 次的有 148 人，占 11.6%；参加过 2 次的有 73 人，占 5.7%；参加过 3 次的有 24 人，占 1.9%；参加过 4次及以上的有 34 人，占 2.7%；而一次也没参加过的竟达 991 人，占总数的 77.4%。可见认识与行动是有较大差距的。

对于村民在村民自治过程中遇到公共问题时采取何种方式来对待或处理的问题，[①] 回答"从不向领导和其他机构反映"的占 50.5%；"向行政干部口头反映或写信"的占 20.4%；通过"参加村民大会的方式反映"的占 15.6%；"向本村乡人大代表反映"的占 12.6%；"联合其他村民采取共同步骤解决"的占 9.6%；"向本村县人大代表反映"的占 8.1%。一般来说，人们总是以自己最习惯、最容易表达自己意愿的方式来进行政治参与活动，参与的

---

① 对该问题的回答允许有不止一个的答案。

程度则与回报率（本人在活动过程中所投入的时间、精力、物力、财力与所得到的效益之比）成正比例关系。有一半的村民表示自己"从不向领导和其他机构反映"问题，说明村民自治无法有效激发一般村民的参与热情，同时也说明一般村民对当前的乡村政治不抱什么大的期望，或根本不相信自己个人或小家庭的行动会有什么效用和回报。用"向行政干部口头反映或写信"的方式反映问题占了第二位，这真实地反映了乡村社会的实际。依笔者以往的调查经验判断，村民口头反映的对象往往是村干部（含党支部成员）、乡镇的驻村干部或乡镇下属的管理区（办事处）干部；村民以书信方式反映的对象往往是乡镇政府或县政府有关机构，且反映的总是较大、较严重或长期悬而未决的问题。向乡、县人大代表反映问题所占比例较小，因为多数乡、县人大代表本身就是村或乡里的干部，纯粹的人大代表身份在乡村社会政治行为中并没有多大的作用，这是一般村民都十分清楚的事情。这一点与杨明先生在《四川农民政治参与研究》中所做的结论有差异，① 可能与地域和经济发展水平不同有关。至于"联合其他村民采取共同步骤解决问题"，事实上是一种集体参与乡村政治的方式，这也是民主政治中经常用的手段之一，可惜此举所占比例很低。究其原因一是此种方式的采用需要有人出面组织，且组织者须有较高的威望和号召力；二是出于该方式所要解决的问题，其性质必然是不解决就会使相关村民最根本的切身利益遭受重大损失的大问题，如有些村庄的水库移民款被有关机构或干部严重克扣、挪用导致村民联合起来到县政府集体上访、请愿等；三是容易被领导们误解为拉帮结派、聚众滋事，可能招致日后报复。因此，在该地区村民自治中尚未见村民运用此种方式来表达自身的政治意愿。

结　论

通过以上的分析和解读，针对该地区少数民族山村的村民自

---

① 参见杨明《四川农民政治参与研究》，《社会学研究》2000 年第 2 期。

治状况以及民间百姓对村民自治和村民选举的态度和行为，笔者得出这样几个结论。

（1）村民自治作为国家的一项制度安排，在该地区实施十多个年头后，已在普通村民的心目中立下了根基。在我们调查末尾所设的结论性问题"您感觉是村民自治体制好，还是人民公社体制好？"的比较中，村民中除了未回答的和21%的人认为"不好说或说不清楚"以外，有54.9%的村民认为"还是村民自治好"，占8.4%的人认为"两者都好"，只有12.1%的人认为"还是人民公社好"，说明多数村民从自身的切身利益和感受出发，对村民自治制度是持认同和欢迎态度的。

（2）村民选举村干部的行为较理性，"好人""能人"兼重的取向明显，传统的关系或亲缘取向淡薄，符合现代政治的理念。这在村干部选举中，村民宗族、家族意识的淡薄便是明证。

（3）实行村民自治后，共产党组织在村庄政治方向和村务管理方面发挥着不可替代的作用。统计中有48.5%的村民认为村干部最好由中共党员来担任，有42.5%的人认为在村庄里共产党支部所起的作用或权力最大，当村民发生纠纷或者产生矛盾时有78.9%的人表示会去找村党支部或村委会干部解决或调解，说明乡村社会中普通百姓对村党支部和村委会存在着依赖。

（4）长阳土家族自治县少数民族山村村民与我国中西部地区其他农村村民一样，也存在对村民自治的高认识度与低参与度的现象。这一方面说明国家政治制度安排向村民提供的政治空间和必要的参政渠道不够广阔、有效，无法激发村民提升自身参与村治活动的愿望；另一方面也说明人们的政治行为的改变确实滞后于政治意识和政治思想的改变，村民自治的全面贯彻和执行还任重道远。

论乡村景观社区建设中国家力量的
介入及其文化规训

——基于对贵州少数民族乡村旅游社区
实地调查的阐释

引 言

　　乡村旅游，一般指的是发生在乡村地区，建立在乡村特殊的地形地貌和文化形态基础上，经营规模较小、品种多样、内容丰富，具有可持续发展的旅游类型，目的是提供给外地人，尤其是都市人群旅行、观光、游览、体验的服务。2015 年，我国国内旅游突破 40 亿人次，旅游收入超过 4 万亿元人民币。① 在国内旅游中，乡村旅游成为国内旅游的主战场和居民消费的重要领域。据旅游局的统计，2014 年乡村旅游比 2013 年新增收入 400 亿元，新增就业 20 多万人，带动了超过 3300 万农民受益。② 2015 年 8 月 18 日，旅游局与国务院扶贫办提出要充分发挥乡村旅游在扶贫开发中的战略作用，到 2020 年通过发展乡村旅游带动全国 17%（约 1200 万）贫困人口脱贫。③ 乡村旅游现已成为各级政府推动新型城镇化、发展经济、推动农村社会可持续发展的一种重要途

---

① 数据来源参见《2015 年中国旅游十大新闻》，《人民日报》（海外版）2015 年 12 月 24 日，第 5 版。

② 数据来源参见旅游局官方网站 2015 年 2 月 1 日转发的新华社记者钱春强、王宇的文章《中国要美，农村必须美（中央一号文件解读）》。

③ 数据来源参见《2015 年中国旅游十大新闻》，《人民日报》（海外版）2015 年 12 月 24 日，第 5 版。

径和举措。

西方发达国家的乡村旅游业走上规模化、规范化发展道路的时间较早，目前其研究范畴主要集中在乡村旅游供给、乡村旅游者及其市场细分、居民对乡村旅游的理解与态度、乡村旅游的社会影响、乡村旅游营销和乡村旅游可持续发展等方面；① 我国的乡村旅游起步较晚，目前学术界的研究主要集中在讨论乡村旅游的起源、内涵、类型、发展模式、社区参与状况、乡村旅游与新农村建设、少数民族地区的乡村旅游等方面。对于乡村旅游与农村社会发展的研究，国内外的研究主要遵循三种路径。第一种是着重于推动当地经济发展倾向的研究，主要探讨乡村旅游的经济效益、管理与开发模式等，认为目前乡村旅游开发中，政府主导、公司开发和村庄社区自发是最为主要的三种类型，各种模式之间各有其优越性，同时也都存在不同的问题。② 第二种是倾向于考察旅游所引发的社会问题，主要针对乡村旅游开发和社区参与、当地居民对旅游活动的感知等问题，即乡村旅游对农村社区带来的经济、文化和环境三个方面的影响，尤其是随着旅游伴随而来的环境卫生恶化、社区治安差、噪音大、经济利益分配不均等引发的社会矛盾。③ 第三种是探究乡村旅游给当地传统文化的传承所带

① 王素洁、刘海英：《国外乡村旅游研究综述》，《旅游科学》2007 年第 4 期。
② 这一类研究中比较有代表性的可参见黄郁成、顾晓和、郭安禧《农村社区旅游开发模式的比较研究》，《南昌大学学报》（人文社会科学版）2004 年第 6 期；杨兴洪：《浅析贵州乡村民族旅游开发——郎德、天龙、中洞模式比较》，《贵州民族研究》2005 年第 4 期。
③ 详见张传时、吴茜、李呈琛、李世平、段兆雯《城郊乡村旅游开发与乡村旅游社区发展》，《长安大学学报》（社会科学版）2010 年第 3 期；梁军：《乡村旅游对乡村社区发展影响的调查与思考——以河北省井陉县于家村为个案》，《农村经济》2008 年第 8 期；杜忠潮、耿涛：《乡村社区居民对乡村旅游的感知研究——关中地区若干乡村旅游地实证分析》，《咸阳师范学院学报》2008 年第 6 期；赵俊远：《旅游对民族地区农村社区影响研究——以马蹄寺风光旅游区周边社区为例》，西北师范大学硕士学位论文，2009；章晴：《乡村旅游开发的利益冲突与和谐社区建设——基于社区居民视角》，《湖北经济学院学报》（人文社会科学版）2009 年第 3 期；罗永常：《民族村寨社区参与旅游开发的利益保障机制》，《旅游学刊》2006 年第 10 期；贾婷婷：《民族乡村社区参与旅游发展研究——以德夯苗寨为例》，北京林业大学硕士学位论文，2010；（转下页注）

来的问题，主要关注旅游开发对当地传统文化的影响，旅游表演
所体现的文化"原真"性和"本真"性问题，不同族群对待旅游
者的方式，以及文化冲击和伪民俗等问题。[①]上述研究都对旅游地
区乡村社会的经济发展和传统文化的传承做了很好的探讨，但大
多是从静止的或二元对立的角度来看待旅游活动与旅游地乡村发
展之间的关系，因而不免有所偏颇。本文受景观社会理论的启发，
通过实地调查，将乡村旅游社区建设置于现代消费社会大潮的背景
下，探讨贵州少数民族地区乡村旅游建设中国家力量是如何形塑和
规训社区居民的日常生活方式，当地旅游社区居民又是如何看待这
种规训，并平衡传统观念与旅游社区建设中的文化冲突问题的。

一　本文的关键概念和切入的研究视角

景观社会（the society of the spectacle），是法国当代著名思想
家居伊·德波（Guy Debord，1931－1994）从宏观角度提出的阐述
当前生活世界的一个重要概念。他认为由于现代化进程的突飞猛
进，工业化已经渗透社会生活的各个角落，尤其随着大众电子媒

（接上页注③）王隽妮：《乡村旅游对乡村社区的影响研究》，浙江大学硕士学
位论文，2010；秦红霞：《乡村社区参与乡村旅游发展的初步研究》，西北师范
大学硕士学位论文，2007；冯丹、苏小燕：《对满族民俗旅游中社区参与问题
的思考》，《辽宁教育行政学院学报》2005 年第 11 期；韩晶晶：《基于居民感
知视角的乡村旅游影响研究——以三峡车溪民俗风景区为例》，华中师范大学
硕士学位论文，2008；曹丽莎：《乡村旅游社区居民态度与开发对策研究——以
成都市锦江区三圣乡红砂村为例》，西南财经大学硕士学位论文，2007；等等。

① 这一类研究中比较有代表性的可参见 MacCannell D. "Staged Authenticity: Ar-
rangement of Social Space in Tourist Settings." *American Journal of Sociology*，1973，
79 (3): 589－603. Wang N. "Rethinking Authenticity in Tourism Experience."
Annals of Tourism Research，1999，26 (2): 349－370. Cohen E. "Rethinking the
Sociology of Tourism." *Annals of Tourism Research*，1979，6 (1): 18－35. Cohen
E. "Authenticity and Commoditization in Tourism." *Annals of Tourism Research*，
1988，15 (3): 371－386. Reisinger Y, Steiner C J. "Reconceptualizing Object Au-
thenticity." *Annals of Tourism Research*，2006，33 (1): 65－86. Steiner C J, Re-
isinger Y. "Understanding Existential Authenticity." *Annals of Tourism Research*，
2006，33 (2): 299－318.

体的发展和进步，发达资本主义社会已经进入了以影像物品生产与物品影像消费为主的景观社会。在景观社会中，在现代生产无所不在的条件下，生活本身即展现为景观（spectacles）的庞大堆聚，直接存在的一切全都转化为一个表象。同时，景观不是影像的聚积，而是以影像为中介的人们之间的社会关系，它不能被理解为一种由大众传播技术制造的视觉欺骗，而是已经物化了的世界观。① 当然，德波的"景观"并非简单地指以影像消费、商品消费和景观消费为核心的媒体和消费社会，它同时还指以影像为媒介的人们之间的全部社会关系和建立在"景观"之上的资本主义的整个运作体制。② 目前我国已经有学者将"景观社会"理论运用到乡村旅游的分析中，如谢小芹提出，对少数民族旅游地的开发类似于"景观制造"，是国家塑造乡村社会的想象和制度结构强制性的安排以及部分游客和村民的赞同、同意甚至合谋而达成的集体产物。③ 笔者则将这一概念和思路进一步深化，本文中的"景观社区"概念来自于德波"景观社会"理论的启发，但不是德波所描述的那种分析宏观世界的概念，而是指在开展乡村旅游活动中，为迎合外来游客需求，旅游地村庄（寨）刻意保持、装饰本地本族群的文化传统，或从历史记忆中重新挖掘或建构出来展示给游人看的具有地方特色的"风土人情"及"本土"居民的日常生活方式。这是一种微观的研究单位和具体的社会建设事象。

规训（discipline），是法国著名思想家米歇尔·福柯（Michel Foucault，1926–1984）在其 1975 年出版的著作《规训与惩罚——监狱的诞生》中加以揭示并完善的一个重要理论。在该书中，福柯从身体的角度，分析了规训和刑罚制度，认为规训权力运用三种不同的手段和技术：层级监视（hierarchical observation）、规范化裁决（normalizing judgement）、检查（examination）。这里的"层级监视"，指的是每一个生活在规训权力制度之下的人都受到

---

① 〔法〕居伊·德波：《景观社会》，王昭凤译，南京大学出版社，2006，第 3 页。
② 汪民安主编《文化研究关键词》，江苏人民出版社，2007，第 149 页。
③ 谢小芹：《制造景观——基于黔东南州乡村旅游实践的叙事》，中国农业大学博士学位论文，2015。

权力行使者全面的监视和督察，即便权力行使者本身，也一样受到上一级权力行使者的监视与督察。在现代规训社会，形成了一个层层叠加、高高在上的权力金字塔，统治者通过层级监视有效地控制着每一个人和整个社会。层级监视形成一座权力的"金字塔"，上下沟通时自上而下地形成了一个紧密的权力关系网络，每一个生活在规训权力制度下的人既是监视者又是被监视者。这个权力关系网络正是在监视者与被监视者之间获得了权力效应。所谓"规范化裁决"，可细分为五个方面的内容：①"内部处罚"。这是一种微观处罚，在兵营、工厂、学校、医院和机关广为流行，处罚的对象包括时间（迟到、缺席、中断）、活动（心不在焉、疏忽、缺乏热情）、作为（失礼、不服从）、言语（聊天、傲慢）、肉体（不正确的姿势、不规范的体态、不整洁）、性（不道德、不庄重）等各种不合规范和出格的行为。②纪律。这是一种较特殊的惩罚方式，其处罚所持有的理由是不规范、不符合准则。③缩小差距。规训惩罚实质上是矫正性的，在对以前所犯有的错误进行处罚后，经过重新实践和考核，才能回复其原先的状态。④在纪律中，惩罚只是奖—罚这个二元体制的一个因素，另一个因素是奖励。⑤按等级分配具有两个作用，一是标示出差距，划分出品质、技巧和能力的等级；二是惩罚和奖励。现代社会中，这种规范化裁决把规训对象都纳入一个统一的整体，把他们划分为不同的等级，通过比较、区分、排名等方式进行奖励或惩罚。福柯认为，"在规训机构中无所不在、无时不在的无休止的惩戒具有比较、区分、排列、同化、排斥的功能。总之，它具有规范功能"。① 规训中的所谓"检查"，就是把层级监视的技术与规范化裁决的技术结合起来，相互补充，互为利用。检查既是一种监视的目光，又是一种追求规范化的行为。检查把权力行使的仪式、试验、力量的部署、真理的确立等都融为一体，因此，它不是层级监视与规范化裁决的简单叠加，而是在两者融合基础上的进一步深化。在检查的仪

---

① 〔法〕米歇尔·福柯：《规训与惩罚——监狱的诞生》，刘北成、杨远婴译，三联书店，2003，第206页。

式中，存在一整套的权力关系和认知体系。检查将层级监视与规范化裁决结合起来，增强了各类规训机构的规训功能和能力。[①] 本文中的文化规训，指的是当地旅游乡村在建设景观社区时，相关机构运用福柯所述规训手段对当地居民日常生活方式和思维观念进行装饰、整合、规范、改造的过程和结果。

二 本研究的资料来源及样本选择概况

本文所依据的资料主要来源于 2010 年和 2011 年两个夏天笔者所率调查团队在贵州省黔东南苗族侗族自治州雷山县的郎德上寨和西江苗寨、从江县岜沙苗寨、黎平县的肇兴侗寨以及贵阳市花溪区的镇山布依族村寨、乌当区偏坡布依族乡村寨等开展乡村旅游服务的少数民族村寨的实地调查结果。[②]

郎德上寨，是贵州省黔东南苗族侗族自治州雷山县北部郎德乡的一个苗族村寨，它离雷山县城 16 公里，距离黔东南苗族侗族自治州首府凯里市 28 公里。该村寨处于群山环抱之中，寨前环流有清澈的巴拉河。寨内有 128 户住户，543 人，全部是苗族人，分属陈、吴二姓。据有关专家的考证，该寨始建于元末明初，距今有 640 多年的历史，[③] 其住房全为木结构建筑，外观呈吊脚楼形式，青瓦盖顶、木板装修，窗棂饰以花格，工艺比较精细、考究。该村寨有大小道路 86 条，全部铺有鹅卵石或斜石。进寨主要道路有三条，均建有"护寨门"。寨子的中央，建有铜鼓芦笙场，场中有两个用鹅卵石铺砌而成的铜鼓面及两匹奔腾骏马的造型画面。芦笙场的正中立有一个刀架，是苗族巫师表演"过刀山"仪式时用的道具。村寨前的巴拉河上建有木质结构的风雨桥，供河两岸

---

① 关于福柯规训权力的手段和技术的详细阐述，可参见胡颖峰《规训权力与规训社会——福柯政治哲学思想研究》，中央编译出版社，2012，第 95～102 页。

② 参与该次调查和调查报告初稿撰写工作的有孙秋云、李皖、谭林丽、毕赛男、王志恒、许鹤凡、郑进、孙晨光、胡君、谭利、孙乐成、朱战辉、陈嬿先、张乐湘、赵丽、余晖、高婕等人。定稿于 2016 年 1 月。

③ 郎德苗寨博物馆编著《郎德苗寨博物馆》，文物出版社，2007，第 8 页。

居民往来方便和居民、旅者小憩之用。该村寨民风淳朴，其习俗保留了较多的传统遗风，1997 年被文化部授予"中国民间艺术之乡"的称号，2002 年被国务院批准为"全国重点文物保护单位"，2008 年被选为北京奥运火炬传递点。

西江苗寨，隶属于贵州省黔东南苗族侗族自治州雷山县西江镇，其历史十分悠久，汉语曾将西江音译为"仙祥"，清雍正七年（1729）中央政府开辟苗疆后，将"仙祥"改称为"鸡讲"，民国五年（1916）易名为"西江"，此后一直沿用至今。该村寨现有羊排、平寨、东引、也通、也东、南贵、乌嘎、也薅 8 个自然村寨，1086 户人家，居民 5358 人。因其中苗族人口 5287 人，占西江苗寨总人口的 98.7%，因而习惯上称之为"千户苗寨"①。与郎德上寨一样，西江苗寨也保持有十分浓厚的苗族风俗，民间取名时实行"父子联名制"，每十三年一次的"吃牯藏"节、每年农历六月中旬的"吃新"节、农历十一月上旬的"苗年"等传统活动在苗民民间的节庆文化中仍占据比较重要的地位。"鼓藏头"②、"活路头"③、寨老④等传统民间精英和"头人"在当地村民自治的社会生活中也还具有一定的象征性意义和话语权。

偏坡布依族乡位于贵阳市乌当区东南面，距贵阳市中心 30 公里，辖两个行政村，20 个村民组，495 户，总人口 1820 人，其中布依族人口占总人口的 96.5%，是贵州省最小的少数民族乡。⑤ 偏坡布依族乡民族风情浓郁，民居依山傍水，多为干栏式的建筑风格，有木架结构的，也有砖木结构的，尚在传承的婚嫁礼仪、葬祀、民歌、民乐及古法酿酒、刺绣等传统工艺都有自身的特色。

---

① 上述人口统计数据采自 2009 年 7 月西江苗族博物馆的陈列说明。

② 也称为"牯藏头"，当地外族人习惯称其为"苗王"，其职责主要是举办传统"吃牯藏"活动时负责主持祭祀活动，以前还总理全村寨的事务，如社会公德的裁判、治安纠纷的调解等。

③ 其传统职责是专门负责管理农业生产，对农活拥有绝对的权威，是当地苗寨勤劳、丰收的象征性人物。

④ 即苗寨中的自然领袖。

⑤ 偏坡布依族乡的人口数据来源于 2011 年本课题组实地调研时获得的乡政府的统计报表。

不过，偏坡布依族的风俗，有些是民间一贯传承的，有些则是近些年因为发展旅游的需要通过退休在家的乡村知识精英的发掘、编排、宣传而重新建构出来的。

镇山村位于贵阳市花溪区石板镇，距花溪区行政中心约 9.5 公里，原名称为半边山村，因其地形像半边山而得名。中华人民共和国成立后改名为镇山，现有居民 170 户，约 700 人。居民中有十几户是苗族人，1 户汉族人，其余都是布依族人。据当地方志记载，明朝万历二十八年（1600）江西吉安府庐陵县协镇李仁宇率军"平播"，屯兵于该地，筑石墙，建住宅，立庙宇，形成今日的镇山上寨。上寨传统住宅由门楼、厢房、正房组成三合院，正房面阔多为三间，由石墙围护，石板盖顶。清朝咸丰、同治年间大部分失火遭焚毁，光绪年间重修。20 世纪 50 年代因要建设花溪水库，居民向水库两岸山上搬迁，形成今日的镇山下寨。现存传统民宅 50 余栋，武庙 1 处（该庙大殿正中供奉有关云长、关平、周仓的镀金塑像，左侧供奉观音镀金塑像，右侧供奉当地李氏、班氏历代先祖神位），石墙 160 米，有石门 2 座。1993 年镇山村被省政府列为贵州省民族文化保护村，1995 年被公布为贵州省文物保护单位。

岜沙苗寨，位于贵州省黔东南苗族侗族自治州从江县丙妹镇西南部，距县城 7.5 公里，是个纯苗族人聚居的村寨。该村辖养溜（大寨）、养亨（宰戈新寨）、养基（王家寨）、岭拉（大榕坡新寨）和嘎乡（宰庄）5 个自然寨，16 个村民小组，有 477 户，2255 人。他们以农业为主要生计，村民大多沿用传统的耕猎方式，生产和生活水平普遍较低，是丙妹镇里有名的贫困村寨。岜沙苗寨的男子上身穿左衽右开圆铜扣黑色高腰衣，下身着黑色直筒大脚裤，头部四周剃光，头顶部挽着被称为"户棍"的发髻，出门身背腰刀，手牵猎狗，肩扛火枪；女子则盘发于头顶，插着木梳，上身穿黑色对襟衣，下身着百褶短裙，配以色彩鲜艳的刺绣。岜沙苗人信仰树神、太阳神，其中枫树被奉为祖先神，日常生活中保留有诸多传统习俗。岜沙苗寨从 20 世纪 90 年代开始发展乡村旅游业，曾一度被一些旅游业专家标榜为"世界上最后一个枪手部

落""地球上最神秘的 21 个原生态部落之一""中国单身者十大旅
游胜地""人一生中必到的 55 个旅游目的地",甚至还有"苗族传
统文化的'活化石'"和"苗族传统文化的'博物馆'"等称号。
该苗寨 1999 年被列为从江县首批开发的旅游村寨,2001 年被列为
贵州省政府 20 个重点民族保护村寨建设的 10 个重点建设村寨之
一,2002 年被贵州省政府列为省级重点名胜区,2007 年被全国工
农业旅游示范点评定委员会评为"全国农业旅游示范点"。

　　肇兴侗寨,位于贵州省黔东南苗族侗族自治州黎平县的东南
部,距黎平县城 68 公里,属黔、湘、桂三省区交界处,是黔东南
侗族地区最大的侗寨之一。肇兴乡占地 133 平方公里,辖 22 个行
政村、50 个自然寨、162 个村民小组,有 4753 户人家,21074 人,
其中侗族人口占 98%。① 2010 年夏和 2011 年夏,笔者率调查组成
员在肇兴乡走访了肇兴、肇兴上寨、肇兴中寨、堂安、纪堂等五
个行政村,其中肇兴、肇兴上寨、肇兴中寨三个行政村有 920 户人
家,3496 人,它们所组成的侗寨号称"侗乡第一寨",内有十二大
陆姓房族,分五大片居住,自然地形成了五个"团",以古籍中的
"仁义礼智信"名称为序,分别称为仁团、义团、礼团、智团和信
团。每个团都建有自己的鼓楼、戏台和花桥。肇兴、堂安、纪堂
等侗寨的侗族大歌,以一种原生态多声部的无伴奏合唱闻名于世,
曾在法国、挪威等地做过表演,受到当地社会的好评。现肇兴侗
寨与堂安、纪堂、已伦等侗寨一起,组成了肇兴侗寨风景区,
2007 年被建设部列为第三批"中国历史文化名村"。

　　以上村寨虽散布在黔东南苗族侗族自治州和贵阳市郊区,但
具有一些共同的特征:一是多为少数民族聚居的村寨,传统习俗
中保留有较为明显的少数民族文化传统和特色;二是原先经济发
展较为缓慢,当地民众有强烈的发展经济、提高生活水平的愿
望;三是当地政府重视当地发展的愿望和优势,采取多种措施推
动乡村旅游业发展,使之成为推动当地经济发展的驱动力。这诸

---

① 肇兴乡的人口数及户数,来源于 2011 年夏调查时肇兴乡政府提供的"肇兴乡
基本情况一览表"。

种因素的交合，为当地景观社区的建设和文化规训提供了条件和内在的驱动力，因此对它们的研究和分析具有一定的典型性和代表性。

在上述地点的实地调查中，本调查团队主要采用问卷和访谈相结合的调查方法。调查前设计好问卷和访谈提纲，调查中对所选村寨进行挨家挨户的入户访问，共收回有效问卷 1048 份，较深入的个案访谈 134 个案例。问卷样本的基本信息见表 1。

表 1　问卷样本基本情况一览

N＝1048；单位：%

年龄		受教育程度		族群		职业	
少年 （≤18 岁）	19.4	没读过书	9.1	苗族	59.5	农民	39.8
		小学	17.7			农民工	9.8
青年 （19～30 岁）	36.7	初中	39.7	侗族	24.3	个体户	15.4
						学生	22.3
中年 （31～50 岁）	30.7	高中 （包括中专）	23.5	布依族	11.6	教师	1.9
						公务员	1.5
老年 （≥51 岁）	13.2	大专及以上	10.0	汉族	4.6	医生	1.1
						其他	8.3

在问卷调查的对象中，男性所占比例稍多于女性；年龄分布以青年（19～30 岁）和中年（31～50 岁）两个年龄段为主；初中教育程度的调查对象所占比例最大，其次是高中，再次是小学，这与当地居民的实际情况相符。在问卷样本中，族群成分以苗族为多，所占比例近 60%，其次是侗族，所占比例为 24.3%，再次是布依族，占 11.6%。这里需要特别说明的是本文将 51 岁及以上年龄的人群划分为"老年人"，依据的是当地乡村社会习惯，而非国际社会公认的 60 岁为老龄①开始的标准。在我们所调查的乡村社会中，50 岁左右的人群已是祖辈，其下大多有孙子女或外孙子

---

① 《中国大百科全书·社会学》词条"老年期"，中国大百科全书出版社，1991，第 148 页。

女，在旁人眼里以及他们自己的内心认同中也均归属于"老人"行列。因此，将51岁及以上年龄人群列为老年人，是一种贴近当地社会生活实际的划分。

实地调查中的访谈对象共有134位，其中男性94人，女性40人；13~18岁少年（初中和高中学生）8人，19~30岁青年34人，31~50岁中年57人，51岁以上（含51岁）者35人；族群成分苗族为72人，布依族37人，侗族18人，汉族7人；村寨分布为西江53人，偏坡23人，镇山17人，肇兴19人，郎德12人，岜沙10人，其中西江、郎德、岜沙是苗族村寨，肇兴是侗寨，偏坡和镇山是布依族村寨（见表2）。综合以上情况看，无论是问卷调查样本还是访谈调查样本，苗族人所占的比例稍高，这与我们调查的村寨中苗寨占多数有关。

表2 访谈样本基本情况一览

N = 134；单位：%

性别		年龄		职业		村寨		族群	
男	70.1	少年（≤18岁）	6.0	务农	49.3	西江	39.6	苗族	53.7
		青年（19~30岁）	25.4	个体户	23.1	偏坡	17.2	布依族	27.6
		中年（31~50岁）	42.5	乡镇干部	3.7	肇兴	14.2	侗族	13.4
女	29.9	老年（≥51岁）	26.1	公司职工	9.0	镇山	12.7	汉族	5.2
				教师	8.2	郎德	9.0		
				学生	6.7	岜沙	7.5		

三 景观社区建设中国家力量的介入及其文化规训过程

本文中的国家力量指的是村庄之外代表国家的县（市）、乡镇政府以及由县（市）旅游局和乡镇政府联合组织的旅游区管理委员会，或由上述部门牵头成立的旅游发展有限公司等机构。文化规训则指的是按照政府制定的乡村旅游开发和经营规划来规定、指导和整合旅游地乡村居民日常生活方式和行为的规范，以及通过检查、评比、奖励、惩罚等措施来执行这些规范的过程和结果。景观社区建设中的文化规训大致可分为物质层面、制度层面和观念层面三个层次。

物质层面的规训主要体现在房屋建筑样式和身体穿戴装饰方面。少数民族乡村旅游主要是呈现给非本地居民，尤其是城市居民观赏的，因此，除了表演性的歌舞以外，外在的房屋建筑形式和穿戴在人身上的服饰就是主要的规训目标。在西江苗寨、肇兴侗寨、岜沙苗寨、镇山布依族村寨等乡村，当地管理机构都明文规定新批建的房屋建筑式样都必须是富有当地传统特色的干栏式建筑，即使里面的建筑是一般城镇通常都能见到的水泥砖混结构，但外面也要用木板（苗寨、侗寨）或石板（布依族村寨）装饰成吊脚楼的样式，否则便不准修建。

> 现在在上面不能随便修房子了，要批了才能修，要政府批。（修房子）现在这都不行了，又不能贴瓷砖，都是用这石板。以前也是用石板，这个用那个石头啊这些把它砌起来。以前不是也是那个木板房啊，现在你们没到下面看一下那个木板修的房子。以前那个石板吧和这不一样，就是用那个木头来弄一个框。不管是谁家修房子，反正都得贴这个石板。①

一旦修建后不符合景观社区建设的规定，便由管理区和村委会出面要求住户强制整改。如 2011 年肇兴侗寨《第三批违法用地违法建设房屋处理决定》就规定：

> 景区违建房处罚：交押金（2000 元以上），补签整改协议，限期 40 天内完成木质包装，否则强拆，押金变罚金（土

---

① 2011 年 7 月我们对镇山村 30 多岁布依族李姓女士的访谈。

地权属有争议，整改期限酌情延长）。①

除处罚外，奖励也是文化规训经常用到的方式。西江千户苗寨就以"文物保护费"的方式，按传统房屋建筑的时间和建筑质量每年从景区门票收入中分拨 150 万元经费返还给西江苗寨的居民，三年以上的具有传统建筑样式的房屋每年可以得到 500～1000 元的"文物保护费"。

对于这种建筑房屋样式的规训，当地百姓是如何看待的？我们在"如果您要盖新房，您希望建成什么样子的？"问卷调查中，得到以下统计数据（见表3）。

表3　建新房时建筑样式意愿

N = 1048；单位：%

建筑样式	百分比
传统吊脚楼	58.3
现代砖混建筑	13.6
传统与现代混合	26.1
其他	2.0

从表3可以看出，愿意建成传统风格吊脚楼的最多，所占比例为 58.3%；其次是传统风格与现代砖混结构相混合的样式，占 26.1%；然后才是现代砖混结构风格的建筑，占 13.6%。在肇兴侗寨调查的过程中，我们发现很多房屋已经变成外表是木质吊脚楼结构，内部是砖混瓦房的传统与现代混合的建筑，但是仍有住在这种房屋的被调查者表示，愿意住传统的木房，觉得"那样的房子住得舒服"，这说明当地社区房屋样式所进行的规训还是具有较强的民意基础的。

对于服饰装饰，一般景观社区的管理机构都要求在景区生活的当地百姓穿戴本族群的传统服饰。但除了极少部分老年人由于

---

① 该规定抄自 2011 年 7 月我们在肇兴侗寨实地调查期间看到的公共场所公开张贴的布告。

自身长期的穿戴习惯愿意这样穿着外，大部分中青年都不愿意在日常生活中穿戴传统服饰，原因是"不方便""不好洗"。如果是夏天，"土布上染的靛青还容易沾染在身上，不好洗，难看"。对此，社区管理者也无法采取强制措施加以施行。

> 平时很少穿苗服，也就节日活动穿一点。以前女孩子结婚要自己做一套苗服，现在读书的女孩子都不会做了，都是母亲帮她做。想提前几年做就提前几年，也没什么规定的。①

有的景观社区就采用经济手段鼓励村民穿戴本族传统服饰。如西江苗寨在当地管理局掌管下的旅游公司拿出一笔钱，鼓励寨中六七十岁的老人将藏在箱底的传统服装穿出来到寨门口排成行迎宾，迎宾时间为 10：00—12：00 和 14：00—16：00 两个时间段，站满 4 个小时每天给予工资 14 元，到月底统一结算。在我们的问卷调查中，当地民众对传统服装的穿着意愿见表 4。

表4　本族传统服装的穿戴情况一览

N = 1271；单位：%

本族传统服装穿戴情况	频数	百分比
自己平时穿	183	14.4
表演时穿	252	19.8
节庆或集体仪式的时候穿	690	54.3
出门时穿	49	3.9
租给游客穿	20	1.6
其他	77	6.1
总计	1271	100.0

注：问卷调查回收的有效问卷是 1048 份，因在对本族传统服饰穿戴调查题的问卷设计中允许答案可多选，故有效答案的统计总数为 1271 个。

对于景观社区村民穿戴本族传统服饰的时间和场合，从表4可

---

① 2011 年 7 月实地调查时对西江苗寨 43 岁苗族男子毛氏的访谈。

以看出，选择最多的是"节庆或集体仪式的时候穿"，所占比例达54.3%；最少的是"租给游客穿"，仅占总数的1.6%；"自己平时穿"这一选项也不多，只占14.4%。这表明，景观社区建设中当地族群的传统服饰穿戴已被置于一种工具性的位置。在调查组实地访谈和观察中，村寨中大多数人已经倾向于穿跟城镇地区一样的流行服装，而对本地本族群的传统服装，当地民众的感受是："穿那个衣服穿得容易脏，又不好做（活），穿得又麻烦。"也有被访的侗族人和苗族人表示，他们的传统服装是"土布做的，很厚，夏天穿很热，只在冬天的时候穿一下"。

在表4中，虽然表示"自己平时穿"的比例排在了"节庆或集体仪式的时候穿"和"表演时穿"之后的位置，但我们通过对调查数据的仔细分析发现，族群不同，这一选项的比例还存在差别。苗族人平时穿着的为20.8%，侗族为8.4%，布依族为19.5%。进一步分析，即使是同一民族，也会因不同地区而产生差异。例如，在"自己平时穿"项目中，同是布依族村寨的镇山只占6.4%，而偏坡则为26.4%；同为苗族的西江占21.3%，郎德为9.3%，岜沙为41.0%；以侗族为主的肇兴村则占8.3%。这种差异说明即使是相同的族群，也会因生活地区的不同和社区氛围的差异影响他们外表上的穿着和装饰。在西江苗寨的访谈中，一位苗族妇女说："现在游客多了，我们就都穿苗族服装了，游客想看。"而肇兴侗寨的被访妇女则说："穿那个呀，热死！你给钱我就穿！"可见旅游发展状况和他们本身对景观社区建设的认知对他们外在服饰上的穿戴存在一定的影响。

制度层面的规训主要表现在国家机构在当地景观社区居民日常生活中涉及公共生活的部分，主要是在帮助建立规约及入场监督管理方面。如西江千户苗寨在防火安全方面立有八条规定。

一、严禁在房前屋后或其他寨内空闲地乱烧易燃物和垃圾，违者罚违约金100~300元，并强制参加消防安全教育班学习；

二、严禁大量柴草进寨和随意在房前屋后堆放，生产生活柴草需要进寨的，必须确保存放安全，违者强制现场整改或罚违约金50~100元；

三、严禁私拉乱接和超负荷用电，须增加用电负荷的，要报请供电部门审批并派技术人员实施，违者强制拆除并罚违约金100～300元；

四、严禁随意关闸接水和关闸维修，需要关闸接水或维修的要报经水利站同意，违者罚违约金100～300元；

五、严禁在本辖区内燃放礼花炮，违者罚违约金200～500元；

六、在本辖区内发生火警的，罚违约金500～1000元，一切损失费用肇事者自负；

七、在本辖区内发生火灾的，按"四个一百二"处理（罚一百二十斤米酒、一百二十斤糯米、一百二十斤猪肉、一百二十斤蔬菜），并处罚鸣锣喊寨一年，所造成损失报上级部门处理；

八、在本村耕作区内发生山火的，过火面积每亩罚违约金500～1000元，并清点林木，赔偿损失。[①]

在辖区环境卫生方面，西江苗寨也做了五条规定：①村内主干道、步道不许晒粪，不许占道堆积杂物，违者经警告仍不整改的，罚违约金20～50元，并强制清除；②严禁往河边、水沟、街道、周边乱扔、乱倒垃圾，违者罚20～50元；③在村内消防水塘乱丢杂物、垃圾，洗刷杂物、乱放尿桶等脏臭物具的，罚50～100元；④严禁在主街道占道经营、乱贴乱画、乱倒污水，违者罚20～50元；⑤凡抵触和不配合村委会开展防火安全、环境卫生、山林保护等工作的农户，申请村委办理相关事情的，暂不予以考虑。

肇兴侗寨的规约是按照鼓楼制定的。如礼团制定的鼓楼公约：①鼓楼内及鼓楼坪严禁停放大小机动车及马车，违者罚款100元；②建筑材料（沙、石等）临时存放鼓楼外不得超过24小时，放在鼓楼内者每次罚款100元；③禁止在鼓楼周围拌浆、放蓝靛桶淹渍

---

① 这些规约都以木牌刻写的方式悬挂于村寨社区人群常常经过的公共场合醒目处，下同。

蓝靛，违者每次罚款 100 元；④年终守寨生火，严禁个人利用鼓楼火塘烧开水、撮火子；⑤机动车辆一律停靠礼团原球场坪。仁团鼓楼花桥的管理规定则为：①鼓楼花桥内必须经常打扫，保持清洁；②不许在鼓楼花桥乱写乱画、乱砍乱刻以及张贴标语、文告；③不许在鼓楼花桥拴牛捆马、悬挂堆放各种杂物，不许践踏鼓楼花桥坐凳；④鼓楼花桥的所有设施，必须保持完好，不得损坏；⑤违反以上规定者，视具体情节轻重，追究其责任，并处以 5～10 元罚款。

诸如此类的规约各地都有，或简或繁。在前述调查所及的景观社区村庄公共事务中产生矛盾和纠纷时，一般先由当地村委会干部依据规约调解、规训，解决不了时再向乡镇政府或管理局（区）反映，要求上级机构出面解决。当地乡镇政府或县市政府的派出机构也会以各种方式进入景观社区建设的监督和规训活动之中，甚至会动用一些传统的力量和方式加以规训，如侗寨里的"寨老"、苗寨里的"鼓藏头"和"活路头"，罚四个"一百二"，等等。不过，国家力量对景观社区建设中的规训主要还是依靠政府机构的行政权力，融合基层共产党支部、村委会等法定组织进行的。在西江苗寨调查期间，调查员曾挨家挨户抄录村寨房屋门口处的名签牌，共计有 40 种，大致可分为卫生、防火、经济开发、治安维护、社会救助等五类，这些名签牌的具体情况见表 5。

表 5　西江苗寨名签牌一览

N = 40

类别	名称	颁布机构	类别	名称	颁布机构	类别	名称	颁布机构
卫生类	卫生清洁户	村委会	防火类	家庭安全防火提示牌	县人民政府	经济开发类	苗族刺绣作坊	景区管理局
	文明卫生户	村委会		沼气生态农业推广户	县农村能源环保办公室		农家乐接待户	县旅游局、镇政府、景区管理局
	整治脏乱示范户	县文明办		防火安全户	村乡联查		中国信合三星级信用户	黔东南苗族侗族自治州农村信用合作社

类别	名称	颁布机构	类别	名称	颁布机构	类别	名称	颁布机构
卫生类	食品安全监管星际经营户	县工商行政管理局	防火类	防火一般户	村乡联查	经济开发类	东引观景亭	县旅游局
	餐饮服务食品安全示范户	县食品药品监督管理局		防火歌	镇消防青年志愿者服务队		雷山县农村一户一技能示范户	县一户一技能创建活动领导小组、景区管理局
	放心粮油	县粮食局		护林防火宣传牌	县人民政府森林防火指挥部		满意商店	县文明办
	食品卫生等级	县卫生局		雷山县供电局敬告用电客户	县供电局		纯银鉴定中心	县银匠协会
	贵州省2008年度农村饮水安全工程	县水利局		消防检查公示牌	景区管理局、镇政府		中国西江千户苗寨纯银示范户	贵州省银匠协会
	食品安全监督	县工商局		雷山县西江村农家书屋	国家新闻出版总署农家书屋工程建设领导小组办公室、贵州省新闻出版局		纯银鉴定中心	贵州省银匠协会
治安维护类	西江村矛盾纠纷排查调解站	县人民政府	社会救助类	12315联络站	县工商局		贵州省雷山县西江镇纯银示范基地（纯银示范户）	县银匠协会
	西江村社会治安整治指挥部	县人民政府		消费者投诉站	县消费者协会		西江苗寨工艺旅游商品制作专业户	贵州省中小企业局

续表

类别	名称	颁布机构	类别	名称	颁布机构	类别	名称	颁布机构
治安维护类	遵纪守法模范户光荣牌	县人民政府	社会救助类	新阶段扶贫开发工作扶持户	县扶贫开发办公室	经济开发类	远程教育"一户一技能"党员示范户	县委组织部、镇党委会
	星级文明户	县人民政府		新阶段扶贫开发重点二类村	县扶贫开发办公室		旅游接待示范户	省中小企业局
							满意农家乐	县旅游局、镇政府

　　在这林林总总的40种名签牌中，除其中4种是由村委会牵头挂牌，4种属于省、县社会团体的银匠协会挂牌外，其余的都与省、自治州、县等政府部门及其下属机构有关。有学者认为这些名签牌的出现，不仅反映了政府在景区开发和管理中国家符号的在场，更反映了政府在旅游社区建设中的深度介入及其主导的地位。[①] 挂牌，体现的是凌驾于社区之上的权力，也是从上到下进行规训的手段。

　　国家权力的介入及其相关的制度安排，对景观社区当地居民日常生活方式的规训无疑是有效的。以环境卫生的治理为例，乡村地区环境卫生治理的一个重要方面就是垃圾的处理，上述景观社区垃圾处理方式在旅游前后的变化，可以直观地反映景观社区建设中乡村环境卫生的现状（见表6）。

表6　旅游开发前后村民垃圾处理方式

N = 976；单位：%

垃圾处理方式	旅游开发前		旅游开发后	
	频数	百分比	频数	百分比
置于房前屋后	313	32.1	56	5.7
集中收埋	305	31.3	713	73.1

---

① 郑进：《国家与村寨社会的博弈：国家在场与社会式微——以贵州省西江苗寨"挂牌"现象为例的研究》，《民族论坛》2012年第6期。

续表

垃圾处理方式	旅游开发前		旅游开发后	
	频数	百分比	频数	百分比
焚烧	325	33.3	165	16.9
其他	33	3.4	42	4.3
总计	976	100.0	976	100.0

　　从表6中问卷统计数据可以看出，旅游开发前村民在对垃圾处理方式的选择上具有随意性特点，置于房前屋后、集中收埋、焚烧三者比例大致相当；旅游开发后，大多数村民选择将垃圾集中收埋，置于房前屋后的只占5.7%。当地的居民对于这种规训的结果普遍持正面评价："现在搞这个旅游倒是很干净啊，环境很好啊，环境变好了。有统一打扫卫生的人，现在这里面有人打扫卫生，村里面雇的本地的人来打扫卫生，每个月800块钱。"①

　　在文化规训中，最难也最复杂的是观念层面的规训。20世纪60年代以前，苗族人普遍信仰巫教，盛行祖先崇拜。据全国人大调查组1957年4~8月在贵州苗族地区的调查，当时违反农业生产禁忌的处理有：每年播种、插秧，均须由"活路头"带头先做，任何人不能先于"活路头"插秧或播种，违者须当众承认错误，并罚鸡一只、三十瓣的粑粑、一瓣禾的酒给"活路头"及反映情况者，让他们共同享用。播种以后，即禁止吹芦笙、烧砖瓦、烧死人骸骨、"破蛋"看"鼓藏"是否要来（因"破蛋"要吹芦笙），违者罚六十六毫（钱），以此钱买猪宰杀后分给群众享用，表示进行一次普遍性的规范教育。② 这种情况一直延续到80年代初的改革开放都基本没有大的改变。1986年在贵州省文物局的鼓励和支持下，郎德苗寨开始整修村寨接待游客，成为贵州省最早兴办乡村旅游的村寨。循前述苗人的习俗，春天泡谷种后至当年

---

① 2011年7月对镇山村31岁李氏女子农民的访谈。在我们的调查过程中，偏坡、西江、郎德、肇兴等村寨民众对环境卫生的反映与此相类的很多。
② 贵州省编辑组编《苗族社会历史调查》（二），贵州人民出版社，1987，第140页。

收割前，村寨里是不允许举行吹芦笙、跳舞、放鞭炮等活动的，村民认为如此将会遭到祖先的降灾处罚，庄稼会减产，人会有灾祸临头。当听说旅游接待要打破这一千百年传承不变的习俗时，郎德苗寨人一度弥漫着恐惧，生怕会因此得罪了祖先而降祸。邻近的苗寨人得知郎德人要破这个古俗，也很生气，怕遭受祖先降罪的连累。他们的"鬼师"和"寨老"在郎德苗寨门口杀鸡、叫骂，试图阻止郎德人的旅游村寨建设计划。郎德村寨上游的村子还把灌溉水田的水卡住不给郎德人用。郎德村寨里的居民也很担心，不敢参加吹芦笙活动。当时郎德苗寨党支部书记陈正涛为破除禁忌，特地找到郎德的苗族"鬼师"，说服他出面来指挥村民吹芦笙。"鬼师"就跟当地村民重新阐释这个古老的习俗：以前不让吹芦笙是希望年轻人专心耕种，是为子孙有吃有穿；现在搞旅游，也是劳动，也是为了把生活过好，祖先不会为此生气，只会高兴！同时，村支书还将当地开展旅游建设的情况跟县政府相关部门进行了沟通，然后向村民保证：如果真的（因为违反季节吹芦笙）出现天灾，政府会全部补偿损失。于是，郎德人才下决心打破古俗，用苗家最高礼仪——放炮、吹芦笙、跳芦笙舞以及十二道拦门酒，迎接了第一批登门的旅游客人——来自北京的30多位全国文物博览会的代表。禁忌被打破之后，当年的粮食不仅没有减产，反而因为首次使用化肥而丰收。更让当地村民大开眼界的是他们真的靠自己传统的唱歌跳舞吹芦笙挣到了钱，每场表演可以得到500多元人民币的收入。自此，郎德苗寨一举成名，之后相当长时间内成为国家领导人、学者和海外贵宾访问贵州的必到之地。2008年6月，郎德苗寨还成为北京奥运会圣火传递的全国113个接力站之一，被媒体誉为"最美丽和最具民族风情"的接力站。① 郎德苗寨的成功也为其他地区苗寨的旅游开发和乡村建设开了一个好头，成为贵州早期乡村旅游村寨建设的一个好榜样和可学习的范例。

当然，代表国家力量的乡镇政府和县市下派相关机构能对乡

---

① 李丽：《生活一下子变成了文物——郎德苗寨在旅游大潮中坚守》（一），《人与生物圈》2010年第1期。

村景观社区建设进行文化规训，不仅仅是依靠自上而下所赋予的权力，还有大量的前期基础性经济投入。如，为了开发西江苗寨，雷山县扶贫办公室光 2004 年就以"西江镇民族村镇文化保护与建设"的名义，投入财政扶贫资金 40 万元人民币，帮助西江村 500 户村民实施配套性的改造厕所、改造炉灶、建设自来水等工程。2010 年和 2011 年，雷山县西江管理局又筹资 1000 多万元在西江填埋了污水处理管道，在附近干荣村建设了一个污水处理厂。肇兴侗寨、岜沙苗寨、郎德苗寨、偏坡和镇山布依族村寨等在旅游开发建设中也都或多或少地得到了政府在修路、改厕、改灶、改水、建筑修理与保护、环境卫生维护等方面大笔资金的投入和补助。这就使得国家力量在上述景观社区建设中掌握或巩固了强势的引导（领导）性地位。

　　在这种景观社区建设的过程中，村寨整体的环境卫生得到了改善，乡村社区发展旅游之后，对村民个人卫生习惯的影响也较明显。这一方面得力于政府卫生部门的提倡和强势监督，另一方面也与政府派遣相关医生到乡村进行卫生健康知识的宣传和普及有关。通过课题组的调查统计，我们发现有 82.6% 的村民的环境卫生意识增强了（见表 7）。

表 7　旅游开发后村民环境卫生意识的改变

N = 1006；单位：%

卫生意识的改变	频数	百分比
增强了	831	82.6
减弱了	47	4.7
没有变化	92	9.1
不知道	36	3.6
总计	1006	100.0

四　基本结论

　　通过以上的研究和分析，我们可以得出这样几个结论。

（1）以政府为代表的国家力量对景观社区的建设牢牢掌握着控制权，政府通过派出机构、协会、基层组织，利用政治权力和经济投入，引导着景观社区的发展方向。福柯所说的"权力能够生产。它生产现实，生产对象的领域和真理的仪式"① 的论断在此得到了印证。

（2）在以政府为代表的国家力量的强制与诱导性规训下，景观社区中的文化必定会发生诱制性的变迁。这种变迁，是文明发展相对滞后地区提升自身文明发展程度和水平的必然过程。在这个诱制性变迁的过程中，不仅仅是政府官员或管理者，以专家名义出现的知识权威也起到了重要的作用。"在现代规训社会，权力与知识已经是一丘之貉，无论是层级监视、规范化裁决还是检查，统治者都要借助于一支庞大的'技术人员大军'，没有他们充当统治阶级的爪牙和帮凶，规训权力就无法实施。"② 此话虽然尖刻，但也确实反映了社会的客观事实。

（3）在这种以政府或政府下派机构为主导、以获取经济效益为主要趋向的景观社区建设中，从长远来看，应该防止行政化、模式化、伪"文化"现象。这种由外部因素促发的外生性发展虽可主导景观社区的短期建设，但植根于社会内部的能全面调动社区居民积极性的内生性发展措施才是景观社区长期、可持续发展的动力源泉。

除了以政府为代表的国家力量之外，对景观社区文化规训能起较大作用的另一个因素是游客的需求以及他们所带来的外来文化的强力冲击，这个因素因不在本论题的讨论和阐述范围，故在此不赘。

---

① 〔法〕米歇尔·福柯：《规训与惩罚——监狱的诞生》，刘北成、杨远婴译，三联书店，2003，第218页。

② 参见胡颖峰《规训权力与规训社会——福柯政治哲学思想研究》，中央编译出版社，2012，第103页。

电视传播与村民国家形象的建构
及乡村社会治理

——基于贵州、湖南、河南三省部分
乡村的实地调查*

引 言

国家形象是一个国家对自己的认知以及国际体系中其他行为体对它认知的结合，是一系列信息输入和输出所产生的结果。它反映在媒介和人们心理中是对一个国家及其民众的历史、现实、政治、经济、文化、生活方式以及价值观的综合印象，美国著名的政治学家布丁（Kenneth Ewart Boulding, 1910 - 1993）将其概括为"是国家的外部公众和内部公众对国家本身、国家行为、国家的各项活动及其成果所给予的总的评价和认定"。① 近 10 年来我国学术界对"国家形象"的研究颇为关注，主要集中在传播学、新闻学、国际关系学等领域，占主流的研究多是将其放在国际关系中研究我国的国家形象建构及其传播的策略问题，少数学者也涉足国内"国家形象"的研究，但多是通过二手文献，即以民国时期、港台地区或早期的报纸、期刊为文本资料，对国家形象或政治人物的想象进行内容分析，专门研究当下日常生活中普通民众，尤其是乡村村民对国家形象的理解、认知和态度的成果极少。

---

* 原文以孙秋云、王利芬、郑进合作的方式发表于《广东社会科学》2015 年第 1 期，第 207 ~ 214 页。

① Boulding, K. E., "National Images and International Systems," *Journal of Conflict Resolution*, 1959: 3, 119 - 131.

在国家形象的塑造中，作为国家政治代表的政府无疑具有决定性的作用。政府的执政理念、制度安排及其施政举措，对于其在意识形态领域占据领导地位、塑造政府执政合法性，进而凝聚民心、团结和动员大众等方面都具有根本性的意义。基于当前我国的政治文化，对于普通民众而言，政府的形象，实际上就是代表了国家的形象。在我国现行政治体制中，中央政府的执政理念、制度安排会通过大众传媒迅速、简洁地传达给社会大众，而民众对政府执政理念和制度安排的体会则主要通过地方政府及其下派的组织官员的施政行为来感受，两者之间时不时地会产生一定的差异甚至错位现象。这种差异和错位，会在普通民众的心理和观念上造成一种割裂，不利于基层社会的治理。鉴于此，我们结合自身近些年来率课题组在我国河南、贵州、湖南等省部分乡村地区所做的实地调查，尝试探讨乡村村民在日常生活中对国家形象的理解、态度和感受，进而探讨随着电视传媒等的发展，"国家形象"传播对乡村社会治理的影响和意义。

一　电视传播在乡村社会中的地位

自 20 世纪 90 年代以来，电视媒介已经成为我国民众获取信息的主要渠道之一。据统计局的统计，到 2010 年年底，我国广播和电视的综合人口覆盖率已分别达到 96.8% 和 97.6%，每百户彩色电视机拥有量城镇为 137.4 台，农村为 111.8 台；全国中、短波转播发射台 822 座，调频转播发射台 1.16 万座，电视转播发射台 1.6 万座，微波实有站 2376 座；开办电视节目 3350 套，其中公共电视 3272 套，公共电视节目播出时间 1635.5 万小时；有线广播电视用户 18872 万户，其中农村 7293 万户，数字电视 8870 万户；有线广播电视入户率为 46.4%，其中农村入户率为 29.35%。[①] 随着电视的普及以及电视传播媒介技术手段的不断创新，电视媒介对

---

① 参见中华人民共和国国家统计局编《中国统计年鉴 2011》，中国统计出版社，2011，第 329、894 页。

社会和民众的影响远远超越了以往诸如报纸、杂志、广播、电影等传统媒体，成为普通百姓，尤其是乡村村民日常生活中最受欢迎的媒体。2009 年 7 月和 2010 年 7 月我们率调查组在贵州黔东南地区雷山县、黎平县和湖南湘西凤凰县等苗族、侗族乡村进行实地调查时，少数民族村民休闲娱乐的方式主要是看电视、赶集逛街、聊天、走亲访友、看书报、玩牌或打麻将、听广播、运动、旅游、参加宗教活动、"拉歌跳舞"、睡懒觉等，其中看电视的比例最高，达到了 87.4%（见表 1）。在贵州雷山县西江苗寨和黎平县肇兴侗寨乡村村民的问卷调查中，89.4% 的村民表示电视是他们获取信息的主要渠道，互联网、口耳相传分列为第二、第三位（见表 2），这与其他学者在汉族地区农村所做的调查结果基本一致。①

表 1　黔湘两省三地少数民族山村村民主要参与的休闲娱乐
活动类型分布

N = 776；单位：人，%

休闲活动类型	人数	所占比例
看电视	678	87.4
看书报	100	12.9
赶集逛街	185	23.8
聊天	322	41.5
走访亲友	121	15.6
玩牌或打麻将	125	16.1
听广播	43	5.5
运动	88	11.3
旅游	17	2.2
参加宗教活动	11	1.4
拉歌跳舞	19	2.4

① 凌燕、李发庆在《当代中国中、东部农民与媒介接触使用情况实证研究》一文中认为："乡村村民最喜欢的媒体形式是电视，占总人数的 89.2%；村民最喜欢收看的电视频道是中央电视台第 1 套节目的新闻综合频道；村民最喜欢收看的电视节目类型是新闻。"详见《广告大观》（理论版）2006 年第 4 期。

休闲活动类型	人数	所占比例
睡懒觉	40	5.2
其他	41	5.3

注：在湘黔两省三地少数民族山村共发放问卷 1000 份，回收有效问卷 776 份，问卷填写中允许每个村民填写不超过三项的主要休闲娱乐活动。

表 2　贵州黔东南地区西江苗寨、肇兴侗寨青壮年男性群体获取信息的主要渠道

N = 141；单位：%

获取信息渠道	频数	百分比
电视	126	89.4
报纸杂志	24	17.0
广播	11	7.8
互联网	35	24.8
口耳相传	32	22.7

注：问卷设计中允许村民填写不超过两种的主要获取信息渠道。

二　电视传播中村民对国家政权的割裂认知

如果说被置于国际关系中的"国家形象"是包含一个国家的政府及其民众的历史、现实、政治、经济、文化、生活方式以及价值观的整体化或一体化的形象，那么在我国乡村社会中，村民所理解和感触的国家形象则主要是政府形象。他们往往是从媒体传播中的中央政府领导人的言谈举止、颁布的政策、他乡的繁荣与自身生活的遭际等方面的比较中加以体验和建构国家形象，这其中起主要作用的媒体就是电视。

笔者率课题组在河南省汝南县乡村、贵州省雷山县西江苗寨和黎平县肇兴侗寨做调查时，村民的反映大多是："国家的政策是好的，就是一到下面的官，都是坏心眼了！""大家都知道，中央政策是好的、公平的，但是下面搞得乱七八糟……没有办法。中央为人民着想，地方为荷包着想。"当调查员问他们："你们又没有去过北京，没有见过胡锦涛，你们怎么知道中央是好的呢？"村民的回答大多是："我没有见过胡锦涛？我天天见（注：指在中央一台的《新闻联播》节目上见到），我对胡锦涛天天在干什么很清楚！""看电视啊！《新闻联播》里每天看他们，胡锦涛、温家宝、习近平……你看温家宝，跟老百姓在一起的时候多亲切！你再看我们这里的干部，一年四季你见不到他们，他们搞得比温家宝还忙！""哪个晓得我们县长、乡长叫啥名字，鬼影都没见过！"① 从这些话语中我们不难发现，电视传播的现实特点在一定程度上促使村民从国家政治结构的"上"和"下"的角度来看待国家和政府，形成了"上好—下坏"这种割裂式的认知形象。

除了"上好—下坏"的认知外，村民从电视传播中还有一个进行"外"和"内"的对比，认为"他乡"发展得很好，而自己生活的"本乡"发展很糟糕，从而得出自己生活的"本乡"不及"他乡"的认知和印象。"每次看中央新闻里播的，我就感到气愤，同样是一个领导，一个国家，别的地儿能搞得这么好，咱这凭啥就搞不好呢?!""中央说的都很好，地方的都是变动的。新闻说的都是真实的，中央说的到地方说的就不一样了，黎平（县）说的和肇兴（乡镇）说的也不一样。像经济啊，照顾啊，（中央说的时候）什么都有，说到这里（乡镇）什么都不对头了。"② 中央台新闻中反复播放的农村其他地方的典型经验、发展图景以及介绍外乡的好干部如何带领当地群众发展致富的故事，使得接受电视传播的村民观景生情，产生"落差"，有了"他乡"发展得好，自己生活的地方发展得差、比较落后的心理，遇到不顺心的时候愈加对本地的政府和官员印象不好，对本地社会的发展也愈加失望和不满。

---

① 相关访谈材料参见孙秋云等《电视传播与乡村村民日常生活方式的变革》，人民出版社，2014，第187、221、245页。

② 相关访谈材料参见孙秋云等《电视传播与乡村村民日常生活方式的变革》，人民出版社，2014，第121、245页。

三 村民对中央电视媒体与地方电视
媒体的认知差异

在对地方基层政权形成趋恶看法的同时，乡村民众对地方电视台等媒体也形成了同样的印象。绝大部分村民相信中央电视台更为公正，更为基层百姓的利益着想。我们在贵州省雷山县西江镇做调查时，当地村民就直接表明自己的观点："我一般都看中央1台、4台、5台、12台。我不喜欢本地台，因为中央台更切合实际、公道。本地的（电视）很假。我不信任它，好的就报道，坏的就不说，只往好的方面宣传。""雷山（县）台不看，看中央（台）新闻，地方政策都是一句话，对国家政策不了解。像去年的雪灾补助款，上面拨下来每家150元，我们实际才得到50元。中央是很体谅我们农村的，就是（地方政府）欺上压下。""中央他们都是不了解基层，上面来检查都隐瞒过去了……但这里的记者都是依赖政府，是连贯（注：串通的意思）在一起的。以后有一天我有事，我会打电话到中央电视台。我不相信贵州电视台……我们这里的电视台就是和政府一个鼻子出气的，政府说你可以报道，电视台就报道，政府说你不要报道，电视台就不会报道。这样下面的政府做得不好，上面也不会知道了，除非你直接去找中央电视台，像中央12台啊，《焦点访谈》啊，他们不怕得罪地方的政府。"①

在河南省汝南县乡村调查时，村民的反映也与贵州乡村村民的观点类似："国家的政策、一举一动都在新闻里。我看新闻的时候，要是小孩给我争（电视频道），我都不愿意。牵连着国家政策变不变的问题，牵连着农民的利益。底下干的违法的事，与上面的政策都不吻合。上面的政策，下面的对策。中央新闻当然客观真实，它对外广播了，它能胡来吗？代表着国家的形象呢！看了

---

① 相关访谈材料参见孙秋云等《电视传播与乡村村民日常生活方式的变革》，人民出版社，2014，第121、219~220页。

中央（台）看河南（台），看《都市频道》，再看驻马店《汝南新闻》，谁看哩！现在农民的觉悟都高了。有时候地方新闻像说空的一样，咱亲身体会的事难道咱会不知道？所以电视上说的不真实。《汝南新闻》报喜不报忧，又是修路了，这了那了的，都牵涉着群众的利益呢！领导又上那去又上这去参观，去看贫困户，有的报的是虚夸的，有的贫困户比谁都富裕！""中央新闻里讲的肯定是真的，中央都不搞真的，那哪中啊？地方新闻尽表功，说瞎话，还要天天播、反复播，谁会去看呢？汝南县是啥情况我还不知道么？几个小厂早就弄垮了，（地方新闻里）还说经济每年发展。到处脏得要死，电视里却搞得那么干净，骗傻子呢？"①

这种对电视媒体认知的态度并不是个案或特例，而是一种较为普遍的现象。有学者曾在全国范围对 870 位农民进行过抽样调查，结果显示在当前乡村中，54.5% 的青年农民、64.1% 的中年农民、58.4% 的老年农民喜欢看中央台的《新闻联播》，并且一致认为中央电视台的新闻节目最可靠、最真实。②

英国著名社会学家斯图亚特·霍尔（Stuart Hall，1932 - 2014）在其名作《电视话语中的编码与解码》中认为，电视符号是一个复杂的符号，它自身是由视觉话语和听觉话语相结合而构成的，社会现实存在于语言之外，但它永远要以语言为中介，这就是编码与解码。他提出了三种解释电视产品生产者在电视符号内涵上的编码与电视产品接受者如何解读电视符号内涵意义的解码立场，史称"霍尔模式"：第一种是主导—霸权地位的立场（dominant-hegemonic position），指的是受众的解码立场与电视制作者的"职业制码"立场完全吻合，这是一种理想的"完全明晰的传播"形式；第二种是协调地位的解码立场（negotiated code），指的是受众可能充分地理解占主导地位意识形态所给定的意义，但他们一方面承认主导意识形态的权威性和合法性，另一方面也强调自身情

---

① 相关访谈材料参见孙秋云等《电视传播与乡村村民日常生活方式的变革》，人民出版社，2014，第 242、246 页。
② 参见申端锋《电视与乡村社会的变迁》，《华中科技大学学报》（社会科学版）2008 年第 6 期。

况的特殊性，即受众对电视产品的解码既不完全同意，又不完全否定，有一个与主导的意识形态充满矛盾和协商的过程；第三种是完全对抗性的解码立场（oppositional code），即受众可能完全理解电视话语赋予的字面意义和内涵，但他们每每根据自己的经验和背景，读出自己的理解和意义来。[①] 若拿霍尔的这套编码解码理论来解释当今我国乡村村民对电视话语的解读，则他们对中央电视台，尤其是《新闻联播》《焦点访谈》《今日说法》等新闻时政类栏目的电视话语所持的是第一种立场，对省级地方电视台相关栏目电视话语所持的是第二种立场，对县市级电视台相关栏目的电视话语则持第三种立场。这在一定程度上真切地反映了我国当前社会转型时期各地社会发展的不平衡以及普通乡村村民对不同层级政府的形象和权威的认知与期望。

四　电视传播与乡村基层社会治理张力

为什么在乡村村民的认知中会产生这样一种中央政权与地方基层政权、中央电视媒体与地方县市电视媒体间如此强的认知错位和割裂状态？究其原因，大致可归为这样一些因素。

（1）在20世纪80年代以前，由于国家社会生活是政治统率一切，经济与社会生活领域也是高度意识形态化，基层政权与中央政府唱的是一个调，做的是一件事，因此，尽管乡村村民没有直接接触中央政权或国家级领导人，但广播上说的与基层干部传达的是同一个信息。这时的国家形象在革命的意识形态教育和宣传中是上下一致的。自80年代初实行改革开放以后，发展经济成了全国各地社会生活的中心，下级政府作为上级政府的直接代理者的角色发生了变化。由于意识形态压力衰减而经济发展的压力增大，地方政府在扮演中央政权执行者角色的同时加上了地方利益代表者的角色，各地方政府之间的关系也变成了竞争性的协作

---

① 参见斯图亚特·霍尔《编码，解码》，载罗钢、刘象愚主编《文化研究读本》，中国社会科学出版社，2000，第351～365页。

关系，地方政权及其官员也有了自身的政治和经济利益诉求。这样，上下级政府在资源的利用与分配、利益的选择等方面也一改过去单向度服从上级命令的模式，逐步演化为讨价还价式的协商、合作型模式。在这种情形下，地方政府会根据自身的需要对中央政府的政令采取某种程度上的变通或选择性执行，这就是所谓的"上有政策，下有对策"，从而使得中央政策在执行过程中严重变形或走样。① 而自 20 世纪 90 年代以来，乡村电视的普及改变了当地社会政治信息输入的渠道，普通村民可以在电视直播中直接感知中央政府的政策大纲和施政理念，因而在社会治理大转型的过程中，乡村村民再也不愿意认可基层政府是国家的代理人，也不再轻易从基层政权那里来获取国家的政策信息，而是倾向于直接从媒体，尤其是从中央级电视媒体中获取中央政府的政策信息。这一方面树立了乡村村民心目中中央政权的权威和其国家代表的形象，另一方面也对他们日常生活中实际接触的基层政权权威和国家代表的形象产生了消解或解构的作用。

（2）电视媒介在乡村村民心目中建立了中央政权的权威，增强了村民对中央政府能力的信任，但这种权威和信任均来自电视媒体上宣传的理念。理念，是一个社会或一个组织想要达到的愿景，常常是理想化的但常人难以触及的东西。有时这种愿景还被神圣化或上升为意识形态，成为人们的精神依托。我国电视传播所构建的正是这种象征性的政治形态，它成为村民心目中政治的"理想类型"。当村民以之为标准来衡量现实生活中基层政权的具体工作时，常会产生达不到人们心理预期的失落感。这样，乡村居民就会对实际工作的执行者产生不信任、不认可，但他们依旧会接受和认可电视屏幕中所展示的中央政权和上级领导的工作面貌，接受电视媒介的政治社会化。这就不可避免地形成了地方，尤其是基层政府行为合法性与其所代表的国家形象之间的一种割裂状态。

---

① 参见崔金云《合法性与政府权威》，《北京大学学报》（哲学社会科学版）2003 年国内访问学者、进修教师专刊，第 65~70 页。

治理，汉语原指"统治、管理"或"得到统治、管理"的意思，如《荀子·君道》云："明分职，序事业，材技官能，莫不治理，则公道达而私门塞矣，公义明而私事息矣。"英文中的"治理"（governance），一般也是指"被统治的状态"或"统治的方式、方法或制度"。① 但政治学和社会学意义上的"治理"，含义显然与一般理解的有所不同。有学者将"统治"与"治理"加以比对后认为，从机制上看，治理既包括政府机制，也包括非正式的、非政府的机制，而统治的机制和权威只能是政府的；从机制的运作上看，统治强调自上而下的"指导""命令"，治理更强调合作信任与权力分散，强调国家和社会的合作，是一个上下互动的管理过程，主要通过合作、协商、伙伴关系，确立认同和共同的目标等方式实施对公共事务的管理；从活动主体上看，治理的主体可以是公共机构，也可以是私人机构或公共机构与私人机构的合作、强制与自愿的合作，统治的主体则只能是政府机构；从管理范围上看，政府统治所涉及的范围是以领土为界的民族国家，其权威主要源于政府的法规法令，治理的权威主要源于公民的认同和共识。因此，治理主要代表一种政府行政、公众参与、非政府组织作用和企业影响的共同行为，它主要是一种协调、参与和磋商的过程，是民主成分居多的议政行为。② 据此，乡村基层社会的治理，主要是指乡镇政府依据国家的法律、法令和政策，与乡村社会中不同群体、不同组织及广大村民相互合作、共同协商，使其积极参与公共事务管理、维护乡村社会秩序、促进乡村社会健康发展的过程和结果。

在我国，电视媒介是各级政府建立权力与威信的重要舆论工具，也是它们动员民众相互合作、共同参与公共事务管理、维护乡村秩序和社会发展的有力杠杆。广大乡村居民可以通过这一通道直接了解县级以上国家权力机构想要传达的执政理念和政策，

---

① 参见〔美〕乔治·弗雷德里克森《公共行政的精神》，张成福等译，中国人民大学出版社，2003，第 84 页。

② 参见鲁哲《论现代市民社会的城市治理》，中国社会科学出版社，2008，第 11 ~ 12 页。

但他们一般不会对电视运作的背后机制和成规做细致的思考和分析。经过"把关人"的严密把关,媒体呈现在受众面前的不一定是现实世界的全面图景,而是符合需要出现的图景。中央电视台的综合类新闻节目,特别是《新闻联播》,是乡村村民热衷观看的电视节目中为数不多的新闻栏目,其传播的信息在乡村村民心中成为认知世界的全部图景。除了可以看到中央政府如何整肃吏治、惩罚贪官之外,村民在中央台的新闻中更多看到的是"有利于全国农民"的良好政策意图,以及诸多的先进典型是如何将这些政策执行到位的,又是如何把某地乡村建设得欣欣向荣的等事例的报道。这种站在中央宣传部的角度俯瞰全国的新闻在把报道中的个别典型美化的同时,客观上也恶化了乡村村民对自身所在地区基层政权的评价。中国的地域差别很大,各地具体情况有所不同,因此也不能排除各地干部的勤勉程度有差异,但是如果中央台新闻一味突出"先进典型"而不把这些典型的特殊条件加以全面地呈现,则从客观上消减了不少地方乡村基层政权的权威性和行政的合理性。

当然,乡村村民对待电视新闻也不完全是被动的。不论是中央台还是地方台,电视播放一条新闻往往只有几秒,至多数分钟的时间,普通村民很难通过这么短的新闻来全面正确地把握国家政策,他们往往会倾向于从有利于自身利益的角度来理解和解读国家政策。同时,电视是一种告知型媒体,通过中央电视台新闻所传播的政策信息没有和传播者直接面对面交流的机会,因此,电视新闻所传播的信息注定只能是笼统的、概要性的介绍,不可能顾及不同地区的差别,故只通过电视了解到的国家政策,也注定不可能是完整的国家政策信息。

五　基本结论

通过以上的研究和分析,我们认为可以得出这样几个结论。

(1)电视在乡村社会的普及,拉近了中央政府与乡村村民的距离,它将国家的惠农政策直接传播给了村民,发挥了构造乡村村民对于国家形象和中央政权政治认同的重要功能。

（2）由于目前我国乡村基层政权与普通村民之间缺乏有效的信息交流平台，当村民从中央或省级以上电视媒体中第一时间了解到来自中央政府的大政方针时，地方基层政权由于行动的滞后、迟缓，或者对中央政府的决策实施不到位的情况就使得乡村村民对地方政权的认同度有所下降，进而将它们从国家代理人的形象和身份中割离出来。

（3）电视新闻的传播，在构造乡村村民对于中央政府高度认同和信任的同时，客观上削弱了基层政府和村民之间的精神联系，这一方面有利于中央政府的权威树立和国家形象的建构，另一方面也导致地方政府，尤其是乡镇政府及其下派干部国家代理人身份和形象的疏离，增加了乡村基层社会进行政治动员和社会治理的难度。

（4）这种中央政府与地方基层政府、中央电视媒体与地方电视媒体在乡村村民心目中的分离或错位，表面上看是由电视传播内容与村民接受电视传播时对其意义的解码造成的，但背后深层次的因素则是我国电视传播的体制和机制以及政治文化的生态造成的。

在现实的乡村治理结构中，村民们一旦发现基层政府有与民争利的行为、严重的贪污腐败行为、与国家中央政策明显不相符的侵害地方利益的行为时，往往会采取三种方式解决：一是上访；二是打电话给媒体，尤其是电视媒体，希望媒体能够进行曝光，主持公道；三是采取群体性事件的方式，把事情闹大，以期引起上级领导和中央电视媒体的关注，最终加以解决。在现实的压力型体制下，村民上访是被禁止的；打电话给电视台，由于各种原因，地方电视台对当地敏感性事件也往往采取回避、隐瞒、屏蔽的态度或方式加以处理，使得当地老百姓深感失望，失去了他们对地方媒体所抱有的基本信任。由于我国法制建设的现状，老百姓对法庭低效的体验和对法律执行的基本不信任以及原有乡村"亲情"文化的深深影响，"以法治乡"还远不是全国多数乡村进行基层社会治理的首选路径。基于此，如果乡村社会的矛盾，尤其是涉及较大经济利益的干群关系之间的矛盾没办法找到宣泄的路径，则往往会促成乡村地区群体性事件的形成或爆发。因此，利用现有的电视在乡村基层社会中的地位，改革现有的地方台电视传播体制和机制，释放地方电视台在乡村基层民众社会生活传播中的主体性和能动性，让其成为乡村潜在较大社会矛盾的揭发口和宣泄点就显得非常重要。只有地方电视媒体与基层社会的村民、干部积极互动，准确、公正、完整地报道社会事实，才能帮助乡村村民更好、更全面地理解自己的权利和国家政策的执行特性，构建基层政权的合法性，进而推动乡村基层社会的科学治理，对乡村社会的现代化建设事业起到积极的引领作用。也只有这样，地方电视媒体才能取信于基层百姓，塑造出一个有求必应、公平公正、与百姓心连心的新形象。

跋

收集在这里的 21 篇文章大部分是学术论文，有旧作有新篇，然而大多数是已经在相关学术杂志上发表过的旧作，只有极少部分是新篇。凡已发表过的文章，都会注明原先发表的期刊名称、时间、期数和页码，未发表过的则只注明写作定稿的时间。

考虑到本人的学术研究经历和学术研究思想有一个逐步发展的过程，为保留原貌，本文集对原文的学术观点和文章结构不做任何变动，只在以下几个方面做些必要的修改。

第一，原文中明显的个别错字或漏字。

第二，原文中一些不规范的习惯性表达，如"解放前""解放后""新中国成立前""新中国成立后""建国前""建国后"，现统一改为"中华人民共和国成立前""中华人民共和国成立后"。

第三，原文中一些不符合学术规范的简略性表达，如"团""团员""团组织"，现相应改为"中国共产党""共产党员""共产党组织""共产党的政策""共产主义青年团""共青团员""共青团组织"等。

第四，原文发表时，重庆市还没成直辖市，因而对于土家族分布地域常称为"湘鄂川黔四省交界地区"，现据实情改称为"湘鄂渝黔四省市交界地区"。

第五，原文中的"封建中央王朝"，依学术界研究成果统一改为"君主专制中央王朝"。

第六，原文中表达不规范的"文化程度"，统一改为"受教育程度"。

第七，原文中"有的同志认为"统一改为"有的学者（或有的研究者）认为"。

感谢华中科技大学社会学院给予笔者将文章结集出版的机会！

孙秋云

2016 年 4 月 28 日

图书在版编目（CIP）数据

族群文化与乡村建设／孙秋云著. —— 北京：社会
科学文献出版社，2016.12
（华中科技大学社会学文库. 教授文集系列）
ISBN 978 - 7 - 5097 - 9808 - 9

Ⅰ.①族…　Ⅱ.①孙…　Ⅲ.①群体社会学 - 研究 - 中
国②城乡建设 - 研究 - 中国　Ⅳ.①D663②F299.21

中国版本图书馆 CIP 数据核字（2016）第 239172 号

华中科技大学社会学文库·教授文集系列
族群文化与乡村建设

著　　者／孙秋云

出 版 人／谢寿光
项目统筹／谢蕊芬　任晓霞
责任编辑／任晓霞　杜　敏

出　　版／社会科学文献出版社·社会学编辑部（010）59367159
　　　　　　地址：北京市北三环中路甲 29 号院华龙大厦　邮编：100029
　　　　　　网址：www.ssap.com.cn
发　　行／市场营销中心（010）59367081　59367018
印　　装／三河市尚艺印装有限公司

规　　格／开 本：787mm×1092mm　1/16
　　　　　　印 张：21.25　字 数：299 千字
版　　次／2016 年 12 月第 1 版　2016 年 12 月第 1 次印刷
书　　号／ISBN 978 - 7 - 5097 - 9808 - 9
定　　价／89.00 元

本书如有印装质量问题，请与读者服务中心（010 - 59367028）联系